O MINISTÉRIO PÚBLICO E SUAS INVESTIGAÇÕES INDEPENDENTES

JOSÉ REINALDO GUIMARÃES CARNEIRO

O MINISTÉRIO PÚBLICO E SUAS INVESTIGAÇÕES INDEPENDENTES

Reflexões sobre a inexistência de monopólio na busca da verdade real

***O MINISTÉRIO PÚBLICO E SUAS
INVESTIGAÇÕES INDEPENDENTES***
Reflexões sobre a inexistência de monopólio
na busca da verdade real
© JOSÉ REINALDO GUIMARÃES CARNEIRO

ISBN: 978-85-7420-801-5

*Direitos reservados desta edição por
MALHEIROS EDITORES LTDA.
Rua Paes de Araújo, 29, conjunto 171
CEP 04531-940 — São Paulo — SP
Tel.: (0xx11) 3078-7205
Fax: (0xx11) 3168-5495
URL: www.malheiroseditores.com.br
e-mail: malheiroseditores@terra.com.br*

Composição
Acqua Estúdio Gráfico Ltda.

*Capa
Criação*: Vânia Lúcia Amato
Arte: PC Editorial Ltda.

Impresso no Brasil
Printed in Brazil
04.2007

Pretendi dedicar o trabalho

Aos meus pais, Carmen e José, que sempre almejaram a superação da minha pós-graduação que, sem alternativa ao filho, deveria acontecer na Pontifícia Universidade Católica de São Paulo. O resultado, assim, é uma vitória especial deles.

Ao meu caríssimo Professor José Canosa Gonçalves Netto, que, por quase três décadas, tem sido extraordinária influência acadêmica e profissional.

Ao meu irmão José Roberto, incentivador de todas as horas, mesmo que eu reconheça que seu trabalho comigo é coberto de absoluta suspeição.

Aos meus filhos queridos, Lívia e Raphael, de quem o dia-a-dia de Ministério Público me pôs distante nos últimos anos. É sempre tempo de registrar como eles são fundamentais na minha vida.

Aos meus colegas e amigos de Ministério Público e de Magistratura, que, dentro e fora de seus gabinetes, estão construindo as investigações independentes que rompem com a história de impunidade que reinava no Brasil. Em especial, aos Promotores de Justiça Amaro José Thomé Filho e Roberto Wider Filho, que superaram comigo tantas dificuldades no Caso Santo André.

Aos advogados do Brasil, que, atuando em defesa das garantias constitucionais dos cidadãos, auxiliam na reflexão e no debate do tema, tão reconhecidamente tormentoso.

Ao meu caro Doutor Manuel Alceu Affonso Ferreira, meu constituído, porque também nós, Promotores de Justiça, precisamos do concurso diário de qualidade e abnegação da advocacia brasileira, que ele encarna de forma tão excepcional.

Às Autoridades Policiais que combatem dia-a-dia e de forma efetiva os crimes de "colarinho-branco" e às organizações criminosas, preocupando-se muito mais com o interesse público que lhes norteia a atuação e, em conseqüência, muito menos, com a questão do avanço institucional do Ministério Público. É nossa obrigação somar esforços com elas.

AGRADECIMENTOS

É justo registrar agradecimentos:
Ao Professor Hermínio Alberto Marques Porto, meu caro orientador, que é exemplo de pessoa devotada à docência e à Justiça.
À Vera Lúcia, minha esposa, advogada em que sempre me inspiro, por ter ido à pesquisa incessante, contribuindo de forma definitiva e competente para o resultado final.
Ao Delegado de Polícia Federal André Ricardo Xavier Carneiro, meu sobrinho, porque, enquanto aguardava sua merecida convocação para cursar a Academia Nacional de Polícia, participou direta e exaustivamente na construção da obra, suportando minhas angústias sobre tema tão complexo e polêmico.
À Janice Agostinho Barreto Ascari, que mesmo a despeito de suas relevantes atribuições no Conselho Nacional do Ministério Público e na Segunda Instância do Ministério Público Federal, encontrou tempo de ajudar o amigo.
Cabem agradecimentos especiais aos Advogados Hédio Silva Júnior e Oscar Pereira Filho e aos Promotores de Justiça Antonio Carlos da Ponte e André Medeiros do Paço, que nortearam a pesquisa e franquearam suas bibliotecas.

PREFÁCIO

Fiquei imensamente honrado ao receber a distinta tarefa de prefaciar a presente obra, escrita por JOSÉ REINALDO GUIMARÃES CARNEIRO. Foram vários os motivos.

Primeiro, porque ela trata de tema muito atual e aponta como vem sendo realizadas e quais os rumos que deverão tomar as investigações independentes desenvolvidas pelo Ministério Público, no processo penal brasileiro.

Segundo, porque o autor é um dos mais destacados representantes do Ministério Público paulista. Convivendo com ele e sentido seu dia-a-dia no Grupo de Atuação Especial de Repressão ao Crime Organizado (GAECO), é fácil constatar seu arrojo. Faz o que gosta e de forma vocacionada. A obra também retrata isso. O autor tratou de emprestar a ela a sua melhor experiência, fazendo-o de forma fundamentada nas posições – favoráveis e contrárias – acerca do polêmico tema.

Terceiro, porque o autor é professor dedicado que amplia o debate de sua experiência em reiterada pesquisa científico-acadêmica, que divide com seus alunos, na Universidade Bandeirante de São Paulo (UNIBAN). Ali, por sinal, sob minha direção, ele e outros queridos mestres e doutores estão construindo e solidificando um eficiente e dinâmico modelo de ensino jurídico.

JOSÉ REINALDO tem bagagem para escrever sobre tema tão complexo. Seja pela sua experiência de Ministério Público, seja pelas suas salas de aula. Seus alunos vão saber imediatamente do que estou falando. Seu mestrado em direito processual penal foi concluído, com nota máxima, na Pontifícia Universidade Católica de São Paulo: o resultado, aliás, é o presente trabalho. Seus artigos sobre temas jurídicos são regularmente publicados (*O Estado de São Paulo*, *Jornal da Tarde*, *Jornal do Brasil*, *O Estado do Paraná*, *Correio Brasiliense*, *Revista Consulex* e *sites* como *Consultor Jurídico* e *Jus Navigandi*) e causam polêmica. O autor não se restringe. Vai a campo, em vários Estados, para participar de debates e congressos, em universidades brasileiras e organismos diversos, sobre temas de interesse do Ministério Público.

Precisa ser lembrado, já que o tema é o da investigação: JOSÉ REINALDO vem trabalhando, ao longo dos últimos cinco anos, em investigações de grande relevância nacional: *Caso Celso Daniel*, *Máfia do Apito*, *Primeiro Comando da Capital*, *Máfia Russa* e *Operações de lavagem de dinheiro no futebol*, dentre outros casos, agregando experiência contundente no enfrentamento das Organizações Criminosas. Ao tempo em que escrevo o prefácio vejo-o – juntamente com seus colegas de GAECO – às voltas com um pedido de extradição de pessoas acusadas de lavagem de dinheiro. É assim que o autor vai construindo seu Ministério Público. Foi por isso que ele acabou habilitado, aliás, a trabalhar, recentemente – a convite do Conselho Nacional do Ministério Público – na redação final da Resolução n. 13/06, que disciplinou as investigações independentes desenvolvidas por Promotores de Justiça e Procuradores da República, no âmbito nacional.

Quero dizer com isso que ele adiciona ao conhecimento jurídico, no campo teórico, uma intensa atividade prática, o que, por si só, já recomenda a leitura de seus trabalhos e obras.

Foi muito bom meu contato com a obra. Em leitura agradável, constata-se, desde o início, a necessidade de se buscar, no Brasil, aquilo que o autor chama de *enfrentamento competente contra a corrupção e contra as organizações criminosas*. A obra destaca a importância de se ter um processo penal isonômico que não privilegie o *crime de colarinho branco*. Nós todos sabemos que o autor tem razão. Daí decorre a importância, enfrentada no trabalho, de abordagem sistemática e crítica sobre as investigações independentes, conferindo ao tema aspectos pragmáticos – e não meramente acadêmicos – resultantes da vivência no trato da questão.

A obra tem o mérito de reunir as mais modernas correntes de pensamento científico sobre as investigações independentes, apresentadas, pelo autor, de forma democrática. Posiciona o leitor sobre os julgamentos mais recentes dos Tribunais Superiores. Faz estudo de direito comparado da atividade e traz, também, *anexo* de legislação interna do Ministério Público Federal e dos Estados acerca do assunto, sendo ferramenta de consulta para estudantes e profissionais da área.

A par disso, traça um perfil atualizado do Ministério Público e de sua interação com Organismos de Investigação Policial, discorrendo, também, sobre as modernas formas de combate ao Crime Organizado (detalhando institutos como *Delação Premiada, Infiltração de Agentes, Interceptações Telefônicas e Ambientais*), de forma a atualizar o leitor sobre o tema.

Por todas essas razões, e por outras tantas que o atento leitor haverá de notar, o livro está predestinado a ter ampla aceitação e será de inquestionável utilidade não apenas para novos rumos do Direito, como também, na busca de uma sociedade dotada de sistemas investigatórios cada vez mais eficientes.

FERNANDO CAPEZ

SUMÁRIO

Prefácio – FERNANDO CAPEZ 9
Uma reflexão 17
Introdução 19

Capítulo 1 – INVESTIGAÇÃO CRIMINAL
1.1 Investigação na Antiguidade: breve enfoque histórico 23
1.2 Investigação criminal no Brasil
    1.2.1 Ordenações do Reino 27
    1.2.2 O Código Criminal do Império de 1830 e o Código de Processo Criminal de 1832 30
    1.2.3 O Policialismo (Lei de 3 de dezembro de 1841) e a Reforma de 1871 32
    1.2.4 O Código de Processo Penal de 1941 e o advento da Constituição Federal de 1988 33

Capítulo 2 – O DEVER DE PUNIR E A BUSCA PELA VERDADE REAL 39

Capítulo 3 – INQUÉRITO POLICIAL
            E PROCEDIMENTOS INVESTIGATÓRIOS VIGENTES
3.1 Inquérito e atividades policiais básicas 47
    3.1.2 Inquérito policial: definição e características básicas 51
3.2 Demais procedimentos investigatórios 53
    3.2.1 Comissão Parlamentar de Inquérito – CPI 54

14 O MINISTÉRIO PÚBLICO E SUAS INVESTIGAÇÕES INDEPENDENTES

    3.2.2 Inquérito judicial 58
    3.2.3 Inquérito civil 60

Capítulo 4 – MINISTÉRIO PÚBLICO
4.1 *Origem* 63
4.2 *Direito Comparado* 65
    4.2.1 O Ministério Público na França 66
    4.2.2 O Ministério Público na Inglaterra 67
    4.2.3 O Ministério Público na Itália 68
    4.2.4 O Ministério Público na Espanha 69
    4.2.5 O Ministério Público em Portugal 71
    4.2.6 O Ministério Público na Alemanha 74
    4.2.7 O Ministério Público na Bélgica 74
    4.2.8 O Ministério Público nos Estados Unidos da
           América 75

Capítulo 5 – MINISTÉRIO PÚBLICO NO BRASIL
5.1 *Antecedentes históricos* 79
5.2 *O Ministério Público e a Constituição Federal de 1988* ... 83
    5.2.1 Princípios inerentes à atuação do Ministério Público 86
    5.2.2 Funções institucionais 87

Capítulo 6 – INVESTIGAÇÃO CRIMINAL INDEPENDENTE PELO MINISTÉRIO PÚBLICO
6.1 *Atualidade do tema* 89
6.2 *Considerações da doutrina e da jurisprudência* 91
6.3 *Funções do Ministério Público em âmbito criminal...* 105
    6.3.1 Evolução dos mecanismos legais para atuação do Estado (delação premiada, interceptação telefônica e infiltração de agentes) 111
    6.3.2 Investigação criminal no Projeto de Reforma do Código de Processo Penal de 1941 120
6.4 *Polícia judiciária: exclusividade para exercício da atividade investigatória?* 123

SUMÁRIO 15

6.5 *Caso Remi Trinta: o tema frente ao Supremo Tribunal Federal* 133
6.6 *Reflexões sobre as investigações independentes* 153

Capítulo 7 – INVESTIGAÇÕES CRIMINAIS INDEPENDENTES PRODUZIDAS PELO MINISTÉRIO PÚBLICO: EXPERIÊNCIA CONCRETA 163

Capítulo 8 – CONCLUSÕES 181

Anexo – RESOLUÇÕES E ATOS NORMATIVOS (AS INVESTIGAÇÕES INDEPENDENTES NO BRASIL)
Conselho Nacional do Ministério Público 189
Ministério Público do Estado de São Paulo 194
Ministério Público Federal 199
Ministério Público do Estado do Espírito Santo 203
Ministério Público do Estado do Maranhão 211
Ministério Público do Estado do Rio Grande do Sul 216
Ministério Público do Estado de Santa Catarina 222

Anexo I 229
Anexo II 230
Bibliografia 231

UMA REFLEXÃO

A luta pelo Direito e pela Justiça nasceu para ser igual. O processo penal pressupõe isonomia. Porque sentimos, na nossa atuação profissional e durante a elaboração do presente trabalho, que a discussão sobre a investigação independente pelo Ministério Público era utilizada por alguns para fazer subtrair as elites da responsabilidade no julgamento dos seus crimes, tivemos sempre em mente um sermão de Padre Antonio Vieira. Trata-se do *Sermão do Bom Ladrão*, que foi pregado na Igreja da Misericórdia de Lisboa, em 1655. Lendo-o – e foram muitas leituras – ficava sempre a impressão de que ele havia sido pregado na semana passada. Pensamos, e assim decidimos, trazê-lo à transcrição parcial. Fizemos, para lê-lo outras tantas vezes e para convidar à leitura e reflexão, tantos quantos se puserem na pesquisa da verdade real.

Navegava Alexandre em uma poderosa armada pelo mar Eritreu a conquistar a Índia, e como fosse trazido à sua presença um pirata que por ali andava roubando os pescadores, repreendeu-o muito Alexandre de andar em tão mau ofício; porém, ele, que não era medroso nem lerdo, respondeu assim. – Basta, senhor, que eu, porque roubo em uma barca, sou ladrão, e vós, porque roubais em uma armada, sois imperador? – Assim é. O roubar pouco é culpa, o roubar muito é grandeza: o roubar com pouco poder faz os piratas, o roubar com muito, os Alexandres. (...) Se o Rei de Macedônia, ou qualquer outro, fizer o que faz o ladrão e o pirata, o ladrão, o pirata e o rei, todos têm o mesmo lugar, e merecem o mesmo nome. (...)

O ladrão que furta para comer, não vai, nem leva ao inferno; os que não só vão, mas levam, de que eu trato, são outros ladrões, de maior calibre e de mais alta esfera, os quais debaixo do mesmo nome e do mesmo predicamento, distingue muito bem S. Basílio Magno: Não são só ladrões, diz o santo, os que cortam bolsas, ou espreitam os que se vão banhar, para lhes colher a roupa; os ladrões que mais própria e dignamente merecem este título são aqueles a quem os reis encomendam os exércitos e legiões, ou o governo das províncias, ou a administração das cidades, os quais já com manha, já com força, roubam e despojam os povos. – Os outros ladrões roubam um homem: estes roubam cidades e reinos; os outros furtam debaixo do seu risco: estes sem temor, nem perigo; os outros, se furtam, são enforcados; estes furtam e enforcam.

Diógenes, que tudo via com mais aguda vista que os outros homens, viu que uma grande tropa de varas e ministros de justiça levavam a enforcar uns ladrões, e começou a bradar: – Lá vão os ladrões grandes enforcar os pequenos. – Ditosa Grécia, que tinha tal pregador! E mais ditosas as outras nações, se nelas não padecera a justiça as mesmas afrontas! Quantas vezes se viu Roma ir a enforcar um ladrão por ter furtado um carneiro, e no mesmo dia ser levado em triunfo um cônsul, ou ditador, por ter roubado uma província (...).

INTRODUÇÃO

O presente trabalho tem como escopo principal o estudo da atuação direta do Ministério Público na fase anterior à ação penal. Visamos a analisar, nas páginas seguintes, a possibilidade jurídica de os promotores de justiça e procuradores da república – por iniciativa própria –, iniciarem, conduzirem e concluírem, com autonomia e imparcialidade, a fase investigatória da persecução penal, notoriamente fundamental à colheita dos elementos mínimos necessários ao oferecimento e conseqüente recebimento da denúncia em juízo.

Impossível seria, entretanto, tratar do tema sem tecermos considerações, ainda que breves, acerca de assuntos absolutamente vinculados ao objeto principal do estudo abordado nesta dissertação. Assim, preocupamo-nos em iniciar nosso estudo tratando da investigação criminal, desde seus primórdios, trazendo seus antecedentes históricos mais relevantes e a evolução sistemática até a sua aplicação no Brasil, já sob a regência dos procedimentos investigatórios fixados no Código de Processo Penal de 1941 e, posteriormente, sob a égide da moderna Constituição Federal de 1988, atualmente em vigor. São mostrados, desse modo, os instrumentos modernos de combate aos crimes de *colarinho-branco* e, também, de enfrentamento das organizações criminosas, colocados pelo legislador brasileiro à disposição da polícia judiciária, do Ministério Público e de outros organismos que, de alguma forma, praticam atos de investigação como fundamento para embasar o exercício da ação penal perante o Poder Judiciário. Em destaque especial, são colocados a *delação premiada*, as *interceptações telefônicas* e, também, a mais recente possibilidade consistente na *infiltração de agentes policiais em organizações criminosas*. Foi nossa intenção deliberada demonstrar que o Brasil conta com um novo perfil de Ministério Público, independente, e que a lei lhe confere, e a outros órgãos do Estado, modernos instrumentos de trabalho, que, assim, merecem utilização efetiva no combate ao crime.

Em desdobramento natural do trabalho, passamos a avaliar o poder-dever de punir do Estado, bem como sua responsabilidade – como detentor do monopólio de efetivação da Justiça – de obter soluções judiciais não somente legalistas, mas também justas, isto é, as mais próximas possíveis da doutrinariamente denominada *verdade real*, mormente em se tratando da composição da lide penal, capaz de implicar o cerceamento dos mais sagrados direitos humanos, quais sejam, a liberdade, a integridade física e psíquica e, finalmente, a vida. Há abordagem filosófica natural acerca da verdade, da certeza e da dúvida, apta ao encaminhamento da reflexão sobre a necessidade de sua utilização efetiva e segura (verdade real) na solução dos conflitos penais.

Analisamos, ainda, o instituto jurídico denominado inquérito policial, aqui apresentado como a forma mais antiga conferida no direito brasileiro para a investigação das infrações penais e de sua autoria. Discorremos, portanto, sobre sua titularidade, princípios e procedimentos, bem como – por entendermos pertinente à compreensão da matéria principal – registramos a existência de outros procedimentos investigatórios vigentes no direito brasileiro, tais como as Comissões Parlamentares de Inquérito e o inquérito civil, de natureza extrajudicial, mas destinados, também, à verificação da verdade, com conseqüente atuação do Ministério Público – em estrito cumprimento de suas funções constitucionalmente previstas –, objetivando a tutela dos interesses do Estado, da sociedade e, finalmente, dos direitos individuais e coletivos.

Finalmente, antes de atingir o enfoque principal do presente trabalho, qual seja a *investigação criminal pelo Ministério Público*, tratamos de tecer breves comentários acerca da Instituição do Ministério Público em comento frente ao direito estrangeiro. Vale dizer, destinamos capítulo próprio ao trato do tema em sede de direito comparado, sem abstrair a necessidade de abordagem da legislação estrangeira em outros momentos, como é natural. É claro que se o Ministério Público brasileiro está em constante construção, fato por nós constatado, a evolução que a Instituição demonstrou ter nos países mais avançados é paradigma que faz evitar erros e encaminhar boas e concretas perspectivas para o futuro.

INTRODUÇÃO 21

Assim, com base no estudo da doutrina nacional e estrangeira, bem como tendo em conta a recente jurisprudência sobre a matéria, não nos olvidando nem mesmo de nossa experiência concreta junto ao Ministério Público do Estado de São Paulo (especialmente considerada nossa atuação junto aos Grupos de Atuação Especial de Repressão ao Crime Organizado-GAECO) – foi objetivo trazer ao leitor informações necessárias ao entendimento deste tema que, notoriamente, encontra-se, nos dias atuais, sob grandes discussões doutrinárias e práticas, com envolvimento ativo da própria sociedade civil, de sua parte temerosa que o encaminhamento da questão, agora no Supremo Tribunal Federal, possa determinar a retomada de história odiosa de impunidade das elites brasileiras.

Como não poderia deixar de ser em um trabalho dessa natureza, registramos os posicionamentos divergentes acerca das investigações independentes, entre eles as críticas e os elogios que a pesquisa direta vem provocando nos estudiosos, de forma a garantir estudo absolutamente democrático sobre o tema. As conclusões apresentadas, no encerramento do trabalho, tratam nossa posição sobre o assunto, que, ao menos segundo pretendemos, é clara e objetiva. As investigações independentes são poderoso e moderno instrumento de combate aos delitos que, normalmente, não são alcançados com eficácia pelo braço da polícia.

Finalmente, tratamos de colacionar, no *Anexo*, a disciplina que a investigação independente vem recebendo no Conselho Nacional do Ministério Público, no Ministério Público Federal e em alguns dos Ministérios Públicos dos Estados, para subsidiar os pesquisadores e fomentar o debate atual sobre o poder de investigar e a pretensão de alguns de tratar o tema como monopólio da atividade de polícia judiciária. O *Anexo* permite ainda, segundo pensamos, viabilizar a consulta por parte de advogados e pesquisadores que, em diversos Estados do Brasil, se deparam concretamente com as investigações independentes do *Parquet*.

Capítulo 1
INVESTIGAÇÃO CRIMINAL

1.1 Investigação na Antiguidade: breve enfoque histórico. 1.2 Investigação criminal no Brasil: 1.2.1 Ordenações do Reino; 1.2.2 O Código Criminal do Império de 1830 e o Código de Processo Criminal de 1832; 1.2.3 O Policialismo (Lei de 3 de dezembro de 1841) e a Reforma de 1871; 1.2.4 O Código de Processo Penal de 1941 e o advento da Constituição Federal de 1988.

1.1 Investigação na Antiguidade: breve enfoque histórico

A história registra que o ser humano, desde que passou a viver em sociedade, visando a alcançar seus anseios, suas conquistas e a própria evolução, passou a suportar, também, a violação de regras básicas de convivência. Realmente, desde a mais remota e primitiva forma de associação humana, até os tempos atuais, o indivíduo e a sociedade convivem com a conduta daqueles que, pelos mais variados motivos (busca por alimentos ou bens, conquista ou expansão de territórios, ganância, desequilíbrio mental ou social etc.), acabam por violar desde os mais básicos até os mais preciosos direitos individuais e coletivos.

Inicialmente, a penalização daqueles que violavam a harmonia da convivência social consistia, via de regra, na "simples" expulsão do clã ou da tribo onde viviam, relegando-se o agente à própria sorte. Em razão das circunstâncias e características dos tempos antigos – época das sociedades tribais –, referida expulsão implicava, no mais das vezes, a inevitável morte do expurgado por membros de outras tribos ou pela própria hostilidade do ambiente natural da época. Nesta espécie de pena não havia a presença do que hoje entendemos como sentimento de Justiça, mas, exclusivamente, a necessidade de ser mantida a mínima harmonia local e, ainda, preservar os demais habitantes da ira divina (crença religiosa amparada no medo daquilo que hoje conhecemos como simples fenômenos da natureza, como raios, trovões etc.). Nesse sentido, destacamos a doutrina do Professor Guilherme de Souza Nucci, para quem o ser humano, "(...) desde os primórdios, violou regras de convivência, ferindo os semelhantes e a própria comunidade onde vivia, tornando inexorável a aplicação de uma punição. Sem dúvida, não se entendiam as variadas formas de castigo como se fossem penas, no sentido técnico-jurídico que hoje têm, embora não passassem de embriões do sistema vigente. Inicialmente, aplicava-se a sanção como fruto da libertação do clã da ira dos deuses, em face da infração cometida, quando a reprimenda consistia, como regra, na expulsão do agente da comunidade, expondo-o à própria sorte".[1]

Desse modo, com a inevitável ocorrência das infrações ao direito alheio (fosse ele posto ou, simplesmente, consuetudinário), e com a necessidade de – na forma e pelos motivos vigentes à época –, punir o agente infrator, e, finalmente, tendo-se em vista que nem sempre era possível saber, imediatamente, quem teria sido o autor da violação da regra de conduta ou convivência vigente, a atividade investigatória passou a ter existência singular e a ganhar relevância.

Traços desta atividade de investigação remontam ao Egito dos Faraós. Na época, dentre as atividades desenvolvidas pelo funcionário real denominado *magiaí*, cabia ouvir as palavras da acusação, indicando as disposições legais aplicáveis em cada caso e tomar parte das instruções para descobrir a verdade.[2] Valter Foleto Santin, citando Roberto Lyra, Antonio Carlos de Araújo Cintra, Ada Pellegrini Grinover e Cândido Rangel Dinamarco, entre outros, anota que o *magiaí* é, por sua natureza, identificado com os primeiros traços da atividade moderna de Ministério Público.[3]

São de Hélio Tornaghi os apontamentos sobre a figura do *tesmóteta* que, na Grécia, como guardião da lei, indicava a infração penal e designava o órgão de acusação. Presente o interesse público, o

---

1. *Manual de Direito Penal. Parte Geral. Parte Especial*, p. 45.
2. Roberto Lyra, *Teoria e Prática da Promotoria Pública*, p. 17.
3. Valter Foleto Santin, *O Ministério Público na Investigação Criminal*, pp. 21-22.

tesmóteta levava o caso a um tribunal ou ao Senado, cabendo a um destes organismos a indicação de um cidadão para mover a ação penal.[4] Convém registrar que, na Grécia Antiga, a punição ainda mantinha caráter religioso e intimidativo, evoluindo ao talião e à composição.

O Direito Romano, por sua vez, caracterizou-se inicialmente por período, no qual prevalecia a autoridade absoluta do chefe de família (*pater famílias*) que, ao grupo sob seu domínio, impunha as sanções que julgasse cabíveis. No período do reinado ainda vigorava o cunho sagrado da pena, que perdeu sua característica expiatória no período republicano, com a separação entre o governo e a atividade religiosa. O Júri Popular foi introduzido na fase republicana de Roma. Aqui são tênues as distinções entre investigação prévia e a instrução do processo, ambas conduzidas por um juiz.[5]

Na Antiguidade romana existiam os agentes da *Civitas* que, sem deter o monopólio da persecução penal, eram, ao mesmo tempo, um misto de denunciantes de crimes e polícia judiciária. Atuando com os *irenarcas* e os *estacionários*, havia os *curiosos*, aos quais cabia a função de investigar o que ocorria nos lugares por onde passavam.[6] Tornaghi anota que, tal como na Grécia, também em Roma a ação penal era movida por qualquer do povo, estrutura que somente começou a ser modificada a partir do século III, quando o Senado passou a recomendar aos Cônsules a iniciativa de perseguir os delitos.[7]

Ainda em Roma, na fase em que a iniciativa do procedimento criminal era confiada ao povo ou ao ofendido, os participantes dos julgamentos eram movidos por paixões e interesses, em verdadeiros torneios de eloquência facciosa, valendo citar, com maior destaque, a oratória de Júlio César, Cícero, Hortêncio e Catão, no exercício do trabalho acusatório romano.[8]

---

4. *Instituições de Processo Penal*, vol. II, p. 418.
5. João Mendes Almeida Júnior, *O Processo Criminal Brasileiro*, vol. I, p. 47.
6. Antônio Cláudio da Costa Machado, *A Intervenção do Ministério Público no Processo Civil Brasileiro*, p. 10.
7. Idem, ibidem.
8. Roberto Lyra, *apud* Valter Foleto Santin, *O Ministério Público na Investigação Criminal*, p. 23. Sobre a eloquência dos romanos na condução de seus julgamentos há interessantes reflexões publicadas na obra *El Derecho Penal: de Roma al Derecho Actual*, VII Congreso Internacional y X Iberoamericano de Derecho Roma-

O Direito Canônico – Idade Média – foi marcado pelo rigoroso caráter sagrado da punição, mas com a peculiaridade de buscar a regeneração do criminoso. A atuação da Igreja Católica em atos de investigação foi mais sentida a partir do século V, quando os imperadores romanos Honório e Justino concederam aos bispos o direito de inspecionar as prisões e os processos. Em sucessivo crescimento de sua influência, a Igreja introduziu o processo eclesiástico, com forma oral e escrita, em evolução sistemática. Anota Santin, sobre o tema, que as provas eram semelhantes às empregadas pelos juízes seculares: testemunhas, água fervente e ferro quente. Com o tempo, a força foi sendo substituída e a investigação do crime passou a ser feita pelo próprio juiz, em vista do conhecimento evidente de sua ocorrência ou em razão de clamor público, por meio de inquirição ou informação.[9]

Santin observa, ainda, que o século XI coincidiu com a criação dos tribunais do Santo Ofício, para decisão de matérias espirituais, eclesiásticas, cíveis e criminais. Sobreveio a Santa Inquisição, com retomada da tortura para obtenção de confissão do suposto agente e conseqüente aplicação de penas de sangue, sem qualquer critério de proporcionalidade entre o ato praticado e a pena imposta ao infrator, tornando-se impossível qualquer distinção entre crimes comuns e crimes eclesiásticos, confundidos e ligados aos poderes espiritual e temporal.[10] A íntima ligação entre a religião e o governo impunha que a heresia implicava crime contra o próprio Estado.

---

no, Madrid (Edisofer, S.L., 2005), coordenados por Aránzazu Calzada Gonzáles e Fermín Camacho de Los Ríos. Merece destaque, sobre o tema, o artigo "Salustio, 'De coniuratione Catilinae'. La Polémica acerca de la Pena de Muerte y un Interrogante: ¿Quien atenta contra las Leyes puede valerse de ellas?", p. 43, das Professoras Mirta Beatriz Álvarez e Gabriela Marta Alonsopérez. No mesmo trabalho, e sobre o mesmo tema, há, também, outro artigo, da lavra do Professor brasileiro Aloísio Surgik, intitulado "O Povo Romano e o Julgamento de Catilina", p. 617. Parece interessante paradoxo e, por isso digno de nosso registro, que, em razão da eloqüência dos oradores romanos, Júlio César tenha se posicionado de forma contundente contra a utilização da pena capital no julgamento de Catilina, para, depois, no auge de sua glória e poder, condenar à morte Vercingétorix, vencido por suas legiões (cf. José Luis Corral, *Historia de la Pena de Muerte*, p. 46).

9. Santin, ibidem, p. 26.
10. Idem, ibidem, pp. 26-27.

Com o passar do tempo, a natureza da pena foi deixando de ser exclusivamente intimidativa para adquirir caráter humanitário, com o objetivo de regenerar o criminoso. O Marquês de Beccaria, em sua obra *Dos Delitos e das Penas*,[11] pregou o fim da tortura como método de investigação e sustentou o caráter individual da pena, buscando evitar que a penalização ultrapassasse a figura do infrator (o que era comum na época). O processo de racionalização da pena, com o banimento da tortura como método investigatório e a adoção da proporcionalidade entre o ato praticado e a sanção imposta, por sua vez, começou a ganhar força com o movimento iluminista que se difundiu por toda a Europa, o qual culminou na *Declaração dos Direitos do Homem*, na França, em 1789.

De fato, tratando do tema, Nucci observa que: "(...) o processo de modernização do direito penal somente teve início com o Iluminismo, a partir das contribuições de Bentham (Inglaterra), Montesquieu e Voltaire (França) e Feuerbach (Alemanha), Beccaria, Filangieri e Pagano (Itália). Houve a preocupação com a racionalização na aplicação das penas, combatendo-se o reinante arbítrio judiciário. A inspiração contratualista voltava-se ao banimento do terrorismo punitivo, uma vez que cada cidadão teria renunciado a uma porção de liberdade para delegar ao Estado a tarefa de punir, nos limites da necessária defesa social. A pena ganha um contorno de utilidade, destinada a prevenir delitos e não simplesmente castigar".[12]

1.2 Investigação criminal no Brasil

1.2.1 Ordenações do Reino

Os colonizadores portugueses, quando do descobrimento do Brasil, encontraram a terra habitada por uma civilização sem qualquer avanço jurídico considerável (civilização indígena). As penas impostas pelos índios àqueles que transgredissem normas de convívio empregadas na tribo consistiam, via de regra, em tortura, morte ou ba-

---

11. Cesare Beccaria, ob. cit., pp. 37 e 61.
12. *Manual de Direito Penal...*, cit., pp. 47-48.

nimento. A evolução já sentida na Europa não havia encontrado qualquer paralelo na primitiva comunidade brasileira. Aqui, as penas eram aplicadas sem critérios ou proporcionalidade e tinham a característica de simples vingança privada. Assim, em face da inexistência de normas processuais penais próprias, do descobrimento do Brasil, em 1500, e até o ano 1830, o combate à criminalidade foi realizado com base nas leis de Portugal, denominadas *Ordenações do Reino*. Desta forma, temos que, inicialmente, foram aplicadas no território brasileiro as *Ordenações Afonsinas* de 1446 (época de D. Afonso V), seguidas pelas *Ordenações Manuelinas* de 1521 (vigentes na época de D. Manuel I) e, finalmente, vigoraram no Brasil, de 1603 até o ano 1830, as *Ordenações Filipinas*.[13]

As Ordenações Afonsinas tinham métodos investigatórios distintos: o inquérito (com participação do acusado) e a denominada devassa, na qual o procedimento se iniciava de ofício e não havia a participação do acusado. Tratando do tema, registra Santin que: "A polícia judiciária era exercida por juízes, auxiliados pelos meirinhos, homens jurados (escolhidos e compromissados) e vintaneiros (inspetores policiais dos bairros). Nessa fase, para defesa dos direitos reais, os procuradores reais teriam funções de promotores de justiça para promoção de acusação que pudesse resultar em confisco. *Essa função acusatória seria a origem do Ministério Público na área criminal*".[14]

Na vigência das Ordenações Manuelinas (1521), os processos criminais tinham início por intermédio de querelas juradas, denúncias ou por inquirições devassas. Em seu Livro V constavam as disposições relativas ao direito penal e processual penal. O promotor de justiça cumulava funções cíveis e criminais, visando a preservar a jurisdição e a Justiça. Santin registra, ainda, que, embora o promotor de justiça detivesse acentuadas funções criminais, não tinha participação efetiva na apuração dos delitos.

As Ordenações Filipinas, por sua vez, tiveram o maior tempo de vigência durante o Brasil colonial, vigorando de 1603 ao ano 1830.

---

13. Guilherme de Souza Nucci anota que, antes da adoção das Ordenações Filipinas, houve um período de aplicação da compilação organizada por D. Duarte Nunes de Leão, por volta de 1569 (cf. *Manual de Direito Penal*..., cit., p. 53).
14. *O Ministério Público na Investigação Criminal*, p. 27; destacamos.

Tal ordenamento foi caracterizado por penas cruéis e desproporcionais, fixadas em seu famoso Livro V, anotando José Frederico Marques, acerca do tema, que: "Era no famoso Livro V, de malsinada memória em virtude de seus preceitos desumanos e bárbaros, que vinha regulado, nos seus institutos básicos, o procedimento penal. Sob o signo de seu sistema normativo, cruel e despótico, ali se acasalavam um Direito Penal retrógrado e sanguinário, com regras processuais inquisitivas, consubstanciadas sobretudo nas tristemente famosas inquirições devassas".[15]

A atividade policial era realizada por moradores e controlada pelos "alcaides" e, ato contínuo, pelos "juízes da terra". O procedimento investigatório era iniciado por intermédio das "devassas" ou por "querelas". Havia, anualmente, a realização de uma *devassa geral*, visando-se à apuração de crimes incertos. As Ordenações Filipinas previam, ainda, a realização da denominada *devassa especial*, a qual visava a apurar a autoria de crimes certos, sendo que este procedimento investigatório deveria ter início no prazo máximo de oito dias após a prática do ato definido como crime. A querela representava uma denúncia feita ao juízo competente acerca da prática de um ato delituoso de interesse público ou particular. Tanto no caso das devassas quanto na hipótese de querela, os atos investigatórios – em especial a colheita de provas testemunhais – corriam sem a participação do acusado, o qual somente poderia exercitar o contraditório na fase de julgamento, oportunidade em que, novamente, deveriam ser ouvidas as testemunhas. Descoberto o autor do crime, ocorria a pronúncia (prisão do réu em caso de existência de provas suficientes), passando-se às fases de acusação e julgamento. A sentença, uma vez proferida, deveria ser publicada, sendo interessante registrar que, caso fixasse pena de morte, o réu era intimado para se preparar espiritualmente e dispor da terça parte de seus bens.

O cenário referente à adoção de penas cruéis e dos métodos inquisitivos de investigação começou a sofrer alterações com a propagação dos ideais liberais na Europa, implicando modificações no ordenamento jurídico português e, conseqüentemente, no panorama

---

15. *Elementos de Direito Processual Penal*, 2ª ed., vol. I, p. 96. Confira-se, ainda, o texto integral das *Ordenações Filipinas, Livro V*.

jurídico brasileiro. Assim, em 1821, as Cortes portuguesas extinguem as devassas gerais e, em 1822, no Brasil, o príncipe Dom Pedro I determina que os juízes criminais passem a observar as normas contidas na Constituição da monarquia portuguesa de 1821, dos quais resultaram, aos acusados, as seguintes garantias: I – nenhum indivíduo deveria ser preso sem culpa formada; II – nenhuma lei, especialmente a penal, seria imposta sem absoluta necessidade; III – toda pena deveria ser fixada ao delito e nenhuma poderia passar da pessoa do condenado. Na mesma ocasião, foram abolidas penas como as de confiscação de bens, de infâmia, de açoitamento, de tortura, de ferro quente, dentre outras consideradas infamantes. Mas somente com a edição do Código Criminal do Império, em 1830, permitiu-se de forma efetiva, que a legislação penal brasileira fosse sistematizada e tornada mais humanitária.

1.2.2 O Código Criminal do Império de 1830
e o Código de Processo Criminal de 1832

Conforme destacamos, o movimento liberalista europeu acabou por implicar reflexos diretos no cenário legislativo e governamental brasileiro, iniciando-se o abandono aos regimes opressores e aos sistemas inquisitivos de investigação e aplicação da legislação penal, os quais desrespeitavam, por inteiro, os mais básicos direitos humanos.

Com a proclamação da independência do Brasil, em 1822, tornou-se ainda mais necessária a elaboração de uma Constituição que encampasse, por vez, o ideal liberal então em pauta na Europa. Assim sendo, em 25 de março de 1824, foi outorgada a Constituição Política do Império que, em seu artigo 179, definia os direitos civis e políticos dos cidadãos brasileiros, os quais estatuíam preceitos bem diversos daqueles elencados no Livro V das Ordenações Filipinas. A escravidão, entretanto, foi mantida e perdurou durante praticamente todo o período imperial.[16]

Desta alteração no cenário pátrio, abriu-se caminho para a rejeição das leis opressoras utilizadas pela monarquia portuguesa, do que

---

16. Neste sentido, Rodrigo César Rebello Pinho, *Da Organização do Estado, dos Poderes e Histórico das Constituições*, p. 146.

resultou a edição do Código Criminal do Império de 1830. Oriundo do projeto elaborado por Bernardo Pereira de Vasconcellos, o Código Criminal de 1830 constituiu considerável avanço legislativo penal, criando institutos jurídicos ainda hoje utilizados pela legislação pátria e estrangeira (o *dia-multa*, por exemplo). Referido diploma, entretanto, ainda guardava resquícios de crueldade, anotando Marco Antônio de Barros: "(...) que neste Código foram mantidas algumas espécies de sanções cruéis, entre as quais a pena de morte, contrariando assim o espírito iluminista encampado pela Constituição de 1824. Isso porque o costume posto em prática na época pendia para uma outra realidade, pois *liberté, égalité* e *fraternité* não eram princípios pregados em prol de todo povo brasileiro, mas somente em favor da sociedade civil burguesa, mais especificamente para atender interesse dos proprietários de terras e de escravos".[17]

Em 1832 foi promulgado o Código de Processo Criminal, primeiro diploma processual penal brasileiro. Instituíram-se o júri e a figura do juiz de paz, e a Justiça eclesiástica passou a tratar apenas das questões religiosas. Houve a extinção dos juízes de fora e da jurisdição criminal que algumas autoridades mantinham desde a Idade Média. Foram estabelecidas normas de organização judiciária, sendo mantida a divisão territorial do país em *distritos, termos* e *comarcas*. Para cada *distrito* havia um juiz de paz, um escrivão, inspetores de quarteirão e oficiais de justiça. Nos *termos* havia a presença de um conselho de jurados, de um juiz municipal e de um promotor público, do escrivão das execuções e oficiais de justiça. Finalmente, nas *comarcas* havia um juiz de direito ou mais, em conformidade com o número da população. Os juízes de direito, por sua vez, eram nomeados pelo Imperador. Frederico Marques anota que os procedimentos penais poderiam ser instaurados mediante queixa do ofendido (ou de seu pai, mãe, tutor, curador ou cônjuge), por intermédio de denúncia do Ministério Público ou de qualquer do povo e, finalmente, por atuação *ex officio* do juiz, ressaltando, ainda, o ilustre Autor, que o Código de Processo Criminal de 1832, por conta das peculiaridades da época, constituía um *estatuto processual de altos méritos*.[18]

17. *A Busca da Verdade no Processo Penal*, pp. 78-79.
18. *Elementos...*, cit., 2ª ed., vol. I, pp. 103-104.

1.2.3 O Policialismo (Lei de 3 de dezembro de 1841) e a Reforma de 1871

O período entre 1830 e 1840 foi marcado, no Brasil, por grandes movimentos revolucionários e políticos, tornando-se necessária a adoção de mecanismos que permitissem a restauração da ordem e paz sociais. O Código de Processo Criminal do Império, de 1832, revelava-se insuficiente à imposição da autoridade do Governo imperial e ao restabelecimento da ordem. Desta situação de desordem e da necessidade de criação de instrumentos hábeis a permitir a manutenção da autoridade governamental, foi promulgada a Lei de 3 de dezembro de 1841, que procurou modificar a organização judicial e policial estabelecida pelo Código de 1832. Criou-se, assim, o que acabou denominado policialismo judicial, o qual consistiu na atribuição de atividades tipicamente judiciárias à polícia. Com a promulgação da referida lei, o município da Corte e suas províncias passaram a contar com um chefe de polícia, delegados e subdelegados, todos nomeados pelo Imperador ou pelos presidentes das províncias. Suas funções, conforme mencionamos, ultrapassavam a esfera das atividades típicas da polícia judiciária, sendo atribuídas às autoridades policiais a competência para formação da culpa. A adoção destas medidas, porque exorbitavam as necessidades da época, acabou por fortalecer o reacionarismo político no país e, embora a Lei de 3 de dezembro de 1841 fosse dotada de traços autoritaristas, mostrou-se ineficaz no combate à delinqüência e à preservação da defesa social. De tal modo, durante cerca de 30 anos, inúmeros projetos foram apresentados na expectativa de alterar o diploma legal em questão. Finalmente, por intermédio de ato do ministério do Rio Branco, em 20 de setembro de 1871 foi promulgada a Lei 2.033, posteriormente regulamentada pelo Decreto 4.824, do mesmo ano. Estas alterações, conhecidas como Reforma de 1871, puseram fim ao policialismo (separando justiça e polícia) e alteraram diversos institutos jurídicos, criando, no ordenamento jurídico pátrio, o *inquérito policial*, que, nos dizeres de José Frederico Marques, constituiu: "(...) uma das instituições mais benéficas de nosso sistema processual, apesar de críticas infundadas de alguns que não conhecem bem o problema da investigação criminal".[19]

---

19. Idem, ibidem, p. 107.

1.2.4 O Código de Processo Penal de 1941 e o advento da Constituição Federal de 1988

O atual Código de Processo Penal somente foi promulgado em 3 de outubro 1941, pelo Decreto-lei 3.689, passando a vigorar a partir de 1º de janeiro de 1942. Segundo anotações de Carlos Frederico Coelho Nogueira, nesta ocasião foi encerrada a denominada *fase pluralista* do direito processual penal brasileiro – iniciada com a Constituição de 1891 –, segundo a qual aos Estados membros era conferida competência para legislar sobre direito processual.[20] Referida competência passou a ser exclusiva da União, situação mantida pela Constituição Federal de 1988 (art. 22, inc. I), prevista, entretanto, a competência concorrente com os Estados membros para legislarem acerca de *procedimento*. Foi preservado o inquérito policial e, com ele, parte das tradições legislativas brasileiras, anotando José Frederico Marques, ao tratar do tema, que, lamentavelmente, foram preservados, também, os "arcaicos princípios procedimentalistas do sistema escrito".[21]

O novo Código adotou o sistema processual *penal acusatório* (posição majoritária),[22] preservando-se a igualdade entre as partes (acusação e defesa), a publicidade dos atos processuais,[23] e a não cumulação das funções de acusar, defender e julgar (cumulação típica do sistema processual inquisitivo). Faz-se oportuno registrar, entretanto, que, segundo Nucci, o sistema processual brasileiro é o *misto*, uma vez que a Constituição estabelece princípios de natureza acusatória, ao passo que o Código de Processo Penal de 1941, ainda em vigor, guarda natureza inquisitiva. Façamos uso das respeitáveis considerações do ilustre Professor, segundo o qual: "É certo que muitos processualistas sustentam que o nosso sistema é o acusatório. Mas ba-

---

20. *Comentários ao Código de Processo Penal*, vol. I, p. 57.
21. *Elementos...*, cit., vol. I, p. 112.
22. Cuja adequação, observadas as características de *publicidade, liberdade, igualdade, passividade do juiz, continuidade dos atos* e *síntese em todo o procedimento*, já era destacada na doutrina de Francesco Carrara (cf. *Programa do Curso de Direito Criminal*. Parte Geral, vol. II, p. 309).
23. A denominada *publicidade específica* é referente às partes no processo (acusação e defesa), e não comporta restrições. A EC 45/2004 dispõe ser a publicidade a regra e o sigilo, a exceção, admitindo-se o sigilo para preservar a intimidade, mas ressalvando o interesse público à informação.

seiam-se exclusivamente nos princípios constitucionais vigentes (contraditório, separação entre acusação e órgão julgador, publicidade, ampla defesa, presunção de inocência etc.). Entretanto, olvida-se, nessa análise, o disposto no Código de Processo Penal, que prevê a colheita inicial da prova por meio do inquérito policial, presidido por um bacharel em Direito, que é o delegado, com todos os requisitos do sistema inquisitivo (sigilo, ausência de contraditório e ampla defesa, procedimento iminentemente escrito, impossibilidade de recusa do condutor da investigação etc.). Somente após, ingressa-se com a ação penal e, em juízo, passam a vigorar as garantias constitucionais mencionadas, aproximando-se o procedimento do sistema acusatório".[24]

Em que pesem as doutas considerações do respeitado Professor, delas ousamos discordar. Parece-nos que a distinção em questão, isto é, do sistema processual penal – que pode ser classificado como inquisitivo, acusatório, ou misto –, deve ser reservada à classificação da fase *estritamente* processual. Assim, considerando-se que a fase processual tem início com o oferecimento da denúncia ou da queixa-crime (ou mais especificamente com o seu recebimento), não nos parece correto utilizar, para classificação do *sistema processual*, uma fase que dele não faz parte, qual seja, a fase de inquérito. Logicamente, a fase de inquérito policial integra a *persecução penal* e, esta sim, poderia ser classificada como mista (já que o inquérito tem natureza inquisitiva e a fase processual natureza acusatória). De qualquer forma, acerca do processo penal, o saudoso Professor Frederico Marques ensina que: "O *processo penal* só se instaura com a propositura da ação. Esta, no entanto, é precedida de uma fase de pesquisas, ou *informatio delicti*, em que se colhem os dados necessários para ser pedida a imposição da pena. Verifica-se, portanto, que a *persecutio criminis* apresenta dois momentos distintos: o da *investigação* e o da ação penal. Esta consiste no pedido de julgamento da pretensão punitiva, enquanto que a primeira é atividade preparatória da ação penal, de caráter preliminar e informativo: *inquisitio nihil est quam informatio delicti*".[25]

Portanto, sendo a classificação voltada estritamente ao sistema processual, concordamos com aqueles que classificam o processo pe-

---

24. *Manual de Processo e Execução Penal*, p. 100.
25. *Elementos*..., cit., vol. I, p. 138; grifos do Autor.

nal brasileiro como sendo acusatório, no qual vigoram os princípios constitucionais já conhecidos, posto que – frisamos – do processo penal estritamente considerado, o inquérito policial não faz parte.

Com o advento da Constituição Federal de 1988, instauradora de um novo Estado brasileiro – certamente o mais democrático que já tivemos –, alguns dispositivos originais do Código de 1941 não foram recepcionados. Por sua vez, passamos a contar não somente com aqueles princípios dispostos no próprio código processual penal, mas, também, com os denominados *princípios constitucionais implícitos ou explícitos* relativos à matéria em exame.

Dentre os *princípios constitucionais explícitos*, podemos citar os seguintes: 1. *princípio da presunção de inocência* (ou da não-culpabilidade), segundo o qual todo acusado é presumidamente inocente, com conseqüente imposição do ônus da prova à acusação; 2. *princípio da ampla defesa*, o qual encontra fundamento no fato de o acusado ser hipossuficiente frente ao Estado, o que resulta em vários direitos a ele assegurados, dentre eles o direito à revisão criminal (vedada à acusação) e à possibilidade de o juiz desconstituir o advogado do réu, caso constate haver manifesta incapacidade técnica (hipótese em que será nomeado defensor dativo, caso o próprio réu não nomeie outro); 3. *princípio da plenitude de defesa*, referente ao Tribunal do Júri, que não se confunde com a ampla defesa (assegurada aos acusados em geral). De fato, a plenitude da defesa tem caráter mais intenso, gerando vários reflexos como a já citada possibilidade de destituição do defensor em caso de incapacidade técnica e, ainda, possibilidade de a defesa inovar em caso de tréplica, sem que isso implique ofensa ao contraditório; 4. *princípio in dubio pro reo* (também chamado de prevalência do interesse do réu, *favor rei* ou *favor libertatis*), segundo o qual, havendo dúvida razoável acerca dos fatos, a decisão deverá ser favorável ao acusado; 5. *princípio do contraditório*, que impõe equilíbrio na relação processual entre acusação e defesa; 6. *princípio do juiz natural*, cujo significado é o de que a competência para julgar o fato deverá estar previamente fixada, segundo as normas constitucionais, evitando-se o denominado juízo ou tribunal de exceção, criado especificamente para julgar um fato após sua ocorrência (opção, aliás, expressamente proibida no texto da Constituição da República); 7. *princípio da publicidade dos atos processuais*, regra que somente admite exceções em situações excepcionais (interesse social ou preservação da intimidade). Quanto a este princípio, podemos distinguir a *publicidade geral* (que garante a qualquer pessoa o acesso aos atos processuais e aos autos do processo e que comporta as restrições já mencionadas) da *publicidade específica* (referente às partes no processo – acusação e defesa –, e que não comporta restrição. A EC 45/ 2004 dispõe ser a publicidade a regra e o sigilo, a exceção, admitindo-se o sigilo para preservar a intimidade, ressalvado o interesse público à informação); 8. *princípio da vedação das provas ilícitas*, explicitado no artigo 5º, inciso LVI, da Constituição Federal, *in verbis*: "são inadmissíveis, no processo, as provas obtidas por meios ilícitos".[26] Acerca do tema, ensina Alexandre de Moraes que *prova ilícita* é a obtida com violação do direito material, enquanto *prova ilegítima* é a introduzida no processo com desrespeito às normas processuais (fora do prazo, por exemplo), embora seja originariamente lícita; 9. *princípio da economia processual*, que se tornou explícito a partir da EC 45/2004, que incluiu o artigo 5º, LXXVIII, com a seguinte redação: "a todos, no âmbito judicial e administrativo, são assegurados a razoável duração do processo e os meios que garantam a celeridade de sua tramitação".[27] Obviamente, referido princípio não poderá implicar a restrição ao direito de produzir prova e de buscar a verdade real; e, finalmente, 10. *princípio do devido processo legal*, o qual constitui um princípio informativo, que reúne vários outros princípios processuais (ampla defesa, contraditório, vedação de prova ilícita, imparcialidade do juízo etc.).

---

26. Cumpre destacar, aqui, a *teoria da árvore dos frutos envenenados* ("tree of the poisonous fruits"): diz respeito à prova ilícita por derivação, segundo a qual uma prova que provenha de outra ilicitamente produzida não poderá ser aceita, e, em contraposição a ela, a moderna *teoria da proporcionalidade* (ou do interesse predominante), originária da Alemanha, segundo a qual se impõe a consideração dos interesses em jogo, preservando-se o de maior valor; assim, por exemplo, seria admissível a utilização de escuta telefônica não autorizada para solucionar um seqüestro ou para absolver o réu, pois, desta forma, seriam preservados preceitos constitucionais de maior relevância.

27. *Exemplos de economia processual*: a) caráter itinerante da precatória (que autoriza ao juízo deprecado remeter diretamente a precatória a outro juízo, caso não possa cumpri-la); e b) anulação somente dos atos decisórios quando a decisão for proferida por juiz incompetente.

Por sua vez, dentre os *princípios constitucionais implícitos* referentes à matéria processual penal, ressaltamos os seguintes: 1) *princípio de que ninguém é obrigado a produzir prova contra si mesmo (nemo tenetur se detegere)*, resultante dos princípios da presunção de inocência e da ampla defesa; 2) *princípio da iniciativa das partes*, segundo o qual a ação penal não poderá ser iniciada de ofício, cabendo a legitimidade, em regra, ao Ministério Público, previstas, ainda, as ações de iniciativa privada e as de iniciativa privada subsidiária da pública (em caso de inércia do Ministério Público); 3) *princípio do duplo grau de jurisdição*, conforme ensina Guilherme de Souza Nucci, trata-se de princípio básico do processo penal, anotando o Autor, em sua já referida obra, que "(...) há expressa disposição no Pacto de São José da Costa Rica[28] (art. 8, item 2, 'h') a respeito do direito de recurso contra sentença a juiz ou tribunal superior. Os tratados internacionais, *versando sobre direitos humanos*, ingressam no ordenamento jurídico brasileiro com *status* de norma constitucional, como autoriza o art. 5º, § 2º, da Constituição Federal"[29] e, não fosse isso, a própria Constituição disciplina divisão de competência entre Tribunais, admitindo, pois, um sistema recursal próprio; 4) *princípio do juiz imparcial*, o qual impõe a possibilidade de argüição de exceções de suspeição e de impedimento do juiz, buscando-se a preservação do princípio do juiz natural e a conseqüente imparcialidade das decisões; 5) *princípio do promotor natural e imparcial*, segundo o qual a acusação deverá competir a órgão imparcial do Estado, previamente designado por lei, vedando-se a indicação de acusador para atuar em caso específico na satisfação do *jus puniendi* estatal;[30] 6) *princípio da obrigatoriedade da ação penal (e o conseqüente princípio da indisponibilidade da ação)*, o qual impõe a obrigatoriedade da atuação po-

---

28. O *Pacto de São José da Costa Rica* (Convenção Americana sobre Direitos Humanos), havido em 22 de novembro de 1969, foi firmado pelo Brasil e está em vigor desde 1992 (Decreto 678/1992). Cf. *O Processo Penal à luz do Pacto de São José da Costa Rica*, de J. S. Fagundes Cunha e José Jairo Baluta.
29. *Manual de Processo...*, cit., p. 87; destacamos.
30. As hipóteses de exceção estão previstas em lei, como ocorre no caso de não confirmação do pedido de arquivamento do inquérito policial, com conseqüente designação de outro promotor para oferecer a denúncia, cabendo observar que o promotor indicado atua, aqui, por extensão da convicção do Procurador-Geral.

licial, e, posteriormente, do Ministério Público, nos casos de ação penal pública incondicionada. Deste princípio decorre o princípio da indisponibilidade da ação ajuizada, vedando-se a desistência da ação penal pública;[31] 7) *princípio da oficialidade*, o qual impõe que a persecução penal seja cumprida por órgãos oficiais do Estado (polícia judiciária, Poder Judiciário e Ministério Público); 8) *princípio da intranscendência*, segundo o qual a ação *penal* não poderá atingir pessoa diversa da autora da infração; e 9) *princípio da vedação da dupla punição e do duplo processo pelo mesmo fato*, o qual é encampado pelo Pacto de São José da Costa Rica, artigo 8º, *in verbis*: "O acusado absolvido por sentença transitada em julgado não poderá ser submetido a novo processo pelos mesmos fatos".

Referidos princípios tornaram a fase processual penal compatível com a ordem democrática de direito, afastando, por completo, quaisquer manifestações inquisitivas que ainda pudessem existir no ordenamento pátrio brasileiro na fase de ação penal, o que assegurou aos acusados em geral o direito à ampla defesa e ao contraditório, em compatibilidade com a dignidade humana. Assim, os resquícios de um procedimento inquisitivo ficaram limitados à fase de inquérito policial, o qual visa à apuração dos fatos e da autoria de delito. Entretanto, nenhum acusado será condenado sem que todas as provas colhidas durante a fase investigatória sejam submetidas ao contraditório inerente à fase de instrução processual penal, já no curso da ação penal.

Feitas estas breves considerações sobre a evolução histórica dos procedimentos investigatórios, bem como acerca do surgimento do atual Código de Processo Penal e suas principais características, passaremos a analisar, à frente, o poder-dever de punir estatal e as formas de investigação que podem dar início ao referido *jus puniendi* do Estado.

---

31. *Exceções*: suspensão condicional do processo na Lei 9.099/1995 (mitigação do princípio da indisponibilidade da ação) e transação penal (mitigação ao princípio da obrigatoriedade da ação penal), possibilidades que vieram adotadas na legislação de orientação visivelmente neoliberal existente por ocasião do governo Fernando Henrique Cardoso, no Brasil.

Capítulo 2
O DEVER DE PUNIR E A BUSCA PELA VERDADE REAL

Em qualquer democracia, o poder-dever de punir pertence ao próprio Estado. Este, visando à preservação da paz social, institui normas gerais e abstratas voltadas à prevenção da prática de atos definidos em lei como sendo delituosos (crimes ou contravenções),[1] bem como destinadas à repressão e à reabilitação dos infratores da legislação penal vigente. Tal poder-dever constitui o denominado *jus puniendi*, monopólio estatal que comporta pouquíssimas exceções (como a legítima defesa, o estado de necessidade ou, ainda, a hipótese de autocomposição explicitada na Lei 9.099/1995, isto é, a *transação penal*). Assim, o direito de compor a *lide penal* deve – sob pena de voltarmos à primitiva e subjetiva vingança privada – ser exclusivamente estatal.

A tipificação penal de condutas como sendo crimes ou contravenções é reservada à tutela de bens diretamente ligados à vida, à saúde, à integridade física, ao patrimônio particular ou coletivo e aos bens e aos interesses públicos, vale dizer, somente serão consideradas condutas delituosas aquelas que afetarem, gravemente, direitos primordiais inerentes aos seres humanos individualmente considerados ou à coletividade[2] (aqui incluído o patrimônio e demais interesses esta-

---

1. Norberto Bobbio já ensinava que o "governo da lei" é, sem dúvida, a única possibilidade de efetivação de igualdade e equilíbrio a viabilizar a democracia real e, quanto menos for utilizado, em contraposição ao "governo dos homens", tanto maior será o risco de desvio para um modelo autocrático de que dão conta as reflexões dos historiadores e dos escritores políticos (cf. *El Futuro de la Democracia*, p. 189).

2. *Princípio da intervenção mínima ou da subsidiariedade*, segundo o qual o Estado somente deve utilizar a criação de normas penais incriminadoras em último caso, em hipóteses de relevância social, evitando-se a banalização do direito penal.

tais). Em síntese, o direito penal tutela – como regra – os denominados bens indisponíveis. Desse modo, a violação de normas penais, em que pese ter uma vítima direta, afeta principalmente o próprio Estado instituidor das normas de convívio social, pois, sendo ele o detentor do monopólio de aplicação da Justiça (proibindo, salvo remotas exceções, a Justiça privada), tem o dever de resguardar a paz e o equilíbrio social de forma eficaz. Ao tratar do tema, Fernando da Costa Tourinho Filho anota que: "(...) quando ocorre uma infração penal, quem sofre a lesão é o próprio Estado, como representante da comunidade perturbada pela inobservância da norma jurídica e, assim, corresponde ao próprio Estado, por meio dos seus órgãos, tomar a iniciativa *motu proprio*, para garantir, com sua atividade, a observância da lei. Por esta razão, quando se comete uma infração penal, quem sofre a lesão é o próprio Estado, a par da lesão sofrida pela vítima".[3]

Desta forma, quando praticado um ato definido em lei como delito (crime ou contravenção), surge para o Estado o poder-dever de punir. Referida punição, por sua vez, é exercida por intermédio da ação penal, resguardando-se aos acusados o direito ao contraditório e à ampla defesa. Isto porque, tratando-se a aplicação da lei penal de ato não auto-executável, também ao Estado é vedada a imposição imediata de qualquer sanção de natureza penal. Destarte, cumprirá ao Poder Judiciário, após provocação do titular da ação penal (Ministério Público ou, em alguns casos, o particular), conduzi-la até seu desfecho, do qual poderá resultar a punição ou absolvição do acusado. Portanto, é a ação penal o mecanismo hábil à busca da prestação da tutela jurisdicional penal, consistente na aplicação da legislação vigente a um caso concreto, após provocação do titular da ação (Ministério Público ou ofendido).

A ação penal tem início com o recebimento da *denúncia* ou da *queixa-crime* e, sob o aspecto da titularidade de seu exercício, pode ser classificada como pública ou de iniciativa privada.[4] A titularidade de propositura da ação penal pública pertence ao Ministério Público

3. *Processo Penal*, vol. I, p. 12.
4. Embora a doutrina se refira, de forma majoritária, à denominação "ação penal privada", preferimos destacar que sua iniciativa é que tem tal característica, posto que toda ação se desenvolve necessariamente perante o Estado, por meio do titular da Jurisdição, o Poder Judiciário.

(federal ou estadual), de forma direta (ação penal incondicionada) ou após representação[5] da vítima ou requisição do Ministro da Justiça (ação penal condicionada). A iniciativa da ação penal de iniciativa privada, ao contrário, compete ao ofendido ou ao seu representante legal (ação penal de iniciativa privada exclusiva), e constitui exceção à regra da ação penal pública. A Constituição Federal de 1988, em seu artigo 5º, inciso LIX, prevê, ainda, a hipótese de ação penal de iniciativa privada subsidiária da pública, autorizando o ofendido – em caso de inércia do Ministério Público em oferecer a denúncia no prazo legal – propor a ação penal também em casos em que, originariamente, a titularidade seria do promotor de justiça ou procurador da república. Em quaisquer destes casos, entretanto, o direito de punir (*jus puniendi*) continua pertencendo ao Estado, sendo certo que a titularidade de propositura da ação penal constitui, apenas, o denominado *jus accusationis*.

No curso da ação penal são assegurados o contraditório e a ampla defesa, bem como a incidência dos demais princípios processuais e constitucionais penais, norteadores do devido processo legal. É no decorrer da ação ou processo – em conformidade com o *procedimento* previsto em lei – que observamos a instrução processual, consistente na utilização dos meios probatórios admitidos pelo ordenamento jurídico pátrio, visando-se a atingir a denominada *verdade real*, a fim de propiciar ao órgão julgador (Poder Judiciário) a convicção necessária à prolação de uma sentença que condene ou absolva o réu.

O *princípio da verdade real*, vigente no direito processual penal, encampa uma das maiores garantias reservadas ao acusado, consistindo, ainda, um ideal a ser alcançado em nome da efetivação da Justiça. De fato, uma ação penal procedente implicará, no mais das vezes, no tolhimento de um dos maiores direitos inerentes ao ser humano – o direito à liberdade –, de forma que somente poderemos pensar em realização de Justiça[6] ao atingirmos (ou buscarmos atingir), com to-

---

5. Doutrinariamente denominada *delatio criminis* postulatória.
6. Sobre as garantias inerentes ao ser humano, devemos nos valer, novamente, da preciosa doutrina de Norberto Bobbio, para quem: "A efetivação de uma maior proteção dos direitos do homem está ligada ao desenvolvimento global da civilização humana. É um problema que não pode ser isolado, sob pena, não digo de não resolvê-lo, mas de sequer compreendê-lo em sua real dimensão. Quem o isola já o

das as forças e da melhor forma possível, o registro dos fatos conforme realmente ocorridos no caso concreto. Acerca do tema, registrou o saudoso Julio Fabbrini Mirabete que: "Com o *princípio da verdade real* se procura estabelecer que o *jus puniendi* somente seja exercido contra aquele que praticou a infração penal e nos exatos limites de sua culpa numa investigação *que não encontra limites na forma ou na iniciativa das partes*. Com ele se excluem os limites artificiais da verdade formal, eventualmente criados por atos ou omissões das partes, presunções, ficções, transações etc., tão comuns no processo civil. Decorre desse princípio o dever do juiz de dar seguimento à relação processual quando da inércia da parte e mesmo de determinar, *ex officio*, provas necessárias à instrução do processo, a fim de que possa, tanto quanto possível, descobrir a verdade dos fatos objetos da ação penal".[7]

Afinal, é da escola clássica de Nicola Framarino dei Malatesta que: "Sendo a prova o meio objetivo pelo qual o espírito humano se apodera da verdade, sua eficácia será tanto maior, quando mais clara, mais plena e mais seguramente ela induzir no espírito a crença de estarmos de posse da verdade. Para se conhecer, portanto, a eficácia da prova, é preciso conhecer como se refletiu a verdade no espírito humano, é preciso conhecer, assim, qual o estado ideológico, relativamente à coisa a ser verificada, que ela induziu no espírito com sua ação".[8]

---

perdeu. Não se pode pôr o problema dos direitos do homem abstraindo-o dos dois grandes problemas de nosso tempo, que são os problemas da guerra e da miséria, do absurdo contraste entre o excesso de *potência* que criou as condições para uma guerra exterminadora e o excesso de *impotência* que condena grandes massas humanas à fome. Só nesse contexto é que podemos nos aproximar do problema dos direitos com senso de realismo. Não devemos ser pessimistas a ponto de nos abandonarmos ao desespero, mas também não devemos ser tão otimistas que nos tornemos presunçosos" (cf. *A Era dos Direitos*, p. 64).

7. *Processo Penal*, p. 44; primeiro destaque do Autor e segundo, nosso.

8. *A Lógica das Provas em Matéria Criminal*, p. 19. O Autor destacava, ainda, que "a verdade, em geral, é a conformidade da noção ideológica com a realidade; a crença na percepção desta conformidade é a certeza. Ela é, portanto, um estado subjetivo da alma, podendo não corresponder à verdade objetiva. Certeza e verdade nem sempre coincidem: por vezes, tem-se certeza do que objetivamente é falso; por vezes, duvida-se do que objetivamente é verdadeiro. E a mesma verdade que aparece a uns, a outros parece duvidosa, e, por vezes, até mesmo falsa a outros" (ibidem, p. 21).

Em que pese parecer contraditória a idéia de uma verdade real, em contraposição a uma "verdade não real", a denominação se justifica. Ocorre que, no processo civil, embora o juiz *não seja um mero espectador inerte da produção de provas*,[9] via de regra a instrução processual se perfaz com aquilo que for trazido aos autos pelas partes, autorizando – ato contínuo – a prolação da decisão judicial (sentença ou acórdão, conforme o grau de jurisdição). Trata-se, aqui, da denominada *verdade formal*, vigente no processo civil – especialmente em ações que versem sobre direitos disponíveis.

No âmbito do processo penal, por sua vez, a possibilidade de disposição do direito é remota (reservada à disposição do *direito de ação* nos casos de ações de iniciativa privada exclusivas e às hipóteses de transação penal em fatos considerados pela lei como de pequeno potencial ofensivo), já que a prática da infração penal impõe ao Estado o poder-dever de punir. Da mesma forma, as normas penais e as processuais penais lidam com os direitos da maior valia do ser humano, tais como a vida, a liberdade, a integridade física e psicológica, a honra etc., direitos em regra indisponíveis e que justificam a necessidade de ser buscada, em virtude da verdadeira realização da Justiça, a elucidação dos fatos da forma mais próxima da real. Assim sendo, no processo penal, vigora o denominado princípio da *verdade real*, sendo oportuno exemplificar o alcance de seu teor novamente invocando a doutrina de Nucci, para quem: "(...), na esfera criminal, *ainda que o réu admita o teor da acusação*, o juiz determinará a produção de provas, havendo um cuidado maior para não levar ao cárcere um inocente, visto que estão em jogo, sempre, interesses indisponíveis".[10]

Importante destacar, ainda, que o princípio da verdade real comporta algumas exceções, sendo que, dentre elas, podemos explicitar as seguintes hipóteses: 1. proibição de revisão criminal *pro societate*; 2. proibição do uso de provas ilícitas (com a ressalva já mencionada acerca do princípio da proporcionalidade); 3. vedação de juntada de documentos nas alegações finais no rito do júri; 4. transação penal nos juizados especiais; e 5. perdão do ofendido e a perempção nos crimes de ação de iniciativa privada, circunstâncias que impedem o juiz de julgar o mérito da causa.

---

9. Neste sentido, Fernando Capez, *Curso de Processo Penal*, p. 28.
10. *Manual de Processo...*, cit., p. 94; destaques nossos.

Portanto, visando ao processo penal a obtenção da verdade real, única capaz de assegurar que ao acusado seja aplicada a pena (ou lhe seja concedida absolvição) na medida da reprovação de sua conduta e em conformidade com os parâmetros fixados em lei (fazendo-se Justiça), a prevalência de uma atividade investigatória efetiva vem à tona como uma necessidade imperiosa. De fato, o oferecimento, e o conseqüente recebimento, de uma denúncia ou queixa-crime somente são possíveis com base em elementos suficientes a autorizar a instauração da ação penal. A obtenção de tais elementos, por sua vez, depende da atuação dos órgãos encarregados de investigar a autoria e as características inerentes aos fatos tidos como criminosos, sendo certo que estas investigações, atualmente, são realizadas pela polícia judiciária, por intermédio do inquérito policial, acerca do qual – por comportar considerações fundamentais ao deslinde do presente trabalho –, trataremos em capítulo próprio, à frente. Também é correto afirmar que, em que pesem os esforços despendidos pela polícia judiciária, dada a sua carência de recursos materiais (imposta pelo próprio Estado, diga-se de passagem), dentre outros fatores que avaliaremos oportunamente, a atividade investigatória tem sido conduzida de forma precária e, por vezes, inconclusiva, inviabilizando, por completo, a atuação do Ministério Público no decorrer da ação penal e, por conseqüência, a efetivação do poder-dever de punir estatal.

Se já não há dúvida acerca da importância da verdade real que deve nortear a solução da lide penal, sob pena de cometimento de odiosa injustiça, ou em detrimento da sociedade ou do próprio acusado, a discussão sobre os meios de se alcançá-la ganha extraordinária importância: ou se concede monopólio da investigação a determinados organismos, comprometendo-se, por óbvias razões, o resultado das diligências ou, dentro de um sistema pautado pela preservação de direitos constitucionais, dá-se liberdade de investigação a vários organismos e, inclusive, ao próprio particular, em fase que antecede o exercício da ação penal. Não há outra forma de solucionar o impasse. Nem tão pouco há qualquer prejuízo no encaminhamento da jurisdição posto que, qualquer que seja a atividade pré-processual, cabe ao Poder Judiciário validar ou não as provas produzidas, coibindo e punindo excessos.

É absolutamente relevante a reflexão trazida por Aury Lopes Júnior para quem: "(...) o autor do delito buscará ocultar os instrumentos, meios, motivos e a própria conduta praticada. Existe uma clara relação entre a eficácia da instrução preliminar e a diminuição dos índices de *criminal case mortality*, de modo que, quanto mais eficaz é a atividade destinada a descobrir o fato oculto, menor é a criminalidade oculta ou latente, ou ainda, as *cifras de la ineficiencia de la justicia...*".[11]

Não é por outra razão que os autores modernos apontam para um crescimento de investigações não concentradas sobre um mesmo organismo,[12] defendo-se, em homenagem à busca da verdade real e ao equilíbrio do processo, o crescimento das investigações produzidas até mesmo pelo próprio suspeito.[13]

Afinal, é preciosa a conclusão de Diaulas Costa Ribeiro, segundo a qual, observada a busca da verdade, a relação juiz-Ministério Público é tanto mais autêntica se o *Parquet* se destinar à proteção da sociedade e o juiz à proteção do indivíduo, sem olvidar, entretanto, que ambos, Ministério Público e juiz, atuam *protegendo a todos, tornando real o Estado Democrático de Direito*.[14] Pois não há, seguramente, dedicação maior e mais honesta para com a proteção dos interesses sociais do que aquela que, sob qualquer pretexto, não se afaste jamais da busca da verdade.

Daí a necessidade de valoração da busca da verdade real, que, como é natural, traz fundamento filosófico inquestionável para o encaminhamento da solução dos conflitos sociais de âmbito penal. As várias formas de inquérito são tidas, conforme afirmado por Michel

---

11. *Sistemas de Investigação Preliminar no Processo Penal*, p. 47. O autor invoca a doutrina de Luigi Ferrajoli, *Derecho y Razón – Teoría del Garantismo Penal*.
12. Antonio Scarance Fernandes escreve que a "incumbência da investigação não foi atribuída na história a um mesmo órgão, e, até hoje, variam as entidades encarregadas de apurar a existência do crime e a sua autoria. Nos últimos séculos, prevaleceu na Europa continental e na América Latina a investigação pelo juiz instrutor, em virtude da adoção, sucessivamente, dos sistemas inquisitorial e misto, mas, recentemente, os países dessas regiões, por acolherem sistemas acusatórios, prevêem o avanço do Ministério Público para a fase de investigação" (cf. *Teoria Geral do Procedimento e o Procedimento no Processo Penal*, pp. 75-76).
13. Idem, ibidem, p. 83.
14. *Ministério Público, Dimensão Constitucional e Repercussão no Processo Penal*, p. 455.

Foucault, como expressões de *saber-poder*, e buscam, na cultura ocidental, *autentificar a verdade*.[15] Bem por isso, entendemos e iremos buscar demonstrar, não podem ser circunscritas ou limitadas a um único padrão técnico-científico de realização ou a repousar, em sua titularidade, em um único organismo do Estado, sob pena de se transformar a verdade em si em idéia *imperfeita, limitada, aproximativa, tosca* e, portanto, *um pouco menos importante do que era*[16] nas legislações penais do passado.

15. *A Verdade e as Formas Jurídicas*, p. 78.
16. Aqui é absolutamente relevante a menção ao pensamento de José Carlos Barbosa Moreira, eminente processualista da nossa época, em fabuloso artigo intitulado "Processo Civil e Processo Penal: Mão e Contramão?", *Revista do Ministério Público do Estado do Rio de Janeiro*.

Capítulo 3
INQUÉRITO POLICIAL E PROCEDIMENTOS INVESTIGATÓRIOS VIGENTES

3.1 Inquérito e atividades policiais básicas: 3.1.2 Inquérito policial: definição e características básicas. 3.2 Demais procedimentos investigatórios: 3.2.1 Comissão Parlamentar de Inquérito – CPI; 3.2.2 Inquérito judicial; 3.2.3 Inquérito civil.

3.1 Inquérito e atividades policiais básicas

Conforme vimos no item 1.2.4 acima, o instituto jurídico denominado inquérito policial passou a vigorar no direito pátrio a partir da Reforma de 1871 (Lei 2.033/1871, regulamentada, posteriormente, pelo Decreto 4.824 do mesmo ano), que impôs alterações ao Código de Processo Criminal de Império (1832), diploma vigente na época.

Anotamos, ainda, que o inquérito policial é, atualmente, disciplinado pelo Código de Processo Penal de 1941 (ressalvadas previsões legais não recepcionadas pela Constituição Federal de 1988), constando em seus artigos 4º a 23 as normas inerentes à sua instauração, desenvolvimento e conclusão, bem como aquelas referentes à conduta do ofendido e à atuação da autoridade policial e do Ministério Público nesta fase da persecução penal.

A Constituição Federal de 1988, em seu artigo 144, dispõe que: "A segurança pública, dever do Estado, direito e responsabilidade de todos, é exercida para a preservação da ordem pública e da incolumidade das pessoas e do patrimônio (...)". Destarte, praticada uma infração penal, surge, ato contínuo, o poder-dever de punir estatal, tornando-se necessária a instauração de uma atividade investigatória visando-se à apuração dos fatos e de sua autoria, a fim de ser colhido o mínimo de elementos necessários a permitir ao órgão acusador ou ao particular (nos casos previstos em lei) o oferecimento da denúncia ou da queixa-crime. Isto porque, conforme já registramos, detém o Estado o monopólio da aplicação da Justiça – *jus puniendi* – e, não lhe sendo dado efetivar imediatamente qualquer punição de natureza penal (fato que, caso ocorresse, implicaria inaceitável desrespeito ao devido processo penal assegurado aos acusados em geral), faz-se necessária atuação dos órgãos legitimados a dar início à consecução do poder-dever de punir estatal, mediante aplicação do direito penal material vigente. A aplicação das normas penais ao caso concreto, por sua vez, compete ao Poder Judiciário, o qual também necessitará – para receber a peça acusatória e proferir decisão – de material suficiente à formação de um juízo de valor inicial acerca dos fatos ocorridos e da responsabilidade legal do acusado no que tange à prática dos fatos que lhe são imputados. Assim, para o oferecimento de uma denúncia pelo Ministério Público Federal ou Estadual, ou da queixa-crime pelo ofendido (nos casos previstos em lei), faz-se necessária presença de elementos mínimos capazes de demonstrar a ocorrência de um fato típico (e, ao menos em tese, antijurídico) bem como indícios razoáveis de sua autoria. Sem a demonstração da ocorrência de um fato típico e dos indícios de sua autoria, faltaria à acusação *interesse de agir* – uma das condições genéricas da ação –, sendo certo que o início de uma ação penal sem suporte fático elementar implicaria inaceitável constrangimento ilegal, sanável mediante interposição e concessão de *habeas corpus*. Tais elementos básicos, necessários para dar suporte fático à peça acusatória, via de regra, são colhidos na fase de inquérito policial, por intermédio da atuação investigatória conduzida pelas autoridades policiais, conforme veremos à frente.

Como regra, a referida atividade investigatória é função a ser exercida pela *polícia judiciária*,[1] conforme disposto no artigo 4º, do Código de Processo Penal, *in verbis*: "A polícia judiciária será exercida pelas autoridades policiais no território de suas respectivas circunscrições e terá por fim a apuração das infrações penais e da sua autoria". Para Mirabete: "A Polícia, instrumento da Administração, é uma

---

1. Segundo Guilherme de Souza Nucci: "O nome *polícia judiciária* tem sentido na medida em que não se cuida de uma atividade policial ostensiva (típica da Polícia Militar para a garantia a segurança nas ruas), mas investigatória (...)", ob. cit., p. 123.

instituição de direito público, destinada a manter e a recobrar, junto à sociedade e na medida dos recursos de que dispõe, a paz pública ou a segurança individual. Segundo o ordenamento jurídico do País, à Polícia cabem duas funções: a *administrativa* (ou de segurança) e a *judiciária*. Com a primeira, de *caráter preventivo*, ela garante a ordem pública e impede a prática de fatos que possam lesar ou pôr em perigo bens individuais ou coletivos; com a segunda, de *caráter repressivo*, após a prática de uma infração penal recolhe elementos que o elucidem para que possa ser instaurada a competente ação penal contra os autores do fato".[2]

Analisando o tema, Santin fala em "polícia de segurança pública", negando a tradicional divisão entre atividade policial administrativa e judiciária. De fato, anota o referido Autor que: "Pelo sistema constitucional atual em relação às atividades policiais não se pode mais aceitar a divisão em polícia administrativa e judiciária. Ganhou força e importância a função de polícia de segurança pública, destinada à preservação da ordem pública e da incolumidade das pessoas e do patrimônio, com as finalidades de prevenção, repressão, investigação, vigilância de fronteiras e polícia judiciária (art. 144, da CF). *A função de polícia de investigação criminal desligou-se da noção de polícia judiciária*".[3]

Santin estabelece, além disso, que a denominada *polícia de segurança* pública seria gênero, o qual teria como espécies/funções a *polícia de prevenção, repressão, investigação, vigilância de fronteiras* e *polícia judiciária*. Para o Autor, a função de *polícia de investigação criminal* corresponde à atividade de apuração de infrações penais, por intermédio de seus procedimentos próprios, como o inquérito policial ou termo circunstanciado, visando-se à obtenção de elementos fáticos e probatórios necessários à movimentação da ação penal pelo Ministério Público. A função de *polícia judiciária*, por sua vez, corresponde ao auxílio policial às atividades judiciárias e do Ministério Público, tais como cumprimento de mandados judiciais ou de requisições de diligências. Ensina Santin, então, que: "A doutrina tradicional tende a englobar as funções de investigação criminal, cooperação e auxílio

---

2. *Processo Penal*, p. 74; destaques do Autor.
3. *O Ministério Público*..., cit., p. 54; destaques nossos.

ao Judiciário e ao Ministério Público dentro da noção do exercício de polícia judiciária. Entretanto, pelo sistema constitucional atual as funções de investigação e cooperação são distintas, uma (investigação) caracteriza o trabalho da polícia de investigação criminal e a outra (cooperação), o trabalho de polícia judiciária. Dessa forma, o trabalho de investigação não se inclui mais dentro da noção funcional de polícia judiciária no sistema brasileiro; apenas a cooperação e auxílio ao Judiciário e ao Ministério Público".[4]

Realmente, por não terem o Poder Judiciário e o Ministério Público órgãos policiais próprios, com servidores especializados em segurança pública e detentores de atribuições para execução de mandados judiciais ou cumprimento de diligências, por exemplo, faz-se necessária a atuação da polícia judiciária como função auxiliar destas instituições.[5] O artigo 144, da Constituição Federal de 1988, estabelece como órgãos policiais encarregados de velar pela segurança pública e conduzir as atividades investigatórias estatais os seguintes: I – polícia federal; II – polícia rodoviária federal; III – polícia ferroviária federal; IV – polícias civis e V – polícias militares e corpo de bombeiros militares. A presença de diversos organismos policiais detentores da competência de conduzir as atividades investigatórias e/ou de garantir a paz pública é explicada por Alexandre de Moraes, o qual anota que: "A multiplicidade dos órgãos de defesa da segurança pública, pela nova Constituição, teve dupla finalidade: o atendimento aos reclamos sociais e a redução da possibilidade de intervenção das Forças Armadas na segurança interna".[6]

Assim, embora não seja o único mecanismo previsto no ordenamento jurídico pátrio, o inquérito policial é notadamente o mais usual meio de investigação dos fatos tidos como criminosos e de sua respectiva autoria, conduzido pelas polícias federal e civil – *exercendo a função de polícia de investigação criminal*, segundo Santin[7] –, sob

---

4. Idem, ibidem, pp. 56-57.
5. Ressaltamos que, após autorização do Procurador-Geral de Justiça, exarada no Processo DG-MP n. 374/05 e publicada no *DOE*, edição de 17.6.2005, foi aberto concurso público para provimento do cargo de *agente de promotoria do Ministério Público do Estado de São Paulo*, tema do qual trataremos oportunamente.
6. *Direito Constitucional*, p. 677.
7. *O Ministério Público na Investigação Criminal*, p. 58.

presidência da autoridade policial. Às polícias ferroviária e rodoviária federais, e à polícia militar, em regra, cumpre o desempenho da atividade policial ostensiva, isto é, não-investigatória.

Todos os referidos organismos policiais, entretanto, têm o dever de velar pela paz social, preservando a ordem pública, a incolumidade das pessoas e o patrimônio público e particular, conforme disposição expressa no *caput* do artigo 144 da Constituição Federal.

3.1.2 Inquérito policial: definição e características básicas

Trata-se o inquérito de um procedimento de natureza administrativa, sigiloso e inquisitivo, presidido por autoridade policial, visando-se à apuração de ato criminoso e de sua autoria, de forma a serem obtidos elementos mínimos necessários ao oferecimento da peça acusatória, bem como ao seu recebimento em juízo. Alexandre Cebrian Araújo Reis e Victor Eduardo Rios Gonçalves lecionam que o inquérito policial é: "(...) um procedimento prévio, constituído por uma série de diligências, cuja finalidade é a obtenção de provas para que o titular da ação possa propô-la contra o autor da infração penal".[8]

O inquérito policial é, pois, um procedimento extrajudicial dotado de características próprias, inerentes a um sistema inquisitivo, vez que, durante a fase investigatória, não vigoram todos os direitos referentes à fase de processo penal estritamente considerada, vale dizer, não têm aplicação todos os princípios referentes ao devido processo legal, o qual tem início com o recebimento da denúncia ou da queixa-crime. Obviamente, ao falarmos em *não vigência* destes princípios não estamos querendo referir que, ao investigado ou ao indiciado, sejam negados os direitos individuais constitucionalmente garantidos, tais como o direito à intimidade, à privacidade, à integridade física, à assistência de advogado devidamente habilitado etc. Queremos tão-somente ressaltar que, em benefício da própria investigação e em face do interesse público em serem apurados os fatos, não vigoram na fase de inquérito, por exemplo, o direito à ampla defesa, ao contraditório e o princípio da publicidade dos atos. Em síntese, podemos elencar as seguintes características principais referentes ao inquérito policial:

8. *Processo Penal. Parte Geral.* p. 5.

1. Procedimento inquisitivo, vez que, durante a fase investigatória, não é facultado ao investigado ou ao indiciado apresentar qualquer espécie de defesa, produzindo provas documentais, testemunhais, periciais etc. O direito à ampla defesa e ao contraditório somente será assegurado durante a ação penal, quando já formalizada e recebida em juízo uma acusação contra o réu. Por não haver na fase de inquérito o direito à ampla defesa e ao contraditório, as provas colhidas na fase investigatória não têm força suficiente para, por si só, fundamentarem a condenação do réu. Portanto, tais provas deverão ser reproduzidas em juízo, sob o crivo dos direitos inerentes ao devido processo legal, sob pena de nulidade do processo em face de cerceamento de defesa.

2. Procedimento sigiloso, pois, sendo o inquérito policial um instrumento destinado à captação dos elementos básicos necessários a embasar os motivos da acusação, o princípio da publicidade de seus atos sofre justificadas limitações. Assim, não é dado a qualquer pessoa verificar o andamento dos atos e diligências praticadas no desenrolar da investigação, como poderia ser feito já na fase processual, durante o curso da ação (ressalvadas as causas sob segredo de Justiça). De fato, se o objetivo do inquérito é a investigação, tornar públicos os atos e diligências tomadas pela autoridade policial – e seus investigadores – certamente implicaria prejuízo ao andamento e conclusão das investigações, prejudicando o próprio interesse público em ver solucionado determinado caso. Daí a possibilidade de decretação do sigilo durante a fase investigatória. Este sigilo – que, na forma do artigo 20, do Código de Processo Penal, pode ser decretado pela autoridade policial em benefício da elucidação do fato e do interesse social –, por sua vez, não atinge o Ministério Público, por caber a ele o exercício exclusivo da ação penal pública e por ser ele, naturalmente, o destinatário direto da prova colhida no inquérito. Também ao defensor do indiciado é vedada a imposição de sigilo, conforme disposto no artigo 7º da Lei 8.906/1994 (Estatuto da Advocacia). Embora haja posicionamentos a favor da manutenção do sigilo também quanto ao defensor do investigado ou indiciado, há decisões mais democráticas no sentido de vedação de sigilo ao seu patrono, sob pena de violação do princípio da ampla defesa bem como do exercício da advocacia, função essencial à manutenção da Justiça, conforme expressamente

disposto no artigo 133, da Constituição Federal de 1988, *verbis*: "O advogado é indispensável à administração da Justiça, sendo inviolável por seus atos e manifestações no exercício da profissão, nos limites da lei". Neste sentido, aliás, já decidiu o Tribunal de Justiça do Estado de São Paulo: "Não há razão legal para impedir a participação do advogado constituído nos atos investigatórios, e nem para recusar a entrega de cópias dos procedimentos, mesmo em se tratando de inquérito policial que corre em sigilo. *O sigilo pode caber à imprensa e aos demais cidadãos, nunca ao advogado constituído*".[9]

3. Dispensabilidade do inquérito quanto ao oferecimento da peça acusatória. Obviamente, a dispensabilidade do inquérito não quer dizer *faculdade* de a autoridade policial instaurá-lo ou não, pois, sempre que tomar ciência da ocorrência de um fato, em tese, criminoso deverá tomar as medidas necessárias à abertura do mesmo. A referida dispensabilidade significa que o inquérito policial, embora tenha como destinatário imediato o Ministério Público ou o ofendido, não é um procedimento indispensável à apresentação da acusação em juízo. Assim, a peça acusatória – denúncia ou queixa-crime – pode ser oferecida independentemente de sua produção ou conclusão, mas desde que haja elementos suficientes a autorizar seu recebimento. De fato, se o órgão acusador ou o ofendido tiver elementos e provas suficientes a embasar a acusação, torna-se dispensável a instauração do inquérito policial.

3.2 Demais procedimentos investigatórios

Conforme já explicitamos no curso do trabalho, a atividade investigatória compete, em regra, aos organismos policiais, os quais detêm competência para apuração de fatos tidos como criminosos,

---

9. TJSP, RSE 184.211-3, Rio Claro, 2ª Câm. Crim., rel. Juiz Prado de Toledo, j. 19.6.1995, v.u. (destaques nossos). No mesmo sentido: "*não se aplica ao advogado do indiciado o sigilo, previsto no artigo 20, do CPP, sob pena de violação ao princípio da ampla defesa. Também o estatuto da OAB assegura ao causídico o direito de copiar peças (Lei n. 8.906/1994, artigo 7º, inciso XIV)*" – TRF, 5ª Região, Rem ex-officio 5.295.113-PB, 2ª Turma, rel. Juiz Araken Mariz, j. 19.5.1998, *DJU* 10.7.1998, v.u. (destacamos).

bem como de sua respectiva autoria, visando-se – principalmente – à obtenção de elementos fáticos necessários ao oferecimento da peça acusatória pelo Ministério Público ou pelo ofendido (nos casos de ação penal de iniciativa privada exclusiva ou subsidiária da pública). A atividade de investigação e apuração de infrações administrativas ou penais, entretanto, não se esgota com a atuação dos órgãos policiais. Outras há, no direito pátrio, que também visam à elucidação de fatos e à aplicação de penalidades em conformidade com as disposições legais vigentes, sendo elas conduzidas por outros órgãos ou entidades, conforme veremos adiante.

Sobre o fato, aliás, há expressa menção à atividade de outros organismos no parágrafo único, do art. 4º, do Código de Processo Penal.

3.2.1 Comissão Parlamentar de Inquérito – CPI

O Poder Legislativo – embora detenha como *função típica* legislar – tem outras atribuições que, alheias à atividade legislativa estritamente considerada, encontram previsão expressa na Constituição Federal de 1988: são as denominadas *funções atípicas*. Compete à Câmara dos Deputados, por exemplo, admitir o processo para julgamento de *crime de responsabilidade* praticado pelo Presidente de República, cumprindo ao Senado Federal atuar, neste caso, como tribunal político, sob a presidência do Presidente do Supremo Tribunal Federal (arts. 51, inc. I, e 52, inc. I e parágrafo único, da CF). Ao Congresso Nacional, por sua vez, compete, com exclusividade, julgar, anualmente, as contas prestadas pelo Presidente da República (art. 49, inc. IX) e fiscalizar e controlar, diretamente ou por qualquer de suas Casas, os atos do Poder Executivo, incluídos os da administração indireta (art. 49, inc. X).

Para desempenho e cumprimento destas atribuições, muitas vezes a atividade investigatória desponta como imprescindível, fazendo-se necessária a previsão de mecanismo hábil a permitir ao Poder Legislativo cumprir suas funções segundo expressamente consignadas na Constituição Federal. Para tanto, a Carta Magna, em seu artigo 58, estabelece que o Congresso Nacional – e suas Casas – tenham *comissões* permanentes e temporárias, as quais serão constituídas e dotadas de atribuições em conformidade com seus regimentos ou atos de criação. Dentre estas comissões, encontramos a Comissão Parlamentar de Inquérito, cuja possibilidade de criação[10] está prevista no artigo 58, § 3º, da Constituição Federal, *verbis*: "As comissões parlamentares de inquérito, que terão poderes de investigação próprios das autoridades judiciais, além de outros previstos nos regimentos das respectivas Casas, serão criadas pela Câmara dos Deputados e pelo Senado Federal, em conjunto ou separadamente, mediante requerimento de um terço de seus membros, para apuração de fato determinado e por prazo certo, sendo suas conclusões, se for o caso, encaminhadas ao Ministério Público, para que promova a responsabilidade civil ou criminal dos infratores".

As Comissões Parlamentares de Inquérito são, portanto, órgãos temporários[11] criados pela Câmara dos Deputados ou pelo Senado Federal (em conjunto ou separadamente) visando-se à apuração de fatos determinados e de interesse público. Sua criação depende de requerimento subscrito por, no mínimo, um terço dos membros da Casa que objetiva a constituição da comissão, número atualmente equivalente a 171 deputados ou 27 senadores. Por sua vez, os fatos a serem apurados pela comissão deverão ser *determinados* e *revestidos de interesse público*, tendo-se em vista que as Comissões Parlamentares de Inquérito não têm poderes universais de investigação. Entretanto, nada impede que fatos inicialmente não previstos como objeto da investigação sejam incluídos no rol de atuação de determinada comissão, conforme venham à tona durante o procedimento investigatório já iniciado.[12] O artigo 35, § 1º, do Regimento Interno da Câmara dos Deputados, por seu turno, define *fato determinado*, passível de investigação, como sendo: "O acontecimento de relevante interesse para a vida

---

10. A Lei 1.579/1952 traz disposições referentes às Comissões Parlamentares de Inquérito, cuja criação já era prevista no artigo 53 da Constituição Federal de 1946.

11. As Comissões Parlamentares de Inquérito são criadas para atuação por prazo determinado, não impedindo, entretanto, que haja quantas prorrogações forem necessárias, desde que não seja ultrapassado o período de duração de uma legislatura (quatro anos) e desde que seu objeto não tenha conteúdo genérico.

12. Neste sentido, decidiu o Supremo Tribunal Federal: "Por uma necessidade funcional, a comissão parlamentar de inquérito não tem poderes universais de investigação, mas limitados a fatos determinados, o que não quer dizer que não possa haver tantas comissões quantas as necessárias para realizar investigações recomendáveis, e que outros fatos, inicialmente imprevistos, não possam ser aditados aos objetivos da comissão de inquérito, já em ação" (HC 71.039, rel. Min. Paulo Brossard).

pública e a ordem constitucional, legal, econômica e social do País, que estiver devidamente caracterizado no requerimento de constituição da Comissão".

Tratando do fato compreendido no âmbito de atuação das Comissões Parlamentares de Inquérito, o Professor Cássio Juvenal Faria esclarece que poderão ser objeto de investigação todos os fatos relacionados com a atividade da Administração Pública, bem como aqueles que servirem de base para o aperfeiçoamento da legislação, desde que se trate de matéria de competência da União. Entretanto, no que tange às limitações impostas às comissões em estudo, Faria observa que: "Necessário ressaltar, porém, que esse âmbito de atuação estará sempre limitado por três princípios fundamentais. Primeiro, no âmbito interno do próprio Poder Legislativo, pelo princípio que, no sistema bicameral, define, com nota de exclusividade, as competências da Câmara dos Deputados e do Senado Federal, impedindo, assim, a ingerência recíproca. Segundo, pelo magno princípio da separação dos poderes, integrante da cláusula pétrea, que assegura a independência de cada um deles. E, terceiro, pelo princípio fundamental de organização do Estado, qual seja o princípio federativo, que define e assegura a autonomia dos Estados-membros, do Distrito Federal e dos Municípios, ao lado da União, na moldura de nossa organização político-administrativa. *Assim, uma CPI do Senado Federal não pode se propor a investigar matérias que sejam da competência exclusiva da Câmara dos Deputados (art. 51), e vice-versa (art. 52)*".[13]

As Comissões Parlamentares de Inquérito, segundo explicitado na Constituição Federal de 1988, têm *poderes de investigação próprios das autoridades judiciais*. Não compete às Comissões julgar, mas, tão-somente, investigar, sendo certo que as conclusões tomadas deverão ser encaminhadas ao Ministério Público para que seja promovida a responsabilização civil e criminal dos infratores da legislação em vigor. Também é necessário ressaltar que os poderes conferidos pela Constituição Federal às Comissões Parlamentares de Inquérito são estritamente aqueles destinados à investigação, vale dizer, *poderes instrutórios*. Destarte, conforme disposto no artigo 148 do Regimen-

---

13. *Comissões Parlamentares de Inquérito,* pp. 15-16; destaques nossos.

to Interno do Senado Federal, poderão as Comissões Parlamentares de Inquérito realizar diligências, convocar Ministros de Estado, tomar depoimento de qualquer autoridade, inquirir testemunhas sob compromisso, ouvir indiciados, requisitar de órgãos públicos informações e documentos, bem como requerer ao Tribunal de Contas da União a realização de inspeções e auditorias pertinentes à matéria sob investigação. Portanto, dentro dos limites de atuação investigatória, poderão as Comissões Parlamentares de Inquérito, por decisão fundamentada e sem necessidade de intervenção judicial, por exemplo, determinar a quebra de sigilo fiscal, bancário, bem como dos registros de ligações telefônicas pretéritas (o que não se confunde com *interceptação telefônica*, a qual se refere à captação do diálogo no momento em que o mesmo está ocorrendo).

Por sua vez, estão excluídos do âmbito de atuação das Comissões Parlamentares de Inquérito os poderes existentes sob a denominada *reserva constitucional de jurisdição*. Desta forma, não é facultado às Comissões determinarem diligências, ou proferirem ordens, cuja adoção ou cumprimento dependa de manifestação emanada exclusivamente do Poder Judiciário. Não podem as Comissões Parlamentares de Inquérito, por exemplo, efetuar *ordem de prisão* – salvo no caso de flagrante delito –, haja vista que a prisão depende de ordem escrita e fundamentada emanada de autoridade judiciária competente, conforme disposto no artigo 5º, inciso LXI, da Constituição Federal. A *quebra de sigilo das comunicações telefônicas* (interceptação telefônica), bem como a *diligência de busca domiciliar* são medidas igualmente excluídas das providências passíveis de adoção direta pela Comissão, posto que ambas também pressupõem prévia ordem judicial fundamentada. Finalmente, anotamos, ainda, que medidas assecuratórias da eficácia de futura sentença de mérito são, também, poderes não incluídos no conceito de poder de investigação, valendo novamente a colação da doutrina de Cássio Juvenal Faria, para quem: "Os provimentos dessa natureza, como o seqüestro, o arresto e a hipoteca legal, previstos nos arts. 125 e ss. do CPP, bem como a decretação da indisponibilidade de bens de uma pessoa, medida que se insere no poder geral de cautela do juiz, são atos tipicamente jurisdicionais, próprios do exercício da jurisdição cautelar, quando se destinam a assegurar a eficácia de eventual sentença condenatória, apartando-se, assim, por completo, dos poderes da CPI, que são apenas de 'investigação'".[14]

3.2.2 Inquérito judicial

Previsto no revogado Decreto-lei 7.661/1945 – Lei de Falências – constituía o *inquérito judicial* um procedimento processual específico da lei falimentar, o qual visava à apuração de atos e omissões praticadas pelo falido, de forma a serem obtidos elementos fáticos suficientes a permitir que o Ministério Público concluísse pela ocorrência ou não de eventual crime falimentar. Para o Professor Fábio Ulhoa Coelho: "O inquérito judicial é medida processual típica da falência, que objetiva a reunião dos elementos referentes à análise do comportamento do falido sob ponto de vista do direito penal. O objetivo do inquérito judicial é possibilitar ao representante do Ministério Público definir-se quanto à ocorrência ou não de crime falimentar pelo falido. É o correspondente ao inquérito policial dos crimes em geral".[15]

Em breve síntese do procedimento cabível para a instauração, andamento e desfecho do inquérito judicial faz-se relevante registrar que, dentre as funções pertinentes ao síndico da falência, cumpria-lhe, quando da apresentação do *primeiro relatório*, efetuar análise do comportamento do devedor a fim de verificar hipótese de ocorrência ou não de crime falimentar. A primeira via do referido *primeiro relatório* – devidamente instruído com laudo pericial acerca da escrituração do falido e com os demais documentos úteis à verificação de fato de relevância penal – seria autuada e formaria o *inquérito judicial*, sendo certo que a segunda via do referido documento deveria ser juntada aos autos principais da falência. Convém ressaltar que, ainda que o síndico entendesse não haver ocorrido crime falimentar, permanecia obrigatória a formação do inquérito judicial, pois, dentro do prazo de 5 dias, contado da entrega do primeiro relatório, qualquer credor admitido na falência poderia requerer a produção de provas.

Expirado o prazo para manifestação dos credores, os autos do inquérito judicial eram remetidos ao Ministério Público, ao qual competia – dentro do prazo de 3 dias – analisar o conteúdo do *primeiro*

---

14. Idem, ibidem, p. 23.
15. *Manual de Direito Comercial*, p. 334.

relatório (incluída eventual intervenção de credor) e requerer as diligências necessárias ao cumprimento das finalidades do inquérito judicial. Passado o prazo para intervenção do Ministério Público, iniciava-se o prazo de cinco dias para apresentação de defesa e produção de provas pelo falido. Ultrapassadas estas fases, eram os autos do inquérito judicial encaminhados ao juiz, cumprindo-lhe analisar as provas requeridas e designar data para realização daquelas cuja produção fosse deferida.

Findada a dilação probatória eram os autos do inquérito judicial devolvidos ao Ministério Público, cabendo-lhe – em entendendo configurada hipótese de crime falimentar – oferecer a *denúncia* no prazo de cinco dias. Caso entendesse não haver ocorrido crime, deveria requerer o apensamento do inquérito judicial aos autos do processo principal da falência.

Finalmente, cumpriria ao juiz verificar o inquérito judicial, recebendo a denúncia ou determinando o apensamento conforme requerimento do Ministério Público.

Com o advento da Lei 11.101, de 9 de fevereiro de 2005 – que é a nova Lei de Falências –, e com a conseqüente revogação do Decreto-lei 7.661/1945, deixou de existir no ordenamento pátrio a figura do inquérito judicial para apuração dos crimes falimentares. Atualmente, conforme disposto no artigo 187 da referida lei, uma vez intimado da sentença que decreta a falência ou que concede a recuperação judicial, cumprirá ao Ministério Público, ao constatar a ocorrência de qualquer crime falimentar, promover imediatamente a competente ação penal ou, se entender necessário, requisitar a abertura de inquérito policial. O prazo para oferecimento da denúncia é o fixado no artigo 46 do Código de Processo Penal, exceto se o Ministério Público, estando o réu solto ou afiançado, decidir aguardar a apresentação da exposição circunstanciada de que trata o artigo 186 da lei em questão, devendo, em seguida, oferecer a denúncia em 15 dias (art. 187, § 1º).

Importante ressaltar, ainda, que o juízo competente para recebimento da denúncia ou queixa-crime[16] por crime falimentar passou a

---

16. Os crimes previstos na Lei de Falências são de ação penal pública incondicionada. Entretanto, decorrido o prazo a que se refere o art. 187, § 1º, sem que o representante do Ministério Público ofereça denúncia, qualquer credor habilitado ou o administrador judicial poderá oferecer ação penal de iniciativa privada subsidiária da pública, observado o prazo decadencial de 6 meses.

ser o da vara criminal da respectiva jurisdição, conforme disposto no artigo 183, da Lei 11.101/2005, *in verbis*: "Compete ao juiz criminal da jurisdição onde tenha sido decretada a falência, concedida a recuperação judicial ou homologado o plano de recuperação extrajudicial, conhecer da ação penal pelos crimes previstos nesta Lei".

De qualquer forma, o inquérito judicial foi, ao longo de várias décadas, precioso instrumento colocado à disposição da sociedade para apuração de crimes havidos nas atividades comerciais falidas. Ainda que se tenha optado, modernamente, pela solução do já centenário inquérito policial, seu estudo serve à demonstração da existência de outros mecanismos de busca da verdade real, igualmente disponibilizados pelo legislador.

3.2.3 Inquérito civil

Instituído pela Lei 7.347/1985 – Lei da Ação Civil Pública – e passando, posteriormente, a contar com tratamento constitucional, o inquérito civil constituiu importante instrumento investigatório trazido ao Ministério Público para verificação de fatos que autorizem o ajuizamento da ação civil pública para defesa de interesses coletivos e difusos. Segundo definição de Hugo Nigro Mazzilli: "O inquérito civil é um instrumento de investigação administrativa prévia, presidido e arquivado pelo Ministério Público, destinado a apurar a autoria e materialidade de fatos que possam ensejar uma atuação a cargo da instituição".[17]

Referido inquérito civil constitui, assim, um procedimento extrajudicial e investigatório, de competência exclusiva do Ministério Público, realizado com a finalidade de obtenção de provas e demais subsídios relevantes ao ajuizamento de uma ação civil pública. Trata-se de procedimento de realização facultativa, pois a ação civil pública poderá ser ajuizada ainda que sem sua realização prévia, nos casos em que o Ministério Público tiver em mãos elementos suficientes ao seu ajuizamento. Analisando o instituto, ensina Fernando Capez que: "Trata-se de um procedimento meramente administrativo, investiga-

---

17. *Tutela dos Interesses Difusos e Coletivos*, p. 114.

tório, de natureza inquisitorial, destinado a apurar o fato que autorize eventual propositura de ação civil pública para tutela de interesses coletivos ou difusos de qualquer natureza. É um instrumento útil, mas que pode ser dispensado".[18]

A instauração do inquérito civil é feita de ofício pelo Ministério Público, mediante portaria própria ou simples despacho em requerimentos ou representações dirigidas ao órgão ministerial. Durante seu trâmite, o Ministério Público tem poderes gerais de investigação, sendo-lhe possível a notificação de pessoas para prestar depoimentos, bem como a requisição de diligências, documentos e informações em geral, respeitados, obviamente, os direitos e garantias individuais constitucionalmente previstos.

Após a conclusão do inquérito civil, caso o Ministério Público julgue não haver motivos para propositura da ação civil pública, deverá promover diretamente o seu arquivamento ou das peças de informação.[19] Tal arquivamento deverá ser motivado e devidamente fundamentado, e será efetivado diretamente pelo Ministério Público, ao contrário do que ocorre com o inquérito policial, onde o arquivamento é realizado pelo juiz competente mediante requerimento do membro do Ministério Público oficiante. O controle do arquivamento do inquérito civil, por sua vez, será feito pelo Conselho Superior do Ministério Público, ao qual deverão – no prazo de três dias após a promoção do arquivamento, e sob pena de falta funcional – ser encaminhados os autos do procedimento de inquérito civil. Finalmente, uma vez recebido o inquérito civil, poderá o Conselho Superior do Ministério Público adotar uma das seguintes providências: (a) homologar o ato de arquivamento do inquérito; (b) converter a apreciação da matéria em diligência (hipótese em que o inquérito retornará à Promotoria de Justiça ou à Procuradoria-Geral de Justiça para colheita de mais dados) ou (c) em não concordando com a promoção do arquivamento, designar outro membro do Ministério Público para ajuizar a ação civil pública, preservado o livre convencimento do promotor de justiça que primeiro houver oficiado.

18. *Tutela dos Interesses Difusos e Coletivos*, p. 43.
19. O arquivamento do inquérito civil pelo Ministério Público não afeta o direito de co-legitimado a propor a ação civil pública, caso entenda cabível.

As considerações tecidas no presente capítulo não esgotam o tema, mas constituem precedentes fundamentais à compreensão do assunto principal a ser tratado neste trabalho, isto é, a atividade investigatória instaurada, conduzida e concluída diretamente pelo Ministério Público. Outros procedimentos investigatórios existem no ordenamento jurídico pátrio, mormente em âmbito administrativo (extrajudicial), como a sindicância, por exemplo.

Assim, ao abordamos especificamente a questão referente à possibilidade de investigação direta pelo Ministério Público, voltaremos a repisar alguns assuntos aqui explicitados, dentre outros, com maior profundidade.

Capítulo 4
MINISTÉRIO PÚBLICO

4.1 Origem. 4.2 Direito Comparado: 4.2.1 O Ministério Público na França; 4.2.2 O Ministério Público na Inglaterra; 4.2.3 O Ministério Público na Itália; 4.2.4 O Ministério Público na Espanha; 4.2.5 O Ministério Público em Portugal; 4.2.6 O Ministério Público na Alemanha; 4.2.7 O Ministério Público na Bélgica; 4.2.8 O Ministério Público nos Estados Unidos da América.

4.1 Origem

Conforme registramos no item 1.1 acima, a figura do *magiaí* – existente no Egito dos Faraós –, dada a natureza das funções que desempenhava, é historicamente considerada como uma das detentoras dos primeiros traços característicos da atividade moderna de Ministério Público.[1]

Como *Instituição*, entretanto, a origem do Ministério Público é majoritariamente atribuída à França.[2] Parte da doutrina registra (*sob teoria não alheia a críticas*) a data precisa de sua criação – 23 de mar-

---

1. Acerca do tema, é oportuno conferir Santin, *O Ministério Público...*, cit., pp. 21-22.

2. Carlos A. Ayarragaray traz extraordinária contribuição ao estudo sistemático da evolução do Ministério Público em pesquisa histórica, passando pela primeira época da civilização, em grupamentos familiares; pelos Egípcios, Hebreus e Persas, pela Grécia, à época da guerra de Troya; pelos romanos; pelos germanos; pela época medieval, até o iluminismo francês, quando a instituição melhor conheceu suas características dos tempos modernos (cf. *El Ministerio Público*, pp. 1 a 101). Observamos que se trata de obra rara, disponibilizada em um único exemplar, de circulação proibida, na Biblioteca da Procuradoria-Geral de Justiça de São Paulo.

ço de 1302 –, momento em que o rei Felipe, o Belo, por intermédio de um ato denominado *ordonnance*, reuniu seus *procuradores* (então encarregados da administração de seus bens pessoais) e seus *advogados* (aos quais cumpria a defesa de seus interesses privados em juízo), em uma só Instituição. Com o decorrer do tempo, a atividade desta Instituição teria deixado de ser exclusivamente voltada à defesa dos interesses pessoais do soberano, passando, por conseguinte, a abranger tarefas de interesse do próprio Estado, vale dizer, a Instituição passou a cumprir tarefas públicas; foi nesta época, então, que a denominação Ministério Público haveria se consagrado.[3]

As críticas voltadas a este pensamento, por sua vez, são amparadas na natureza das funções exercidas pelos advogados e procuradores do rei (atividades típicas de defesa dos interesses privados do soberano). Deste modo, para se chegar à verdadeira origem da função de Ministério Público que hoje conhecemos, seria obrigatoriamente necessário considerar o momento em que houve o abandono das funções dirigidas ao patrocínio dos interesses reais e o conseqüente surgimento da atividade voltada à defesa dos interesses legais e coletivos, o que somente começaria a ocorrer após a Revolução Francesa. Acerca do tema, citando os ensinamentos de Michèle-Laure Rassat, registrou José Eduardo Sabo Paes que: "parece que se vai longe demais em sua vontade de assimilar o Ministério Público do Antigo Regime ao nosso. O advogado do rei e o procurador do rei estavam marcados demais pela diversidade de suas origens e de sua função para haver estado alguma vez integrados em um só corpo, e o Ministério Público do Antigo Regime não teria nunca a unidade, a coesão e muito menos a hierarquia, que lhe reconhecemos atualmente".[4]

Realmente, a Revolução Francesa e a prevalência dos princípios a ela inerentes impuseram reflexos diretos na concepção e estruturação[5] do Ministério Público existentes sob a égide do poder soberano,

---

3. Neste sentido, José Eduardo Sabo Paes, *O Ministério Público na Construção do Estado Democrático de Direito*, p. 37.
4. Idem, ibidem, p. 39; destaque do Autor.
5. Hugo Nigro Mazzilli anota que a Revolução Francesa "teria estruturado mais adequadamente o Ministério Público, enquanto instituição, ao conferir garantias a seus integrantes; contudo, foram os textos napoleônicos que instituíram o Ministério

mormente porque – com a referida revolução – a titularidade do poder começaria a passar das mãos do soberano para as mãos do povo, deixando o Ministério Público, gradualmente, de atuar em defesa dos interesses da realeza para passar a atuar em nome do povo, vale dizer, em defesa dos interesses coletivos. É este o momento, portanto, que alguns doutrinadores preferem considerar como embrião da atividade de Ministério Público que hoje conhecemos.

De qualquer forma, a criação e a estruturação do Ministério Público ocorreram de forma gradual, evoluindo em conformidade com as transformações sócio-culturais historicamente registradas, passando-se de uma Instituição criada para sustentar os interesses reais a um órgão encarregado de velar pelos interesses sociais e democráticos, para finalmente difundir-se por toda Europa, e, com o descobrimento de novas terras, pelo mundo.

4.2 Direito comparado

Tendo em vista que o presente trabalho visa – embora sem pretensão de esgotar o assunto – à análise da atividade investigatória preliminar à ação penal, bem como sua relação direta com a atuação do Ministério Público, parece-nos de suma importância uma breve incursão nas principais características inerentes à Instituição sob estudo em outras partes do mundo, o que passaremos a realizar à frente.

E isso se dá, em razão da utilidade da influência do direito comparado que: "tem por objeto extrair do conjunto de instituições particulares um fundo comum, ou, ao menos, pontos de conexão suscetíveis de fazer aparecer, debaixo da diversidade aparente de normas, a unidade essencial da vida jurídica universal".[6]

Público que a França veio a conhecer na atualidade" (cf. *O Ministério Público na Constituição de 1988*, p. 4). A *vitaliciedade* atribuída aos membros do Ministério Público, por exemplo, decorreu de um decreto datado de 8 de maio de 1790, de forma que a exoneração de um membro do Ministério Público, a partir de então, somente ocorreria após prova de envolvimento em corrupção.
6. Cf. *Procesos Penales de Europa (Alemania, Inglaterra y País de Gales, Bélgica, Francia, Italia)*, p. 31 (trad. livre).

4.2.1 O Ministério Público na França

As características do Ministério Público francês atual são provenientes do período napoleônico, em especial, decorrentes do Código de Instrução Criminal e da Lei de 20 de abril de 1810, diplomas que atribuíram relevantes funções ao promotor da ação penal. Assim, hodiernamente, competem ao Ministério Público, no âmbito do ordenamento jurídico francês, as atribuições de uma "magistratura especial", atuando seus membros não somente na persecução daqueles que violam disposições legais penais, mas, ainda, na representação da sociedade, requerendo, em nome desta, a aplicação das leis, bem como na execução de decisões judiciais referentes à ordem pública e, finalmente, velando pela defesa dos interesses dos incapazes de fazê-lo por si mesmos. José Eduardo Sabo Paes anota que, na França, os membros do Ministério Público são considerados magistrados (*Magistrature Debout* ou *Magistrature du Parquet*), sendo-lhes exigidas, para ingresso na carreira, as mesmas qualificações e aptidões referentes ao exercício da judicatura, mas com a incidência das distinções especificadas em lei[7] (podemos citar, como exemplo, a não existência de *vitaliciedade* para os membros do Ministério Público francês).

No que tange à sua organização funcional e hierárquica, verificamos competir ao Ministro da Justiça a direção do Ministério Público francês, sendo certa a divisão dos trabalhos em dois setores distintos, competindo ao primeiro a atuação do *Parquet* no âmbito civil e, ao segundo, aquilo que for relacionado à esfera judicial penal. A titularidade da ação penal pública na França não é privativa do Ministério Público, sendo possível que a vítima de um crime inicie, perante o organismo judicial, a atividade de investigação. Quanto ao sistema processual penal adotado, registra Paulo Rangel que vigora o *juizado de instrução*: "(...) onde o juiz exerce papel de investigador, colhendo as provas necessárias para que haja a delimitação de autoria e da materialidade, visando, assim, à descoberta da verdade dos fatos. Na França, o juiz instrutor tem a *obrigação* de intervir nos *crimes*, a *faculdade* de intervir nos *delitos*, e, nas *contravenções* penais, somente *se o Ministério Público requerer*".[8]

---

7. *O Ministério Público...*, cit., p. 59.
8. *Investigação Criminal Direta pelo Ministério Público: Visão Crítica*, p. 159; destaques do Autor.

Referido sistema processual, entretanto, não se encontra em consonância com um Estado Democrático de Direito, representando, de fato, resquícios de períodos de repressão. Desta forma, a tendência é que haja modificações que acabem na adoção do sistema processual penal acusatório.

4.2.2 O Ministério Público na Inglaterra

Em que pese a inexistência de uma Instituição denominada Ministério Público na Inglaterra e no País de Gales, Estados onde, ao contrário do que ocorre em outros países europeus (Portugal, França, Itália e Espanha, por exemplo), prevalece a vigência de um sistema judicial distinto, baseado no direito consuetudinário (*common law*), parece-nos oportuno registrar que, inicialmente, não havia na Inglaterra a figura de um acusador público, cumprindo à própria vítima do ato ilícito obter elementos para o andamento da ação penal. Posteriormente, foi instituída a figura do *diretor de acusação pública* (*Director of Public Prosecutions*), o qual deveria ser indicado pelo *fiscal geral* do Estado (*attorney general*) e, posteriormente, nomeado pelo Parlamento para atuação como acusador público. José Eduardo Sabo Paes, ao tratar do tema, considerou que, com a criação da figura do *diretor de acusação pública*, tornou-se possível falar na instauração de um organismo inglês *equiparável* ao Ministério Público, conforme conhecido pelo direito continental.[9]

De qualquer forma, o processo inglês convive com a possibilidade de instauração da ação pela própria polícia, na pessoa do *Chief Officer*, que, segundo a doutrina organizada por Mireille Delmas-Marty, *goza de uma autêntica independência em matéria de oportunidade de perseguir judicialmente a infração, exercitando-a na ação penal*.[10]

---

9. *O Ministério Público...*, cit., p. 115. Paulo Rangel, por sua vez, considera que: "O modelo processual penal inglês não conhece a instituição do Ministério Público como os demais países do continente europeu que acima tratamos (Portugal, França e Espanha), pois, diante do sistema de *common law* (direito consuetudinário), o *attorney general*, que é o fiscal geral do Estado, indica o diretor de acusação pública que é nomeado pelo Parlamento Inglês e é quem, efetivamente, faz a acusação pública" (cf. *Investigação Criminal Direta...*, cit., p. 167).

10. *Processos Penales de Europa*, p. 186 (trad. livre).

4.2.3 O Ministério Público na Itália

O Ministério Público italiano – *Pubblico Ministero* –, semelhantemente ao que ocorre na França, é considerado como sendo uma magistratura. Assim sendo, ao lado dos magistrados (*magistrati giudicanti*), encontram-se os membros do Ministério Público italiano, denominados *magistrati requirente*, inexistindo separação de carreiras para o exercício das funções de juiz e de promotor de justiça. A independência funcional da Instituição vem expressa no artigo 108, da atual Constituição italiana, que estabelece que a lei deve garantir a atuação do Ministério Público sem subordinação ao Poder Executivo.

No que tange às atribuições da Instituição, temos que suas principais funções se encontram disciplinadas no Capítulo II, do *Ordinamento Giudiziario* de 1941, bem como nos Códigos de Processo Civil e Penal italianos. O artigo 73 do *Ordinamento Giudiziario, v.g.*, estabelece como atribuições da Instituição (a) velar pela observância da lei; (b) a administração da Justiça; (c) a tutela do direito do Estado, das pessoas jurídicas e dos incapazes; e (d) a promoção da repressão aos delitos e a aplicação das medidas de segurança. Em matéria penal as mais importantes de suas atribuições são as de iniciar e exercer a ação penal – da qual a Instituição tem monopólio –, dispondo o artigo 112, da Constituição italiana que "Il pubblico ministero ha l'obbligo di esercitare l'azione penale".

O sistema processual penal italiano efetivamente é o acusatório, principiando-se com uma fase investigatória – denominada *indagini preliminari* – após recebimento da notícia da ocorrência de uma infração penal. Nesta fase investigatória, atuam Ministério Público e polícia judicial, visando-se à obtenção de elementos necessários à futura ação penal, bem como um juiz do inquérito, ao qual compete velar pela garantia dos direitos individuais. Podemos notar, assim, que importantes atribuições também são reservadas ao Ministério Público na fase de investigação. Tratando do tema, Paes registra que, na fase investigatória: "(...) o promotor italiano tem total controle da investigação, dispondo da polícia, podendo praticar todos os atos necessários para o esclarecimento do crime. Trata-se de um sistema detalhado que outorga verdadeiramente ao Ministério Público a direção da fase de investigação, para que possa atuar livremente conforme a sua própria estratégia, limitado somente nos atos de interferência sobre os direitos e garantias individuais, para os quais dispõe de um juiz que se dedicará exclusivamente a analisar essas petições".[11]

Importante ressaltar, finalmente, que, embora ao Ministério Público cumpra o controle da fase investigatória, na Itália a polícia judicial desempenha suas atribuições legais em perfeita integração com o Ministério Público. Daí ensinar Paulo Rangel, acerca da atuação desta Instituição na fase investigatória que: "O Ministério Público italiano tem a função imparcial de produzir toda a atividade necessária com o fim de concluir a investigação preliminar delimitando a autoria, bem como circunstanciando os fatos delituosos praticados. Entretanto, com uma função nitidamente de fiscal da lei, o Ministério Público na Itália deve, inclusive, colher informações que sejam, também, favoráveis ao investigado, o que corrobora nosso entendimento de que antes de ser autor da ação penal, no sistema acusatório, adotados entre nós no Brasil, é ele defensor da ordem jurídica".[12]

Com orientação nitidamente voltada para a busca da verdade no processo penal, a legislação italiana moderna (Lei 63/2001) permite o testemunho voluntário do próprio acusado (uma espécie próxima da nossa delação premiada), recurso que, segundo a doutrina de Paolo Tonini, emérito Professor titular de Processo Penal na Faculdade de Direito da Universidade de *Firenze*, já existe a pelo menos um século nos sistema inglês e norte-americano, e, na maioria dos processos, serve de precioso instrumento de efetivação da Justiça, à disposição do Ministério Público, principalmente no combate às organizações criminosas. Tonini assevera que, na prática: "Todos os investigados são advertidos de que, caso prestem declarações sobre fato alheio, tornar-se-ão testemunhas apenas em relação a tais fatos, sempre que não estejam compreendidos no elenco de sujeitos incompatíveis com a qualidade de testemunha".[13]

4.2.4 O Ministério Público na Espanha

Denominado Ministério Fiscal, as funções inerentes ao Ministério Público espanhol foram tratadas como matéria constitucional, pe-

---
11. *O Ministério Público*..., cit., p. 136.
12. Ob. cit., pp. 154-155.
13. *A Prova no Processo Penal Italiano*, pp. 38-39.

la primeira vez, no período da II República, dispondo o artigo 104, da Constituição de 1931, que ao Ministério Fiscal competia velar pelo exato cumprimento das leis e pelos interesses sociais.

Foi a Constituição de 1978, entretanto, que definiu e regulamentou o Ministério Público espanhol, tratando das funções inerentes à Instituição nos artigos 124, 125 e 126 de seu Título VI (Poder Judicial). Especificamente reservado ao Ministério Fiscal, estabeleceu o artigo 124, da Constituição de 1978, competir à Instituição, em síntese: promover a defesa dos cidadãos e dos interesses públicos tutelados por lei, de ofício ou mediante pedido do interessado, bem como velar pela independência dos Tribunais e buscar, perante estes, a preservação dos interesses sociais. Em seu item 2, estabeleceu o artigo 124 que o Ministério Fiscal exerceria suas funções por intermédio de órgãos próprios, sujeitando-se aos princípios da legalidade e da imparcialidade. Finalmente, conforme disposição expressa no item 3 do referido artigo 124, cumpriria à lei a fixação do "estatuto orgánico del Ministerio Fiscal". O artigo 126, por sua vez, submeteu a atuação da polícia judicial aos juízes, tribunais e ao Ministério Fiscal, e o artigo 127 equipara juízes e promotores no que tange à proibição de ocuparem outros cargos públicos ou de pertencerem a partidos políticos ou a organizações sindicais, em um sistema de obrigações bastante similar ao brasileiro.

O tratamento constitucional destinado ao Ministério Público espanhol, que o incluiu no título referente ao Poder Judiciário, resultou no posicionamento doutrinário segundo o qual o Ministério Público seria um órgão estatal dotado de natureza judicial. Jimenez Villarejo, tratando do tema, definiu o Ministério Fiscal como sendo uma *magistratura postulante*, em contraposição à *magistratura decisória*, composta pelos juízes.[14] O Estatuto Orgânico do Ministério Fiscal, aprovado pela Lei 50/1981, em seu artigo 2º, também definiu a Instituição como sendo integrante do Poder Judiciário, sem, conduto, retirar-lhe a autonomia funcional. Importante ressaltar, entretanto, que a matéria referente à natureza jurídica do Ministério Público espanhol não é pacífica. Parte da doutrina espanhola considera o Ministério Fiscal como sendo uma instituição governamental não integrante do Poder Judi-

---

14. *El Ministério Fiscal, dentro del Poder Judicial*, apud José Eduardo Sabo Paes, *O Ministério Público na Construção...*, cit., p. 89.

ciário. Sustentam os partidários desta corrente que a Constituição espanhola, em seu artigo 117, dispôs que o Poder Judiciário seria integrado exclusivamente por juízes e magistrados, argumentando-se, ainda, que o artigo 122, do referido diploma, não incluiu o Ministério Fiscal entre os membros do Conselho-Geral do Poder Judiciário. É novamente de Paes o seguinte esclarecimento: "O Ministério Público é, para os defensores do caráter governativo da instituição, entre os quais se encontra García Morillo, um instrumento do Executivo para a aplicação de políticas públicas sem relação com a função que desenvolve, isto é, principalmente 'um instrumento da política criminal do governo emanado pelo Parlamento'".[15]

No que tange à hierarquia, estabelece o Estatuto do Ministério Fiscal – EOMF – que a chefia da instituição compete ao *Fiscal General del Estado*, o qual é nomeado e demitido pelo Rei, após aprovação do governo mediante prévia manifestação do Conselho-Geral do Poder Judiciário.

Finalmente, no que diz respeito à titularidade da ação penal e à atividade de investigação preliminar, destaca Marcos Kac que: "Na Espanha, o Ministério Público tem exclusividade da ação penal, vigendo o princípio da obrigatoriedade (art. 105 do Real Decreto de 14.9.1982). A polícia se encontra sujeita às determinações do Ministério Público (art. 282, da Lei de Enjuizamiento Criminal, primeira parte), devendo trazer ao seu conhecimento, imediatamente, quando souberem da existência de delito de ação penal pública (art. 284, LECr.)".[16]

4.2.5 O Ministério Público em Portugal

Em Portugal, a Instituição Ministério Público e suas respectivas funções estão previstas na Constituição da República Portuguesa de 1976, especificamente em seu artigo 219. Seus membros são denominados *magistrados do Ministério Público*,[17] tendo como superior

---

15. *O Ministério Público...*, cit., p. 92.
16. *O Ministério Público na Investigação Penal Preliminar*, p. 63.
17. Segundo ensinamentos de Paulo Rangel: "A determinação constitucional de que os agentes do Ministério Público são magistrados não pode levar o intérprete a pensar que os atos praticados por eles são jurisdicionais, típicos da magistratura propriamente dita" (cf. *Investigação Criminal Direita pelo Ministério Público...*, cit., p. 163).

hierárquico o Procurador-Geral da República, o qual é nomeado pelo Presidente da República, mediante proposta apresentada pelo governo.

Dentre as funções de competência da Instituição, expressamente previstas no referido artigo 219, da Constituição da República, encontram-se (a) a competência para representar o Estado e defender os interesses que a lei determinar; (b) participar da execução da política criminal definida pelos órgãos de soberania; e (c) exercer a ação penal com base no princípio da legalidade, bem como defender a democracia. O item 4 deste mesmo artigo, por sua vez, fixa as prerrogativas inerentes aos membros do Ministério Público, estabelecendo que seus agentes são magistrados e não podem ser transferidos, suspensos, aposentados ou demitidos senão nos casos previstos em lei.

O sistema processual penal português adotado é o acusatório e admite a possibilidade de participação direta do Ministério Público na fase de investigação; seus agentes podem praticar todos os atos necessários à efetivação de diligências e à produção de provas úteis à verificação da existência de crime. A investigação conduzida durante a fase de inquérito policial é, de fato, dirigida pelo Ministério Público, mediante auxílio da polícia criminal, a qual desempenha suas funções sob orientação e subordinação[18] a esta instituição, fato que revela sua subordinação ao Ministério Público. A propósito, Manoel Lopes Maia Gonçalves registra que: "A direção do inquérito compete ao Ministério Público, que a exerce através do Departamento Central de Investigação e Acção Penal ou dos departamentos de investigação e acção penal, conforme se estabelece no Estatuto do Ministério Público após as alterações introduzidas pela Lei n. 60/1998, de 27 de agosto".[19]

A persecução penal portuguesa prevê, ainda, a existência de uma fase de instrução posterior à fase de investigação. Referida fase é acompanhada pelo "juiz de instrução", ao qual compete garantir a preservação dos direitos individuais em face das providências adotadas durante a fase de inquérito policial. Importante ressaltar que esta fase

---

18. José Manuel Damião da Cunha, ao comentar a questão da hierarquia, anota que o Ministério Público português "não pode intervir no esquema organizatório e de repartição de trabalho previamente estabelecido dentro da hierarquia policial" (cf. *O Ministério Público e os Órgãos de Polícia Criminal no Novo Código de Processo Penal: Estudos e Monografias*, p. 135).

19. *Código de Processo Penal Português Anotado*, p. 542.

de instrução não se confunde com aquela existente no sistema processual penal brasileiro, a qual ocorre durante o curso da ação penal.

Trata-se, em verdade, de uma fase intermediária entre o inquérito policial e o início da ação penal, a qual ocorrerá – inclusive – sob o crivo do contraditório, encontrando-se disciplinada nos artigos 289 e 298, do Código de Processo Penal Português, *in verbis*:

"Art. 289 – A instrução é formada pelo conjunto dos actos de instrução que o juiz entenda dever levar a cabo e, obrigatoriamente, por um debate instrutório, oral e contraditório, no qual podem participar o Ministério Público, o argüido, o defensor, o assistente e seu advogado, mas não as partes civis."

"Art. 298 – O debate instrutório visa a permitir uma discussão perante o juiz, por forma oral e contraditória, sobre se, do decurso do inquérito e da instrução, resultam indícios de facto e elementos de direito suficientes para justificar a submissão do argüido a julgamento."

Findada a fase instrutória, e havendo indícios suficientes a autorizar a aplicação de pena ao acusado, o juiz o pronunciará, cumprindo ao tribunal competente o julgamento. Do contrário, caberá ao juiz despachar impronunciando o acusado, com conseqüente arquivamento do inquérito. Ressaltamos que esta fase instrutória não é de produção obrigatória, conforme anotou Paulo Rangel.[20]

Finalmente, temos que, em não sendo instaurada a fase instrutória acima comentada, e após a conclusão do inquérito policial, se houver indícios suficientes de autoria e materialidade do crime, competirá ao Ministério Público apresentar acusação em face do investigado, o qual será, então, submetido ao julgamento.[21]

---

20. Ob. cit., p. 165.
21. Arthur Pinto de Lemos Júnior, referindo-se à atuação do Ministério Público português no processo penal, pondera que "não é suficiente o cumprimento dos princípios constitucionais e a observância da lei. É necessário que, em cada manifestação e em cada atividade ministerial – dentro ou fora dos autos do processo – a atuação desponte por ser leal. Não apenas por força da devida equidade, mas para que não paire dúvida, ou uma suspeita, ainda que pequena, acerca da justiça das condenações" (cf. "O Papel do Ministério Público, dentro do Processo Penal, à vista dos Princípios Constitucionais: uma Visão fundada no Direito Processual Penal Português", Separata da *Revista do Ministério Público Português*, n. 93, p. 40).

4.2.6 O Ministério Público na Alemanha

Na Alemanha, o Ministério Público está representado em cada organismo jurisdicional por um corpo muito hierarquizado, dentro da estrutura federal. Assim, o Procurador-Geral da República está subordinado ao Ministro Federal da Justiça e constitui a mais alta hierarquia dos promotores federais. Há, entretanto, independência entre os organismos federais e os estaduais, dentro da divisão de atribuições conferidas à Instituição.[22]

O Código de Processo Penal alemão confere ao Ministério Público a prerrogativa de averiguar as circunstâncias que sirvam de incriminação do suspeito, atribuindo-lhe, também, a atividade de investigação sobre as causas e circunstâncias que possam levar à sua absolvição. Para bem aparelhar a atividade de pesquisa da verdade real sobre o fato criminoso, o Ministério Público pode valer-se da ajuda do próprio Poder Judiciário, bem como requisitar informações de todas as autoridades públicas, com ou sem o auxílio da polícia judiciária.

A base da persecução penal também se assenta na iniciativa do Ministério Público, sem retirar, obviamente, a iniciativa do particular, como por exemplo, nas lides que digam respeito aos crimes contra a honra e nos de invasão de domicílio.

4.2.7 O Ministério Público na Bélgica

O processo belga não está fundado no monopólio do exercício da ação penal. Antes, admite o exercício da ação penal em mãos do próprio Ministério Público (por meio de Procuradores-Gerais em 2ª Instância) ou de advogados gerais (que em paralelo com a legislação brasileira, seriam os promotores e procuradores), como também o admite em mãos do próprio ofendido, que, desse modo, tem direito de ajuizar a ação, garantia instituída com o propósito de suprir eventual inércia do Ministério Público belga, além de poder postular diretamente a reparação civil decorrente dos delitos.

O juizado de instrução está prestigiado, na medida em que há efetivamente um juiz de instrução, nomeado pelo rei, que tem competên-

---

22. Delmas-Marty. *Procesos Penales de Europa*. cit., p. 88 (trad. livre).

cia para instruir o processo nas infrações menos graves, sem poder se pronunciar sobre o mérito delas. Para os delitos mais graves, há o júri.

O sistema de separação de funções pressupõe, assim, a instrução a cargo do juiz de instrução, que, então, não terá competência para se pronunciar sobre o mérito da acusação.

A doutrina[23] sustenta, desse modo, que o sistema belga é misto, porque, na primeira fase do processo a instrução segue uma lógica do tipo inquisitivo, enquanto que, na segunda fase, a do julgamento propriamente dito, pressupõe modelo acusatório.

4.2.8 O Ministério Público nos Estados Unidos da América

O Ministério Público norte-americano está estruturado em três esferas distintas (Federal, Estadual e dos Condados) e, embora guarde algumas semelhanças com o Ministério Público brasileiro, tem, também, acentuadas distinções, mormente se considerarmos sua função da advocacia e procuradoria de entidades políticas, aqui proibidas.

No âmbito federal, há o órgão maior (*United States Attorney General*), cuja nomeação cabe ao Presidente com anuência do Senado. Antonio Augusto Mello de Camargo Ferraz destaca[24] que, entre as atribuições cíveis e criminais do Ministério Público federal americano, encontram-se aquelas destinadas à proteção ambiental e do consumidor; o combate aos crimes financeiros, ao crime organizado, à corrupção oficial e ao tráfico de entorpecentes. De outra parte, nos Estados, atua o *Attorney General of the State*, que cumpre mandado popular (eleição por voto, para mandato de quatro anos), cujas atribuições, que variam de Estado para Estado, são predominantemente cíveis, inclusive cabendo-lhe a defesa judicial do Estado e de seus órgãos, além de – em conjunto com os condados – desenvolver atividades na área criminal. Finalmente, nos condados (municípios) encontram-se os *State's Attorneys* (ou *District Attorneys*) a quem competem atribuições predominantemente criminais, também eleitos para mandatos de quatro anos.

---

23. Ibidem. p. 217 (trad. livre).
24. *Ministério Público e Afirmação da Cidadania*, pp. 44 e 45.

Não há propriamente uma carreira de Ministério Público, embora alguns dos integrantes da estrutura mencionada possam permanecer no cargo por longo período, sob a direção de diferentes Procuradores-Gerais, na condição de advogados contratados.[25] De qualquer forma, na seara criminal, que nos interessa mais de perto, há absoluta interação da Instituição com os organismos policiais e compete ao Ministério Público americano a intervenção e colaboração na pesquisa da prova.[26]

De qualquer forma, aos promotores americanos é conferido um poder de transação penal que lhes permite orientar, não sem sugestão doutrinária de limites,[27] uma política de efetivo combate à criminalidade, centrada em uma discricionariedade regrada, denominada "plea bargaining system".

Do breve estudo sobre a investigação penal nos países europeus e nos Estados Unidos da América já se extrai, do que não temos dúvida, a constatação de que, embora a persecução penal deva assegurar evidentes garantias ao investigado, não se faz opção por monopólio da investigação a quem quer que seja; antes e muito pelo contrário, ora se dá a opção da pesquisa à polícia e ao Ministério Público, em conjunto, ora se confere ao *Parquet* o comando e a hierarquia na colheita da prova, ora se opta pelo juizado de instrução, deixando o magistrado – que não irá julgar – conhecer diretamente a prova que está sendo produzida.[28] Tal constatação será objeto de reflexão futura, no

---

25. Idem, ibidem, p. 45.

26. Camargo Ferraz sugere, ainda, que a atividade do Ministério Público brasileiro deva se aproximar do modelo norte-americano, já que lá, ao menos em casos de maior relevância, a instituição participa ativa e efetivamente da investigação, orientando-a, abandonando postura de mero espectador de seu encaminhamento. Vai além o Autor, para criticar o distanciamento hoje existente entre o nosso Ministério Público e a Polícia, tido por ele como incompreensível (ibidem, p. 50).

27. Cf. Nicolas Cabezudo Rodríguez, *El Ministerio Público y la Justicia Negociada en los Estados Unidos de Norteamérica*.

28. Anabela Miranda Rodrigues, Professora Associada da Universidade de Coimbra, discorrendo sobre as tendências européias na fase preparatória do processo penal, teve ocasião de afirmar que "impõe-se que a investigação seja levada a efeito com garantias de isenção e de objectividade. É possível preencher estas condições com a atribuição da competência para dirigir a investigação ao ministério público, nos países em que este estiver dotado daqueles requisitos. E prossegue, ainda, asse-

corpo do presente trabalho, já que, aqui, cabem tão-somente considerações acerca da existência e funcionamento do Ministério Público no direito estrangeiro.

Compete-nos, agora, adentrar o estudo da Instituição no âmbito do direito pátrio, verificando sua origem, composição, funções e, finalmente, a possibilidade de sua atuação direta na investigação criminal preliminar à fase de ação penal, objetivo do presente trabalho.

verando que as provas serão tanto mais fortes e a verdade judicial tanto menos discutível quanto melhor se garantam a um conjunto alargado de participantes processuais direitos autónomos de conformação da concreta tramitação do processo como um todo, com vista à decisão final do conflito, arbitrado por um juiz neutro, independente e imparcial" (*Revista Brasileira de Ciências Criminais*, n. 39, pp. 15 e 27).

Capítulo 5
MINISTÉRIO PÚBLICO NO BRASIL

5.1 Antecedentes históricos. 5.2 O Ministério Público e a Constituição Federal de 1988; 5.2.1 Princípios inerentes à atuação do Ministério Público; 5.2.2 Funções institucionais.

5.1 Antecedentes históricos

Impossível abstrairmos da origem do Ministério Público brasileiro a influência oriunda da adoção das normas lusitanas no território pátrio, vale dizer, não se pode desconsiderar a influência que o longo período em que o Direito português vigorou no Brasil implicou para o surgimento da Instituição no país (período colonial, imperial e primórdios da República). Assim, registra a doutrina que as Ordenações Manuelinas de 1521 foram o primeiro grande diploma a fazer referência expressa às obrigações pertinentes ao promotor de justiça, exigindo, na época, para ocupação da função referente ao promotor, alguém "letrado e bem entendido para saber espertar e alegar as causas e razões, que para lume e clareza da justiça e para inteira conservaçon del convém" (livro I, título 15).[1] Todavia, já nas Ordenações Afonsinas de 1447 é possível constatarmos a existência de preceitos que podem ser considerados precedentes da instituição do Ministério Público no Brasil. Realmente, referido diploma previa a figura do procurador da justiça, o qual detinha como dever buscar o bem de

---

1. Neste sentido, confira José Eduardo Sabo Paes, *O Ministério Público na Construção...*, cit., p. 167; Paulo Rangel, *Investigação Criminal...*, cit., p. 127; e Marcos Kac, *O Ministério Público na Investigação...*, cit., p. 93.

todos os feitos relativos à Justiça, às viúvas, órfãos e pessoas miseráveis. Ao tratar do tema, a doutrina de Mazzilli ressalta que: "Embora sejam preferencialmente citadas as Ordenações Manuelinas de 1514 como fonte da instituição do Ministério Público, nas próprias Ordenações Afonsinas de 1447 vemos traços que foram desenvolvidos nas ordenações posteriores. No tít. VIII das Ordenações Afonsinas, cuida-se 'Do procurador dos nossos feitos'; no Tít. XIII, trata-se 'Dos procuradores, e dos que nom podem fazer procuradores' (Liv. I)".[2]

Efetivamente, em que pese a menção a precedentes encontrados anteriormente e que podem servir de base embrionária ao surgimento do Ministério Público no Brasil, foram as Ordenações Manuelinas o primeiro diploma a fazer referência expressa ao Ministério Público, conforme registrou Antônio Cláudio da Costa Machado ao tratar do tema.[3] Posteriormente, com a vigência das Ordenações Filipinas no território brasileiro, passou o promotor de justiça (na época nomeado pelo rei e denominado promotor de justiça da Casa de Suplicação) a deter, entre suas funções, a de "requerer tôdas as cousas que tocam à Justiça, com cuidado e diligência, em tal maneira que por sua culpa e diligência não pereça; (...) formar libelos contra os seguros, ou presos, que por parte da justiça hão de ser acusados na Casa de Suplicação pôr acordo da Relação".

Por sua vez, afastada a incidência dos diplomas normativos de origem portuguesa, que por muitos anos em nosso país tiveram vigência, encontramos a Lei de 9 de janeiro de 1609 como primeiro texto legal *efetivamente brasileiro* a fazer menção ao Ministério Público.[4]

A Constituição do Império do Brasil, promulgada em 24 de março de 1824, por seu turno, não tratava do Ministério Público, sendo certo que, somente com o advento do Código de Processo Criminal de 1832 houve, novamente, menção à figura do promotor de justiça, dispondo seu artigo 74 que cumprirá àquele, ou a qualquer do povo, o oferecimento de denúncia pela prática de infração penal, cabendo ao denunciante requerer a prisão e punição do infrator. Santin considera que esta teria sido a primeira norma brasileira sobre o Ministé-

---

2. Ob. cit., pp. 5-6.
3. *A Intervenção do Ministério Público...*, cit., p. 15.
4. Neste sentido, Paulo Rangel, *Investigação Criminal Direta...*, cit., p. 127.

rio Público, ressalvando, entretanto, que a figura do promotor de justiça já se encontrava prevista nas Ordenações.[5]

Outros diplomas legais surgiram com o passar do tempo, sendo que, com a publicação da Lei 261/1841,[6] criou-se, no Brasil, a figura do promotor público. Em 1890, houve uma remodelação do Ministério Público, ocorrida em face da promulgação do Decreto 848 (Lei Orgânica da Justiça Federal). A Constituição Federal de 1891, por sua vez, fazia menção à escolha do Procurador-Geral da República dentre os membros do Supremo Tribunal Federal.

Foi com a publicação do Decreto 1.030, de 14 de novembro de 1890, do então Ministro Campos Salles, que o Ministério Público adquiriu autonomia e estabilidade, fixadas, então, adequadamente suas atribuições. De fato, dispunha seu artigo 164, *in verbis*: "*O Ministério Público é, perante as justiças constituídas, o advogado da lei, o fiscal de sua execução, o procurador dos interesses gerais do Distrito Federal e o promotor da ação pública contra todas as violações do direito*".

Marcos Kac anota que, com a Constituição Federal de 1934, houve a institucionalização do Ministério Público – tratamento que foi disciplinado no Capítulo VI desta Constituição ("Dos Órgãos de Cooperação nas Atividades Governamentais"). Registrou, ainda, o referido Autor, que: "É cediço que foi efetivamente com o advento da Constituição de 1934 que o Ministério Público separou-se definitivamente do Poder Judiciário, bem como conseguiu a consagração da igualdade de seus membros em relação aos juízes, não só no tocante à importância e dignidade funcional, bem como no que se refere às garantias e prerrogativas institucionais que mereceu daquela Carta Política".[7]

Na Constituição Federal de 1937 somente havia menção ao Procurador-Geral da República, ao qual cumpria a chefia do Ministério Público Federal, bem como a previsão de preenchimento das vagas existentes nos tribunais superiores por *um quinto* de advogados ou

---

5. *O Ministério Público na Investigação Criminal*, p. 188.
6. Lei regulamentada, posteriormente, pelo Decreto 120/1842, pela Lei 2.033/1871 e, finalmente, pelo Decreto 4.824/1871.
7. *O Ministério Público na Investigação*..., cit., p. 97.

membros do Ministério Público. Alguns anos depois, com o advento do Código de Processo Penal de 1941, o Ministério Público conquistou definitivamente o poder de requisição de instauração do inquérito policial, bem como a titularidade da ação penal como regra e, ainda, o poder de requisitar diligências durante a fase de procedimentos investigatórios.

A Constituição Federal de 1946 foi responsável pela previsão de estabilidade e inamovibilidade dos membros do Ministério Público (prerrogativas então suprimidas pela Constituição anterior), bem como pelo acesso à função por intermédio de prévia aprovação em concurso público. O Procurador-Geral da República, por sua vez, passou a ser nomeado pelo Presidente da Republica, após aprovação da escolha pelo Senado Federal. Foi com o advento da Carta de 1946 – denominada Constituição Redentora – que o Ministério Público definitivamente adquiriu independência em relação aos demais Poderes estatais.[8]

Com a promulgação da Constituição de 1967, as referências ao Ministério Público passaram a constar no capítulo reservado ao Poder Judiciário. Foram mantidas as prerrogativas de estabilidade e inamovibilidade, e o acesso inicial à carreira passou a depender de concurso público de provas e títulos, conforme expressamente consignado em seu artigo 138, § 1º. A nomeação do Procurador-Geral da República permaneceu sob competência do Presidente da República, *ad referendum* do Senado.

A Emenda Constitucional 1/1969 manteve a necessidade de prévia aprovação em concurso público de provas e títulos para acesso inicial à carreira do Ministério Público, prevendo a estabilidade de seus membros após o prazo de dois anos contados do empossamento (estabilidade não estendida ao Procurador-Geral da República, que usufruía de mandato demissível a qualquer tempo). A exoneração do cargo exigia prévio e regular processo administrativo, assegurando-se

---

8. Registra Marcos Kac, entretanto, que o Ministério Público ainda estava vinculado ao governo, haja vista que: "(...) um Promotor de Justiça que atuava no limite de suas atribuições, sem, contudo, dispor de parcela do poder estatal, tinha mais estabilidade que o Procurador-Geral da República, que podia a qualquer tempo ser destituído de seu cargo e substituído por alguém que melhor interessasse à política do governo, referência à chamada demissão *ad nutum*" (cf. ibidem, pp. 102-103).

a ampla defesa, ou o trânsito em julgado de sentença judicial. Com o advento da Emenda Constitucional 1/1969, o regramento do Ministério Público passou a constar no capítulo reservado ao Poder Executivo. Finalmente, interessa registrar que tamanhas foram as alterações introduzidas pela Emenda Constitucional 1/1969, que a maioria dos doutrinadores a consideram como sendo uma nova Constituição, a sétima a vigorar no Brasil.[9]

Em breve síntese fática, registramos, acima, a evolução cronológica e legal referente ao Ministério Público no Brasil, desde seu surgimento baseado no ordenamento jurídico português, até sua efetiva instituição mediante diploma legal tipicamente brasileiro. Resta-nos estudar, agora, os aspectos jurídicos atuais reservados à Instituição pela Constituição Federal de 1988 (e demais normas infraconstitucionais), sendo certo que, por se tratar da Carta vigente, parece-nos conveniente ao assunto dedicarmos item específico.

5.2 O Ministério Público e a Constituição Federal de 1988

A atual Constituição Federal, promulgada em 5 de outubro de 1988, reservou tratamento especial ao Ministério Público, incluindo-o em capítulo próprio, denominado "Das funções essenciais à Justiça". Por seu turno, acentuo-lhe autonomia e independência funcionais, bem como ampliou consideravelmente seu âmbito de atuação. Constitucionalmente disciplinada nos artigos 127 a 130, a Instituição compreende, hoje: (a) o Ministério Público Federal; (b) o Ministério Público do Trabalho; (c) o Ministério Público Militar; (d) o Ministério Público do Distrito Federal e Territórios; e (e) o Ministério Público dos Estados. Ressaltamos, por oportuno, que, posteriormente, o Tribunal de Contas do Estado de São Paulo enviou à Assembléia Legislativa Projeto de Lei Complementar (PLC 7/2005), visando-se à Instituição Ministério Público junto a esta Corte. Finalmente, temos que o Ministério Público atuante junto ao Tribunal de Contas da União é disciplinado pela Lei 8.443/1992.

9. Neste sentido, Rodrigo César Rebello Pinho, *Da Organização do Estado...*, cit., p. 156. O Supremo Tribunal Federal, em sessão plenária e mediante decisão unânime, decidiu que a Constituição Federal de 1967 havia sido revogada, representando a indigitada emenda, de fato, uma nova Constituição (*RTJ* 98/952-963).

Em âmbito infraconstitucional e nos atendo aos diplomas legais de maior relevância para a Instituição, verificamos que compete à Lei Federal 8.625/1993 – Lei Orgânica Nacional do Ministério Público – dispor sobre *normas gerais* referentes à organização do Ministério Público dos Estados. Por sua vez, a Lei Orgânica do Ministério Público do Estado de São Paulo foi instituída por intermédio da Lei Complementar Estadual 734/1993. Finalmente, compete à Lei Complementar Federal 75/1993 a organização, definição de atribuições e fixação do estatuto do Ministério Público da União.

O conceito de Ministério Público, tido sob a égide da atual Constituição Federal, pode ser encontrado em seu artigo 127, o qual preceitua, *in verbis*: "O Ministério Público é instituição permanente, essencial à função jurisdicional do Estado, incumbindo-lhe a defesa da ordem jurídica, do regime democrático e dos interesses sociais e individuais indisponíveis".

O Ministério Público é, assim, uma Instituição dotada de autonomia administrativa e funcional, competindo-lhe, nos termos do artigo 169 da Constituição, propor ao Poder Legislativo a criação e extinção de seus cargos e serviços auxiliares, bem como sua política remuneratória e de planos de carreira (art. 127, § 2º da CF). O acesso às funções relativas ao Ministério Público ocorrerá por intermédio de prévia aprovação em concurso público de provas ou de provas e títulos. Os membros do Ministério Público (Procuradores da República, Procuradores de Justiça e Promotores de Justiça), conforme ressaltou Ricardo Cunha Chimenti,[10] integram a categoria de agentes públicos denominada *agentes políticos*. Acerca do tema, ensina o Professor Márcio Fernando Elias Rosa, que os referidos *agentes políticos*: "(...) são titulares de cargo localizado na cúpula governamental, investidos por eleição, nomeação ou designação, para o exercício de funções descritas na Constituição. São políticos eleitos pelo voto popular, ministros de Estado, juízes e *promotores de justiça*, membros dos Tribunais de Contas e representantes diplomáticos".[11]

Sobre a classificação é oportuno registrar posicionamento doutrinário diverso, segundo o qual os membros do Ministério Público

---

10. *Apontamentos de Direito Constitucional*, p. 261.
11. *Direito Administrativo*, p. 47; destaques nossos.

não integrariam a categoria denominada *agentes políticos*. Os ensinamentos do ilustre Professor Celso Antônio Bandeira de Mello, a propósito, são neste sentido: "Agentes políticos são os titulares de cargos estruturais à organização política do País, ou seja, ocupantes dos que integram o arcabouço constitucional do Estado, o esquema fundamental do Poder. Daí que se constituem nos formadores da vontade superior do Estado. *São agentes políticos apenas o Presidente da República, os Governadores, Prefeitos e respectivos vices, os auxiliares imediatos dos Chefes do Executivo, isto é, Ministros e Secretários das diversas Pastas, bem como os Senadores, Deputados federais e estaduais e os Vereadores*".[12]

A doutrina abalizada de José Afonso da Silva, entretanto, parece não deixar dúvida quanto à classificação adequada, que, de fato, se nos afigura a melhor, segundo a qual os membros do Ministério Público integrariam mesmo a categoria de *agentes políticos*,[13] inclusive porque, como é da essência da classificação buscada no direito administrativo, eles detêm parcela de poder e da soberania do Estado, consistente justamente no monopólio do exercício da ação penal pública, do qual, aliás, nem mesmo o Poder Judiciário pode discordar.[14]

Importante ressaltar, ainda, que relevantes alterações foram introduzidas pela Constituição Federal de 1988 no que tange à nomeação e, principalmente, quanto à hipótese de exoneração dos chefes do Ministério Público. De fato, conforme registramos em item próprio deste trabalho, sob a égide das anteriores Constituições brasileiras, a exoneração dos chefes do Ministério Público poderia ocorrer a qualquer momento – *ad nutum*. A atual Carta Magna, por sua vez, prevê mandato com prazo determinado de duração.[15] Assim, o Procurador-

12. *Curso de Direito Administrativo*, pp. 237-238; destacamos.
13. José Afonso da Silva considera como inaceitável "a tese de alguns que querem ver na instituição um quarto poder do Estado". Para o Autor, as atribuições do Ministério Público mesmo consideravelmente ampliadas em 1988, são ontologicamente de natureza executiva (*Curso de Direito Constitucional Positivo*, p. 598).
14. Para as hipóteses em que o Procurador-Geral ratifica pedido de arquivamento de investigação, entendimento ao qual se obriga o Poder Judiciário (art. 28, do Código de Processo Penal).
15. Os membros da Instituição preferiam, ao longo dos trabalhos da Assembléia Nacional Constituinte, a eleição direta do Procurador-Geral da República, porém, se isso não foi possível, houve considerável avanço vez que, conforme anota Diaulas

Geral da República – chefe do Ministério Público Federal – será nomeado pelo Presidente da República, mediante prévia aprovação da escolha por maioria absoluta no Senado, para o cumprimento de dois anos de mandato (permitida a recondução, após nova manifestação do Senado Federal). A destituição do Procurador-Geral da República antes do final de seu mandato igualmente dependerá de iniciativa do Presidente da República e prévia concordância do Senado, o qual deverá se manifestar por maioria absoluta de seus membros, em votação secreta (Lei Complementar 75/1993, parágrafo único do art. 25). A nomeação do Procurador-Geral de Justiça, por sua vez, ocorrerá por ato do Chefe do Poder Executivo (estadual ou distrital), após apresentação, pela própria Instituição, de lista tríplice de integrantes da carreira; o mandato terá prazo determinado de dois anos, permitindo-se a recondução. No Estado de São Paulo, a matéria é disciplinada pela Constituição Estadual e pela Lei Complementar 734/1993 que, em síntese, estabelecem que o Procurador-Geral de Justiça será nomeado pelo Chefe do Executivo, recaindo a escolha sobre um dos Procuradores de Justiça candidatos ao cargo e integrantes de lista tríplice, composta pelos três Procuradores de Justiça mais votados pelos membros do Ministério Público estadual. A destituição do Procurador-Geral de Justiça estadual ou distrital, por seu turno, também dependerá de deliberação por maioria absoluta do respectivo Poder Legislativo.

5.2.1 *Princípios inerentes à atuação do Ministério Público*

O artigo 127, da Constituição Federal de 1988, em seu parágrafo 1º, expressamente consagra como princípios referentes ao Ministério Público a unidade, a indivisibilidade e a independência funcional.

Segundo o *princípio da unidade*, os membros do Ministério Público integram um só órgão, sob direção de um Procurador-Geral. A unidade de órgãos é referente a cada Ministério Público, vale dizer, unidade inerente ao Ministério Público Federal, ao Ministério Público Estadual etc. O princípio da unidade significa, ainda, que os mem-

---

Costa Ribeiro a nomeação, agora, só pode acontecer dentre integrantes da carreira do Ministério Público da União, com mais de 35 anos de idade (*Ministério Público, Dimensão Constitucional...*, cit., p. 68).

bros do Ministério Público exercem suas funções em nome da Instituição, não se vinculando aos processos nos quais atuam, do que resulta a possibilidade de substituição de um membro por outro, por exemplo.[16] O *princípio da indivisibilidade*, de sua feita, implica corolário do princípio da unidade, vedando-se a subdivisão de um órgão do Ministério Público em outros autônomos e independentes. O *princípio da independência* ou *autonomia funcional* impõe que os membros do Ministério Público, dentro do exercício de suas funções, somente devem respeito às normas constitucionais e legais. Assim, não estão sujeitos às ordens de superiores hierárquicos no que tange à forma de agir dentro de um processo ou procedimento. Acerca do tema, importante apontamento é registrado por Alexandre de Moraes: "A independência funcional mostra-se presente, exemplificativamente, na redação do art. 28 do Código de Processo Penal, pois, discordando o Procurador-Geral de Justiça da promoção do arquivamento do Promotor de Justiça, poderá oferecer denúncia, determinar diligências, ou mesmo *designar outro órgão ministerial para oferecê-la, mas jamais poderá determinar que o proponente do arquivamento inicie a ação penal*".[17]

O Supremo Tribunal Federal, por sua vez, reconheceu, ainda, a vigência do *princípio do promotor natural* no direito pátrio. Referido princípio impede a designação de membros do Ministério Público para atuarem em casos específicos, vale dizer, após a ocorrência de determinado fato. Visa-se, com a manutenção deste preceito, a que ao Ministério Público seja permitida a atuação absolutamente imparcial, de forma que as funções desempenhadas pela Instituição busquem, exclusivamente, a defesa dos interesses tutelados pela Constituição Federal e pelas leis infraconstitucionais, evitando-se a utilização da Instituição para satisfação de interesses pessoais, políticos etc.

5.2.2 Funções institucionais

Conforme mencionamos anteriormente, a Constituição Federal de 1988 ampliou significativamente o rol de funções referentes ao

---

16. Neste sentido, Alexandre de Moraes, *Direito Constitucional*, p. 518.
17. Idem, ibidem, p. 519; destaques nossos.

Ministério Público; todavia, trata-se de uma enumeração exemplificativa, haja vista a presença de outros diplomas legais – de ordem infraconstitucional[18] – a igualmente definirem atribuições à Instituição. No que tange às funções elencadas no artigo 129 da Constituição Federal, dentre outras, verificamos competir ao Ministério Público:

1. promover, privativamente, a ação penal pública;

2. promover o inquérito civil e a ação civil pública em defesa dos interesses públicos, do interesses difusos e coletivos e, ainda, dos interesses individuais indisponíveis;

3. promover a ação de inconstitucionalidade ou representação nos casos de intervenção federal e estadual, em conformidade com as normas constitucionais;

4. exercer o controle externo da atividade policial; e

5. requisitar a instauração de inquérito policial, bem como as diligências necessárias à colheita dos elementos necessários ao oferecimento da denúncia em juízo.

Além das funções atualmente pertinentes ao Ministério Público, outras poderão ser criadas por intermédio de lei complementar federal ou estadual, desde que referidas atribuições sejam pertinentes às funções constitucionalmente reservadas à Instituição. O objetivo maior do presente trabalho, entretanto, é o estudo da condução própria, pelo Ministério Público, da investigação criminal, a fim de obter elementos para propositura da ação penal em juízo, acerca do que, portanto, passaremos a tratar no capítulo seguinte.

---

18. A Lei 8.625/1993 – Lei Orgânica Nacional do Ministério Público –, em seu artigo 25, por exemplo, estabelece outras funções inerentes à instituição, dentre elas: fiscalizar estabelecimentos prisionais e propor a ação de inconstitucionalidade de leis ou atos normativos estaduais ou municipais, em face de Constituição Estadual. O artigo 26 daquele diploma trata de conferir, de sua parte, nítida atividade de investigação aos membros do Ministério Público.

Capítulo 6
INVESTIGAÇÃO CRIMINAL INDEPENDENTE PELO MINISTÉRIO PÚBLICO

6.1 Atualidade do tema. 6.2 Considerações da doutrina e da jurisprudência. 6.3 Funções do Ministério Público em âmbito criminal: 6.3.1 Evolução dos mecanismos legais para atuação do Estado (delação premiada, interceptação telefônica e infiltração de agentes); 6.3.2 Investigação criminal no Projeto de Reforma do Código de Processo Penal de 1941. 6.4 Polícia judiciária: exclusividade para exercício da atividade investigatória? 6.5 Caso Remi Trinta: o tema frente ao Supremo Tribunal Federal. 6.6 Reflexões sobre as investigações independentes.

6.1 Atualidade do tema

Ao analisarmos o sistema de *persecução criminal* brasileiro e nos atermos especificamente às suas características atuais, isto é, àquelas derivadas da Constituição Federal de 1988, constatamos que – tradicionalmente –, ao Ministério Público, no que tange à fase preliminar da ação penal, têm sido reservadas as funções de controle externo da polícia,[1] bem como a prerrogativa funcional de requisição de instauração de inquérito policial e de realização das diligências necessárias à colheita de elementos fáticos mínimos capazes de possibilitar o oferecimento da denúncia em juízo.

---

1. Hermínio Alberto Marques Porto foi um dos precursores da idéia de conferir ao Ministério Público a atividade de controle externo da atividade policial, já em 1971, quando do I Congresso do Ministério Público do Estado de São Paulo (*Justitia: Ministério Público como Fiscal da Polícia Judiciária*, Anais, 1971, p. 143).

O aumento da criminalidade no país – especialmente a criminalidade organizada –, e a notória e lamentável falta de recursos materiais destinados à polícia judiciária pelo Estado[2] (que vem implicando na precária elucidação dos fatos criminosos, com conseqüente impunidade dos agentes criminosos), dentre outros fatores, trouxeram a lume importante e atual discussão: *poderia o Ministério Público atuar diretamente na fase preliminar à ação penal, vale dizer, instaurando, conduzindo e, finalmente, concluindo a investigação criminal para, ato contínuo, oferecer a denúncia em juízo?*

O tema é controverso e, bem por isso, trouxe a opção pela presente pesquisa. A doutrina é divergente ao analisar a questão. Há aqueles que entendem ser possível e, mais, inerente às suas funções a atividade investigatória produzida diretamente pelo Ministério Público. Outros, por sua vez, posicionam-se pela impossibilidade de o Ministério Público – que seria titular apenas do direito de ação penal pública – instaurar e conduzir, diretamente, a fase pré-processual em busca dos elementos necessários ao oferecimento da peça acusatória em juízo.

Para efetuarmos uma adequada análise do tema – escopo principal do presente trabalho –, faz-se necessária verificação da postura assumida pela doutrina e jurisprudência atuais, bem como uma avaliação detida acerca das funções constitucionalmente destinadas ao Ministério Público e à polícia judiciária, a fim de concluirmos pela exclusividade ou não da titularidade da condução da investigação criminal, temas dos quais trataremos neste e nos capítulos seguintes. Para bom cumprimento da proposta são apresentados os argumentos mais relevantes em um e em outro sentido, de forma a situar o leitor em pesquisa que, segundo acreditamos, foi bastante abrangente sobre as principais correntes de pensamento.

2. Santin anota que: "A ineficiência do sistema de prevenção pública da criminalidade é flagrante, pelos altos índices de criminalidade nas cidades. Todos se sentem inseguros nas cidades grandes. O Executivo, distante da realidade, nada faz de efetivo para mudar a situação" (*O Ministério Público na Investigação Criminal*, pp. 217-218). Marcelo Batlouni Mendroni, por sua vez, observa que: "No sistema brasileiro, a inércia na propositura da ação por parte do Ministério Público dá lugar à ação penal privada subsidiária, mas a inércia na atuação de atos investigatórios a impede, ou dificulta sobremaneira. Fica portanto a sociedade de *mãos atadas*" (*Curso de Investigação Criminal*, p. 283; destaques do Autor).

6.2 Considerações da doutrina e da jurisprudência

Dentre aqueles que sustentam a impossibilidade de o Ministério Público atuar diretamente na fase de investigação criminal, podemos trazer novamente as palavras de Nucci, segundo o qual, a Constituição Federal de 1988 claramente fixou as funções da denominada polícia judiciária, atribuindo-lhe exclusividade na apuração dos fatos criminosos e de sua respectiva autoria (art. 144 da Carta Magna). Ao Ministério Público – deduz o ilustre Autor – reservou-se a exclusividade do ajuizamento da ação penal pública, ressalvada a hipótese de não oferecimento da denúncia no prazo cabível, fato que abriria ensejo à denominada ação penal privada subsidiária da pública. Nucci assevera que: "(...) o art. 129, inciso III, da Constituição Federal, prevê a possibilidade do promotor elaborar inquérito civil, mas jamais inquérito policial. Entretanto, para aparelhar convenientemente o órgão acusatório oficial do Estado, atribuiu-se ao Ministério Público o poder de expedir notificações nos procedimentos administrativos de sua competência, requisitando informações e documentos (o que ocorre no inquérito civil ou em algum processo administrativo que apure infração funcional de membro ou funcionários da Instituição, por exemplo), a possibilidade de exercer o controle *externo* da atividade policial (o que não significa a substituição da presidência da investigação, atribuída ao delegado de carreira), *o poder de requisitar diligências investigatórias e a instauração de inquérito policial (o que demonstra não ter atribuição para instaurar o inquérito e, sim, para requisitar a sua formação pelo órgão competente)*".[3]

Ainda analisando o tema, ensina Nucci que o sistema processual penal brasileiro deve manter-se equilibrado e harmônico, o que não ocorreria se fosse dada ao Ministério Público a possibilidade de presidência do inquérito policial, fato que criaria o que denominou "instituição superpoderosa".[4] De fato, ressaltou o Autor, de uma investiga-

---

3. *Manual de Processo...*, cit., p. 124; destaques nossos.
4. Idem, ibidem, p. 125. Juarez Tavares anota que: "É inconcebível que se atribua a um órgão do Estado, qualquer que seja, inclusive ao Poder Judiciário, poderes sem limites. A democracia vale, precisamente, porque os poderes do Estado são limitados, harmônicos entre si, controlados mutuamente e submetidos ou devendo submeter-se à participação de todos, como exercício indispensável da cidadania" (*O Ministério Público e a Tutela da Intimidade na Investigação Criminal*, apud Nucci, *Manual de Processo...*, cit., p. 125).

ção presidida pelo Ministério Público, o investigado sequer tomaria conhecimento, hipótese que não ocorre no inquérito policial, pois, embora se trate de um procedimento sigiloso, permite-se às partes sua fiscalização (promotor de justiça e defensor do investigado ou indiciado), bem como o acompanhamento do trâmite da investigação pelo juízo competente.

Sérgio Marcos de Moraes Pitombo, por sua vez, em artigo publicado no *Boletim do Instituto Manoel Pedro Pimentel*, ressalvou que a condução da atividade investigatória pelo Ministério Público prejudicaria, inclusive, a imparcialidade necessária à atuação do órgão, abrindo-se ensejo à possibilidade de produção de provas orientadas a fundamentar determinado propósito, concluindo o Autor que a "imparcialidade viciada desatende à Justiça".[5]

O *Supremo Tribunal Federal* – embora a questão referente ao tema esteja atualmente em debate no plenário da Corte – chegou a se manifestar, em sede de Recurso Extraordinário, pela impossibilidade da investigação criminal direta pelo Ministério Público, fazendo-se oportuna a transcrição da seguinte ementa: "*A requisição de diligências investigatórias de que cuida o art. 129, VIII, CF, deve dirigir-se à autoridade policial, não se compreendendo o poder de investigação do Ministério Público fora da excepcional previsão da ação civil pública* (art. 129, III, CF). De outro modo, haveria uma Polícia Judiciária paralela, o que não combina com a regra do art. 129, VIII, CF, segundo o qual o MP dever exercer, conforme lei complementar, o controle externo da atividade policial".[6]

O *Tribunal de Justiça do Estado de São Paulo*, por intermédio de decisão proferida por sua 2ª Câmara (*Habeas Corpus* 99.018-3/1991), asseverou que ninguém melhor do que o Ministério Público – titular da ação penal pública – para acompanhar o trâmite dos inquéritos policiais e das diligências efetivadas pela polícia judiciária, mas que:

---

5. "Procedimento Administrativo Criminal realizado pelo Ministério Público", *Boletim do Instituto Manoel Pedro Pimentel*, n. 22, p. 3.
6. RE 205.473-AL, 2ª Turma, rel. Min. Carlos Velloso, 15.2.1998; destaques nossos. Em 31.1.1957, sob relatoria do Min. Nelson Hungria, foi proferida no Supremo Tribunal Federal a seguinte decisão: "O Código de Processo Penal não autoriza a deslocação da competência, ou seja, a substituição da autoridade policial pela Judiciária e membro do Ministério Público, na investigação de crime" (RE HC 34.827-AL).

"(...) entre acompanhar diligências policiais e assumir, praticamente, a direção do inquérito policial a distância é grande. O inquérito é instrumento da denúncia, fato por demais sabido, cediço e constantemente proclamado. Mas, sua direção, é necessário que se insista, é da Polícia Judiciária. (...). Não se discute caber ao Ministério Público a faculdade e o poder de requisitar diligência diretamente aos órgãos da polícia judiciária. Mas essas atribuições não podem e não se sobrepõem e nem hão de contrariar as normas processuais vigentes e bem assim os preceitos constitucionais que garantem o contraditório".[7]

Esta mesma Corte, em acórdão proferido pela 1ª Câmara Extraordinária em 18 de fevereiro de 2004,[8] da lavra do relator e eminente Prof. Dr. Marco Antonio Marques da Silva – cujo pensamento doutrinário será explorado mais adiante – ao negar competência ao Ministério Público para presidência da atividade investigatória criminal, destacou que a Assembléia Nacional Constituinte não acolheu a pretensão que alguns parlamentares tinham, na época, no sentido de inserir, dentro do campo de atuação da Instituição, o poder investigatório criminal direto, asseverando a referida decisão, ainda, que a hipótese em comento, para se viabilizar, exigiria emenda ao texto constitucional.

Pela impossibilidade da atuação direta do Ministério Público no âmbito da investigação criminal podemos encontrar, ainda, os ensinamentos de Rogério Lauria Tucci,[9] segundo o qual as funções referentes ao Ministério Público e à polícia judiciária se encontram bem definidas na Constituição Federal de 1988, bem como nos diplomas legais de natureza infraconstitucional (como a Lei Orgânica Nacional do Ministério Público, por exemplo): não há como confundir a finalidade e o campo de atuação de cada uma destas instituições. Ressalta o ilustre Autor, ainda, que a possibilidade de realização de investi-

---

7. HC 99.018-3-SP, 2ª Câmara, rel. Min. Weiss de Andrade, 25.2.1991; destaques nossos.
8. HC 440.810-3/7-00, rel. Marco Antônio, 18.2.2004.
9. Registra o Autor que a jurisprudência que vem se consolidando perante o Supremo Tribunal Federal "(...) é, realmente, a única que se coaduna com o ordenamento jurídico brasileiro, que, a partir da edição do Decreto 4.824, de 22.11.1871, consolidou a denominação *inquérito policial* como explicitante de atividade investigatória exclusiva da Polícia" (*Ministério Público e Investigação Criminal*, p. 67).

gação criminal pelo Ministério Público implicaria afronta às garantias individuais asseguradas ao imputado, com expressa violação dos princípios do contraditório, ampla defesa e do devido processo legal.

No que tange à inviabilidade da investigação criminal a ser produzida diretamente pelo Ministério Público ("irrealizabilidade do 'promotor-investigador'", nas palavras do Autor), anotou o Professor Tucci, ainda, que: "Avulta, de logo, nesse particular, a falta de infraestrutura do Ministério Público para realizá-la; sendo certo, outrossim, que não se a pode considerar como efetivamente existente, pelo simples fato de alguns membros do Ministério Público, ávidos de promoção pessoal e de publicidade, e até mesmo desprezando inafastáveis valores éticos, assumirem a condição de inquisidores, travestindo-se de 'investigadores'".[10]

Igualmente contundentes são as palavras de Marco Antonio Marques da Silva, ilustre Professor titular de Direito Processual Penal na Pontifícia Universidade Católica de São Paulo, para quem: "Não resta dúvida, pois, que com o não acolhimento, quando da Assembléia Nacional Constituinte de 1988, das pretensões de alguns parlamentares de ver um processo de investigação criminal gerido pelo Ministério Público, não pode este presidir ou realizar um inquérito policial, ou mesmo procedimento administrativo investigatório criminal de mesma natureza e finalidade, vedando-se, também, a inquirição, de forma direta, de pessoas investigadas ou suspeitas da autoria de delito, ficando limitado à requisição de tais providências à autoridade policial competente".[11]

O Delegado da Polícia Federal, Célio Jacinto dos Santos, por seu turno, em artigo recentemente publicado na *Revista Eletrônica Consultor Jurídico*, igualmente manifestou-se contrário à possibilidade de atribuição de poder investigatório ao Ministério Público em maté-

---

10. Idem, ibidem, pp. 78-79.
11. *Processo Penal e Garantias Constitucionais*, p. 475. O argumento trazido pelo eminente Professor, aliás, é o fundamento do voto do Min. Nelson Jobim no encaminhamento do julgamento do *Caso Remi Trinta* (item 6.5), utilizado como razão de decidir do Min. Jobim contra a tese das investigações independentes. O Professor Marco Antonio Marques da Silva já havia tido ocasião de relatar e decidir em idêntico sentido, quando de julgamento acerca da tese, havido no Tribunal de Justiça de São Paulo, conforme por nós comentado.

ria criminal. Argumentou, em síntese, que a tradição jurídica brasileira sempre delimitou bem as funções atribuídas à polícia judiciária e à judicatura, e, ainda, que todas as emendas constitucionais que visavam a atribuir ao Ministério Público poder investigatório em matéria criminal foram vetadas e não integraram, portanto, a Constituição Federal de 1988. De tal modo, o poder investigatório de que dispõe o Ministério Público seria restrito às questões de natureza civil.[12] Finalmente, ressaltou que a atribuição de poderes investigatórios ao Ministério Público implicaria o desequilíbrio na relação processual, registrando Santos, que: "A titularidade da investigação pelo MP provoca uma desigualdade de armas, pois o MP filtrará somente as provas favoráveis à acusação, restando apenas ao acusado a solicitação durante a fase processual, com isso, ensejará erros judiciários, afetará o *status dignitatis* do cidadão, o direito de defesa e a balança da Justiça penderá para um lado. Há uma hipertrofia do MP".[13]

Cumpre-nos registrar, finalmente, que o Projeto de Lei 5.047, de 2005, de autoria do Deputado Gustavo Fruet, foi recentemente rejeitado por sua relatora, a Deputada Federal Juíza Denise Frossard. Referido projeto de lei buscava estabelecer regras procedimentais penais acerca da investigação direta, pelo Ministério Público, de delitos considerados de maior potencial ofensivo (arts. 312, 313-A, 316, 317 e 333, do Código Penal, bem como os crimes previstos nas Leis 7.492/1986, 8.137/1990, 8.176/1991, 9.034/1995 e 9.613/1998), nos moldes dos "Juizados de Instrução Criminal" vigentes na Europa, em especial na Espanha, França, Itália e na Alemanha.[14] Em seu voto, favorável à rejeição do projeto, proferido em 28 de setembro de 2005, dentre outras considerações, asseverou a Deputada Federal juíza Denise Frossard que:

12. Ensina o Autor que: "O poder investigatório do MP está regulamentado em nosso sistema jurídico: artigos 128 e 129 da CF/1988, LC 75/1993, Lei 8.625/1993, Lei 7.347/1985, Lei 8.429/1992, Lei 8.069/1990, Lei 8.078/1990, Estatuto do Idoso etc., mas não contempla atribuições de investigação criminal, somente investigações civis" (cf. "Justiça Insegura: Temas sobre o Poder Investigatório do MP", www.adpf.org.br, acesso em: 12.1.2006).
13. Idem, ibidem.
14. Confira-se, a respeito, capítulo acima referente ao *Direito Comparado* (item 4.2).

"Inobstante as boas razões que o inspiram, o projeto não merece prosperar. Em suas linhas gerais, as providências nele previstas já constam do Código de Processo Penal e das leis extravagantes. Há outros projetos em andamento no Congresso Nacional, com a mesma preocupação: estabelecer normas específicas para a apuração de crimes de alto potencial ofensivo. O pretendido Juizado de Instrução Criminal, modelo que tem a minha simpatia há muitos anos, não se compadece, contudo, com o nosso ordenamento jurídico, ainda que copiado parcialmente do modelo europeu. (...).

"*Quanto ao Ministério Público, seria necessário, antes, mudar a Constituição Federal, especialmente, o inciso VII, do artigo 129, porquanto, exercer o controle externo da atividade policial não é o mesmo que exercer a atividade policial.* Aqui não vinga o preceito 'quem pode o mais, pode o menos', porque o legislador constituinte distribuiu as funções entre órgãos distintos:

"1) a de controle, ao Ministério Público;

"2) a de polícia judiciária e de apuração das infrações penais, à polícia civil (CF 144);

"§ 4ª) Requisitar diligências investigatórias e instauração de inquérito policial não é o mesmo que executar diligências e instaurar inquérito. Cabe ao delegado de polícia instaurar inquérito e executar diligências. A função de controle sobre a atividade policial exercida pelo Ministério Público e pelo Judiciário não se mistura com a atividade controlada. Parece-me que esta foi a confusão que se procurou evitar quando, em recente decisão, o Supremo Tribunal Federal vedou, por inconstitucional, o exercício de atividade policial investigatória ao Ministério Público. Controlar uma atividade não implica exercer a atividade controlada. A exclusividade conferida à polícia federal pelo inciso IV, do § 1º, do artigo 144, da Constituição Federal, está relacionada com as demais polícias mencionadas nos incisos II a V, do artigo 144, da Constituição Federal. Essas outras polícias estão excluídas da função de polícia judiciária. Portanto, a exclusividade do exercício das funções de polícia judiciária da União, dada à polícia federal, não seria freio à ação do Ministério Público, não fora a limitação constitucional acima citada e confirmada pelo STF. (...). *Por essas razões e com as minhas respeitosas ho-*

menagens ao digno e culto autor, voto pela rejeição do projeto de lei n. 5.047, de 2005."[15]

Fácil verificar – conforme ressaltamos no início do capítulo –, que o tema em questão é controvertido e as teses relacionadas à matéria variam segundo a ótica jurídica adotada por cada doutrinador. Entretanto, acreditamos que o encaminhamento do presente trabalho somente seria possível se registrasse, como resultado da pesquisa, as várias correntes de pensamento sobre o tema, inclusive para bem avaliar o posicionamento final adotado. Foi-nos possível constatar, assim, que os principais argumentos utilizados por aqueles que sustentam a *impossibilidade* de condução direta da investigação pelo Ministério Público (as suas investigações independentes) se subsumem em dois tópicos principais: (a) *ausência de previsão constitucional e infraconstitucional para prática de atos de investigação criminal preliminar pelo Ministério Público*; e (b) *monopólio constitucional da polícia judiciária para presidência e conclusão dos procedimentos investigatórios*.

Para melhor concluirmos a análise da questão, parece-nos oportuno verificar, em itens apartados, as funções destinadas constitucionalmente ao Ministério Público em âmbito criminal e à polícia judiciária, visando-se a chegar a uma conclusão – especificamente acerca da viabilidade das investigações independentes desenvolvidas por promotores de justiça e procuradores da república – sobre a existência ou não de exclusividade do desempenho das funções inerentes à polícia judiciária.

Todavia, registremos, antes, aspectos relevantes referentes à doutrina e à jurisprudência que conferem legitimidade na atuação do Ministério Público na instauração, condução e conclusão de investigações próprias.

Lenio Luiz Streck e Luciano Feldens, na abordagem da matéria sob estudo, ensinam que a falta de previsão constitucional e legal a legitimar a atividade investigatória desenvolvida diretamente pelo Ministério Público constitui argumento insustentável.[16] Explicam que o

---

15. Vide www.adpf.org.br, acesso em: 31.1.2006; destaques nossos.
16. *Crime e Constituição. A Legitimidade da Função Investigatória do Ministério Público*, p. 81.

rol de competências definidas no artigo 129 da Constituição Federal – o qual define as funções institucionais do Ministério Público – não é taxativo, haja vista que o referido artigo, em seu inciso IX, estabeleceu competir à Instituição exercer "outras funções", desde que compatíveis com as funções que lhe são inerentes, *in verbis*:

"Art. 129. São funções institucionais do Ministério Público: (...) IX – *exercer outras funções que lhe forem conferidas, desde que compatíveis com sua finalidade*, sendo-lhe vedada a representação judicial e a consultoria jurídica de entidades públicas."

E mais, Streck e Feldens ressaltam, ainda, que a Lei Complementar 75/1993, em seu artigo 5º, § 2º, inciso V, estabeleceu que somente lei poderia especificar as funções atribuídas pela Constituição Federal ao Ministério Público,[17] sendo certo que, a própria lei complementar em comento, em seu artigo 8º, consignou que, para o exercício de suas atribuições, poderá o Ministério Público da União, nos procedimentos de sua competência:

"I – (...);

"V – *realizar inspeções e diligências investigatórias*; (...);

"VIII – *expedir notificações e intimações necessárias aos procedimentos e inquéritos que instaurar*; (...)."

Concluem os autores, finalmente, que não somente há efetiva previsão constitucional e infraconstitucional atribuindo competência ao Ministério Público para realizar investigações criminais como, ainda, tais investigações se encontram em perfeita consonância com o dispositivo constitucional que impõe que as "outras funções" a serem desempenhadas pelo Ministério Público devem ser compatíveis com sua finalidade institucional (art. 129, inc. IX). Isto porque, conforme redação expressa do inciso I, do artigo 129, da Constituição Federal, compete privativamente ao Ministério Público promover a ação penal pública.

Igualmente favoráveis à possibilidade de realização de investigação criminal independente pelo Ministério Público são, ainda, os ensinamentos de Sérgio Demoro Hamilton. Ao analisar a questão, e,

---

17. *In verbis*: "§ 2º. Somente a lei poderá especificar as funções atribuídas pela Constituição Federal e por esta Lei Complementar ao Ministério Público da União, observados os princípios e normas nelas estabelecidos".

atendo-se aos poderes inerentes ao Ministério Público para desempenho de suas atribuições (requisição de abertura de inquérito ou realização de diligências etc.), Hamilton ressalta que: "(...) de nada valeriam tais poderes, caso o Ministério Público não pudesse, *sponte sua*, promover de forma autônoma a investigação necessária quando a Polícia não se apresente capaz – não importa a razão – de obter dados indispensáveis para o exercício de dever apto à Instituição. (...) *Na verdade, como é de fácil compreensão, a Constituição Federal, ao conferir ao Ministério Público a faculdade de requisitar e de notificar (art. 129, VI), defere-lhe, 'ipso facto', o poder de investigar, no qual aquelas atribuições se subsumem*".[18]

Segundo Paulo Rangel, o exercício da função investigatória preliminar é inerente à exclusividade da ação penal pública, sendo possível ao Ministério Público, assim, preceder as investigações que forem necessárias à apuração dos fatos criminosos, especialmente frente à ausência de atividade investigatória conduzida pela polícia judiciária.[19] Mazzilli, por sua vez, ressalta que as investigações independentes pelo Ministério Público ganham relevância, ainda, em casos em que a polícia não esteja em adequadas condições de apurar os fatos, mormente quando as investigações buscarem a apuração de atos praticados por autoridades; isto em razão de a polícia judiciária, explica o referido Autor, "constituir organismo subordinado ao governo e à administração".[20]

No *Superior Tribunal de Justiça*, recentes decisões vêm sendo proferidas no sentido da admissão da atuação direta do Ministério Público nas investigações criminais. A título de exemplo, registremos trecho do acórdão proferido pela 5ª Turma desta Corte, em 17 de novembro de 2005 (Recurso em *Habeas Corpus*), sob relatoria da Ministra Laurita Vaz, no qual restou consignado que:

"1. (...).

"2. *A legitimidade do Ministério Público para realizar diligências investigatórias decorre de expressa previsão constitucional, oportunamente regulamentada pela Lei Complementar n. 75/1993.*

---

18. *Temas de Processo Penal*, p. 212; destaques nossos.
19. *Investigação Criminal Direta...*, p. 208.
20. *Introdução ao Ministério Público*, p. 144.

"3. É consectário lógico da própria função do órgão ministerial – titular exclusivo da ação penal pública – proceder à coleta de elementos de convicção, a fim de elucidar a materialidade do crime e os indícios de autoria.

"4. A competência da polícia judiciária não exclui a de outras autoridades administrativas. Inteligência do art. 4º, parágrafo único, do Código de Processo Penal. Precedentes do STJ.

"5. No caso dos autos, a denúncia foi lastreada em elementos coligidos pelo Ministério Público a partir do resultado de trabalhos realizados por Comissão Parlamentar de Inquérito do Poder Legislativo local, *além de depoimentos e documentos levantados pelo próprio órgão ministerial. Inexistência de ilegalidade*."[21]

Em julgamento de Recurso em Mandado de Segurança (RMS 17.884-SC), a 5ª Turma do Superior Tribunal de Justiça, em decisão publicada em 19 de dezembro de 2005, agora sob a relatoria do Min. Gilson Dipp, proferiu, ainda, a seguinte decisão referente à matéria em exame: "O entendimento consolidado desta Corte é no sentido de que são válidos, em princípio, os atos investigatórios realizados pelo Ministério Público. *A interpretação sistêmica da Constituição e a aplicação dos poderes implícitos do Ministério Público conduzem à preservação dos poderes investigatórios deste Órgão, independentemente da investigação policial. O Supremo Tribunal Federal decidiu que a vedação dirigida ao Ministério Público é quanto a presidir e realizar inquérito policial*".[22]

Em acórdão proferido sob a relatoria do Senhor Min. Paulo Medina, a 6ª Turma do Superior Tribunal de Justiça – em julgamento de Recurso em *Habeas Corpus* –, também se manifestou favorável à

---

21. RHC 38.181-BA, 5ª Turma, rel. Laurita Vaz, *DJU* 19.12.2005, p. 446 (destaques nossos).
22. RMS 17.884-SC, 5ª Turma, rel. Gilson Dipp, *DJU* 19.12.2005, p. 444. No mesmo sentido: "Tem-se como válidos os atos investigatórios realizados pelo Ministério Público, que pode requisitar esclarecimentos *ou diligenciar diretamente*, visando do à instrução de seus procedimentos administrativos, para fins de oferecimento de peça acusatória. (...) A atuação do órgão ministerial não é vinculada à existência do procedimento investigatório policial – o qual pode ser eventualmente dispensado para a proposição da acusação" (RHC 8106-DF, 5ª Turma, rel. Gilson Dipp, 3.4.2001, v.u., *DJU* 4.6.2001, p. 186; destaques nossos).

possibilidade de investigação criminal direta pelo Ministério Público: "A imputação descreve de maneira satisfatória os fatos supostamente criminosos e, bem assim, discorre sobre suas circunstâncias, narra o *modus operandi* e dá ensejo a perfeita compreensão dos limites da acusação. *Detém o Ministério Público autorização legal para instaurar procedimento investigatório administrativo e, neste mister, requisitar informações e proceder diligências com vistas a instruir a propositura de ação penal pública incondicionada (arts. 129, incisos I e VIII, da CRFB; 6º, inciso V e 7º, inciso II, da Lei Complementar n. 75/1993 e 25, III, 26, I, II e V, da Lei n. 8.625/1993)".[23]

Admitindo a possibilidade de realização da investigação criminal direta pelo Ministério Público, bem como sustentando a ausência de exclusividade da prática de atos investigatórios pela polícia judiciária, encontramos, ainda, a oportuna doutrina de Mirabete: "Não ficou estabelecida na Constituição, aliás, a exclusividade de investigação e de funções da Polícia Judiciária em relação às polícias civis estaduais. Tem *o Ministério Público legitimidade para proceder investigações e diligências, conforme determinarem as leis orgânicas estaduais.* (...) Pode, inclusive, intervir no inquérito policial em face da demora em sua conclusão e pedidos reiterados de dilação de prazos, pois o 'Parquet' goza de poderes investigatórios e de auxílio à autoridade policial".[24]

Paulo Rangel destacou também, ao tratar do tema em questão, que negar ao Ministério Público o poder de realização de investigações criminais diretas implicaria *negar-lhe suas funções constitucionais*, isto é, de defensor da ordem jurídica, de titular exclusivo da ação penal pública e de possuidor do ônus da prova em processo penal.[25] Assim, concluindo sua abordagem acerca da matéria, importante consideração foi tecida pelo referido o Autor, o qual afirmou, com propriedade, que: "A investigação criminal direta pelo Ministério Público é garantia constitucional da sociedade que tem o direito subjetivo público de exigir do Estado as medidas necessárias para reprimir e combater as condutas lesivas à ordem jurídica".[26]

---

23. HC 29.614-MG, 6ª Turma, rel. Paulo Medina, *DJU* 19.9.2005, p. 386; destaques nossos.
24. *Processo Penal*, p. 75; destaques nossos.
25. *Investigação Criminal Direta pelo Ministério Público...*, cit., p. 231.
26. Idem, ibidem, p. 257.

Igualmente permissiva da investigação preliminar direta pelo Ministério Público é a doutrina do já citado Aury Lopes Júnior. De fato, ensina o Autor que a Constituição Federal de 1988 em momento algum atribuiu à polícia judiciária a titularidade exclusiva da investigação criminal, destacando em seus ensinamentos que o legislador, quando pretende fixar a exclusividade de competências, o faz de forma expressa e inequívoca.[27] Em sua obra, o Autor observa, ainda, que o Código de Processo Penal, em seu artigo 4º, estabeleceu que a competência atribuída à polícia judiciária para apuração de infrações penais e sua respectiva autoria não exclui a competência de outras autoridades administrativas às quais, por intermédio de lei, seja atribuída a mesma função (como ocorre com o Ministério Público). De tal modo, concluiu Lopes Júnior: "(...) que *o MP pode instaurar e realizar uma verdadeira investigação preliminar, destinada a investigar o fato delituoso* (natureza pública), com o fim de preparar o exercício da ação penal. Aqui se materializa a figura do *promotor investigador.* O fundamento jurídico desse procedimento vem dado pelo art. 129, VI, c/c art. 26, I, da Lei 8.265/1993 c/c art. 7º, I, da Lei Complementar 75/1993. Dentre os diversos poderes conferidos pelas Leis 75/1993 e 8.625/1993, destacamos que poderá o MP instaurar a investigação preliminar (diligências investigatórias); expedir notificações para colher depoimentos ou esclarecimentos (inclusive requisitando auxílio policial); requisitar informações, exames periciais e documentos de autoridades federais, estaduais e municipais; requisitar informações e documentos a entidades privadas etc.".[28]

No que tange à forma procedimental, Lopes Júnior destacou que as investigações criminais produzidas pelo Ministério Público pode-

---

27. *Sistemas de Investigação...*, cit., pp. 154-155. Eder Segura, Promotor de Justiça no Estado de São Paulo e, ainda, nosso colega de atuação no Grupo de Atuação Especial de Repressão ao Crime Organizado (GAECO) da Capital, ao abordar o tema, registrou que: "Inexiste qualquer vedação constitucional ou em dispositivo legal ordinário para que o Ministério Público efetue diretamente a investigação criminal; pelo contrário, o texto da Lei Maior confere a execução de atos de investigação, notificação, requisições, controle externo da polícia e o principal de todos, que engloba os anteriores, o poder decisório quanto à propositura ou não da ação penal pública, de forma privativa" (*Investigação Criminal Constitucional Brasileira. Ausência de Exclusividade*, p. 221).

28. Idem, ibidem, p. 157; destaques do Autor.

rão seguir, de maneira geral e no que for compatível, a normatização fixada pelo Código de Processo Penal para instauração e condução do inquérito policial, haja vista que ambos os procedimentos (inquérito policial e investigação preliminar conduzida pelo Ministério Público) têm natureza administrativa e visam à colheita dos elementos necessários ao oferecimento da denúncia em juízo.

Finalmente, asseverou o Autor que o procedimento investigatório conduzido pelo Ministério Público, em que pese a possibilidade de aplicação analógica dos dispositivos disciplinadores do inquérito policial, não "deve guardar as graves imperfeições do procedimento policial", devendo, portanto, serem observados os direitos e garantias individuais, assegurando-se ao investigado a assistência de defensor, o acesso aos autos e a possibilidade de pedir diligências.[29] Vale dizer, a investigação independente pelo Ministério Público é doutrinariamente apresentada como a efetivação das garantias individuais constitucionais do suspeito e, não, como a sua negação, como costumam sustentar os críticos ferrenhos da pesquisa direta em mãos do *Parquet*.

Sobre a referência doutrinária permissiva da atuação do Ministério Público, de forma direta e efetiva, na fase investigatória criminal preliminar, cabem ainda os ensinamentos de Valter Foleto Santin. Segundo o Autor, a possibilidade do exercício da função investigatória pelo Ministério Público se encontra em harmonia com as demais atribuições constitucionalmente reservadas à Instituição. Isto porque – ensina Santin –, dentre as funções conferidas ao Ministério Público, encontra-se a defesa dos interesses sociais, sendo certo que a prática criminosa "ofende a sociedade e constitui inegável interesse social a reparação dos seus efeitos, para reposição da ordem jurídica".[30]

Sustenta, ainda, o referido Autor, que o conceito de ação penal – cujo exercício foi atribuído privativamente ao Ministério Público –, deve englobar a fase de ação penal estritamente considerada, e, ainda, as diligências necessárias a permitir o seu efetivo exercício em juízo. Assim, conclui Santin que: "(...) o Ministério Público tem o direito de efetuar investigações criminais autônomas, seja por ampliação da privatividade da ação penal, pelo princípio da universali-

29. Idem, ibidem, p. 160.
30. *O Ministério Público na Investigação Criminal*, p. 240.

zação das investigações ou do acesso à Justiça ou direito humano da pessoa a ser cientificada e julgada em prazo razoável (arts. 7º e 8º, da Convenção Interamericana de Direitos Humanos, Pacto de San José), ou até por força do princípio do poder implícito, tudo em consonância com o ordenamento constitucional, o Estado Democrático de Direito, os fundamentos e objetivos fundamentais da República Federativa do Brasil".[31]

A doutrina de Carlos Frederico Coelho Nogueira é incondicionalmente adepta da tese da investigação independente, destacando o Autor, com veemência, que a colheita de provas pelo titular da ação penal traduz instrumento de efetivação da busca da verdade real. Sem descartar a necessidade de atuação conjunta com os organismos de polícia judiciária – criticando severamente a *rivalidade* e o *surgimento de interesses corporativos* entre as instituições – o ilustre Professor anota que, em última análise, a investigação independente surge como forma eficiente de pesquisa da prova no processo penal e conclui indagando, em paráfrase do dramaturgo Edward Albee, *afinal de contas, quem tem medo da investigação criminal diretamente realizada pelo Ministério Público?*[32]

Possível notar, conforme mencionamos anteriormente, que a discussão referente à possibilidade de o Ministério Público realizar a investigação criminal independente constitui tema controverso. Doutrina e jurisprudência são divergentes ao abordar a matéria e, tratando-se de questão intimamente ligada aos preceitos constitucionais em vigor, o tema – como não poderia deixar de acontecer – acabou por chegar ao plenário do Supremo Tribunal Federal, ao qual competirá posicionar-se sobre a questão por intermédio do julgamento do denominado *Caso Remi Trinta* (item 6.5).

Assim, feitos importantes apontamentos doutrinários acerca da matéria sob estudo e, com o intuito de concluirmos nosso posicionamento acerca da questão, julgamos necessária prévia análise das funções criminais atribuídas pelas normas constitucionais e infraconstitucionais ao Ministério Público e à polícia judiciária – *mormente no que diz respeito à fase de investigação preliminar* –, o que passaremos a fazer à frente.

31. Idem, ibidem, p. 242.
32. *Comentários*..., cit., pp. 118 e 179.

6.3 Funções do Ministério Público em âmbito criminal

Conforme registramos (item 5.2), as atribuições, prerrogativas e funções inerentes ao Ministério Público são especificadas, inicialmente, nos artigos 127, 128, 129 e 130, da Constituição Federal de 1988. No que tange especificamente às funções da Instituição em matéria criminal, compete ao Ministério Público, segundo disposições constitucionais: (a) promover, privativamente, a ação penal pública (art. 129, I); (b) exercer o controle externo da atividade policial (art. 129, VII); (c) requisitar diligências investigatórias e a instauração de inquérito policial (art. 129, VIII); e (d) exercer *outras funções* que lhe forem conferidas, *desde que compatíveis com suas finalidades institucionais* (art. 129, IX; destacamos).

O rol de funções destinadas ao Ministério Público pela Constituição Federal é exemplificativo, haja vista a existência de diplomas de natureza infraconstitucional a fixar e disciplinar outras atribuições referentes à Instituição. De fato, a possibilidade de ampliação das funções referentes ao Ministério Público é expressamente prevista no artigo 129, inciso IX, da Constituição Federal, o qual permite a atribuição legal de "outras funções" à Instituição, desde que compatíveis com as *finalidades* que lhe foram reservadas pela atual Carta Magna. Sendo certo que o citado artigo 129 estabelece rol exemplificativo de funções referentes ao Ministério Público, cumpre-nos concluir que as *finalidades institucionais* às quais a Constituição Federal subordina a hipótese de criação de novas funções à Instituição somente poderão ser aquelas fixadas no *caput*, do artigo 127, do texto constitucional. Portanto, poderá a lei conferir ao Ministério Público funções que sejam compatíveis com as finalidades reservadas à Instituição, sendo elas: *a defesa da ordem jurídica, do regime democrático e dos interesses sociais e individuais indisponíveis* (art. 127, *caput*, da CF).

O exercício privativo da ação penal pública é regra que somente comporta uma exceção, qual seja: a hipótese de ação penal de iniciativa privada subsidiária da pública, prevista no artigo 5º, inciso LIX, da Constituição Federal, bem como no artigo 29, do Código de Processo Penal. Referida ação é cabível nos casos em que o Ministério Público não oferece a denúncia dentro do prazo legal.[33] Nesta cir-

---

33. Antônio Scarance Fernandes, acerca da ação penal subsidiária, anota que: "No Código de Processo Criminal do Império admitia-se a ação supletiva do ofendi-

cunstância – e somente nesta –, faculta-se à vítima ou ao seu representante legal oferecer queixa-crime em substituição da denúncia, mesmo em se tratando de delito em que, por definição legal, a ação seria pública.

A ação penal de iniciativa privada subsidiária da pública, entretanto, não afasta a atuação do Ministério Público, conforme podemos aferir das disposições expressas no artigo 29, do Código de Processo Penal. De fato, mesmo sendo oferecida a queixa-crime substitutiva da denúncia, poderá o Ministério Público: "(...) aditar a queixa, repudiá-la e oferecer denúncia substitutiva, intervir em todos os termos do processo, fornecer elementos de prova, interpor recursos e, a todo tempo, no caso de negligência do querelante, retomar a ação como parte principal".

Nos casos em que caiba a ação penal de iniciativa privada subsidiária, terá o ofendido o prazo de seis meses para oferecer a queixa-crime, prazo este que será contado a partir do final do prazo de que dispunha o Ministério Público para oferecer a denúncia. A perda deste prazo por parte da vítima não representa circunstância que atinge o Estado-acusação, vez que este poderá e deverá (a hipótese é mesmo de poder-dever, dada a indisponibilidade do direito de ação) oferecer a denúncia a qualquer tempo, desde que não tenha ocorrido a prescrição. Importante ressaltar, ainda, que o pedido de arquivamento do inquérito efetuado pelo Ministério Público e acolhido pelo juiz não autoriza a vítima a ingressar com queixa-crime. A ação penal subsidiária[34] é reservada para os casos em que há inércia do Ministério

do quando o promotor deixava de acusar, agindo ele como qualquer do povo. Depois, com a limitação aos crimes inafiançáveis no Código de 1890 (art. 407, § 3º) e na maioria dos Códigos Estaduais, tinha a vítima, em caso de inércia do promotor, condições de pedir ao juiz que instaurasse o procedimento *ex officio*" (*Processo Penal Constitucional*, p. 237). Nucci, por sua vez, registra que: "A hipótese prevista no art. 29 do Código de Processo Penal é de uso raríssimo no cotidiano forense. Não pelo fato do Ministério Público nunca atrasar no oferecimento de denúncia, mas porque a vítima, dificilmente, acompanha o desenrolar do inquérito, através de seu advogado" (*Manual de Processo...*, cit., p. 185).

34. Igualmente incabível nos casos de ação penal de iniciativa privada subsidiária da pública é o perdão do ofendido, hipótese reservada pelo artigo 105, do Código de Processo Penal, para os casos de ação penal exclusivamente de iniciativa privada.

Público em oferecer a peça acusatória, o que não ocorre com o pedido de arquivamento – faculdade que a lei confere à Instituição para os casos em que, por exemplo, não haja elementos mínimos a justificar o oferecimento da denúncia ou quando não for verificada justa causa para ação penal (fato atípico ou quando o agente tenha evidentemente atuado sob proteção de alguma excludente de antijuridicidade, como a legítima defesa, exercício regular de um direito etc.).

A atribuição de *controle externo da atividade policial* pelo Ministério Público, por seu turno, vem prevista no artigo 129, inciso VII, da Constituição Federal de 1988, representando norma constitucional de *eficácia contida*, vez que carece de regulamentação infraconstitucional por intermédio de lei complementar – com a exceção atinente à Lei Orgânica do Ministério Público Federal, que já trata do tema. Realmente, a Lei Complementar 75/1993, em seus artigos 3º, 9º e 10, disciplinou a atuação do Ministério Público da União no que tange ao controle externo da atividade policial.[35] Os fundamentos jurídicos deste poder de controle se encontram no artigo 3º, da referida Lei Complementar; vejamos o texto legal:

"Artigo 3º. O Ministério Público da União exercerá o controle externo da atividade policial tendo em vista:

"a) o respeito aos fundamentos do Estado Democrático de Direito, aos objetivos fundamentais da República Federativa do Brasil, aos princípios informadores das relações internacionais, bem como aos direitos assegurados na Constituição Federal e na lei;

"b) a preservação da ordem pública, da incolumidade das pessoas e do patrimônio público;

"c) a prevenção e a correção da ilegalidade ou de abuso de poder;

---

35. Marcos Kac anota que: "A par de mais de uma década ter se passado após a promulgação do novo texto constitucional, nada foi feito até o presente momento para dar efetividade à norma, o que deve-se dar, à toda evidência, através de lei complementar" (*O Ministério Público na Investigação...*, cit., p. 157). No mesmo sentido são as críticas de Aury Lopes Júnior: "A isso se resume a legislação sobre o controle externo da atividade policial. Não resta dúvida que a disciplina foi bastante tímida, minimalista até. Limitou-se o legislador a definir, nos arts. 3º, 9º e 10, meros mecanismos de controle da legalidade da atividade policial, e não da atividade em si mesma" (*Sistemas de Investigação...*, cit., p. 151).

"d) indisponibilidade da persecução penal;

"e) a competência dos órgãos incumbidos da segurança pública."

As atribuições e os recursos postos à disposição do Ministério Público da União para efetivação do controle externo da atividade policial, por sua vez, vêm estabelecidos no artigo 9º, do diploma legal em questão, in verbis:

"Art. 9º. O Ministério Público da União exercerá o controle externo da atividade policial por meio de medidas judiciais e extrajudiciais, podendo:

"I – ter livre ingresso em estabelecimentos policiais ou prisionais;

"II – ter acesso a quaisquer documentos relativos à atividade-fim policial;

"III – representar à autoridade competente pela adoção de providências para sanar a omissão indevida, ou para prevenir ou corrigir ilegalidade ou abuso de poder;

"IV – requisitar à autoridade competente para instauração de inquérito policial sobre a omissão ou fato ilícito ocorrido no exercício da atividade policial;

"V – promover a ação penal por abuso de poder."

Finalmente, o artigo 10, da Lei Complementar 75/1993, também deixa clara a competência do Ministério Público da União para controle externo da atividade policial, mormente no que diz respeito à preservação dos direitos e das garantias individuais:

"Art. 10. A prisão de qualquer pessoa, por parte de autoridade federal ou do Distrito Federal e Territórios, deverá ser comunicada imediatamente ao Ministério Público competente, com indicação do lugar onde se encontra o preso e cópia dos documentos comprobatórios da legalidade da prisão."

No âmbito dos Ministérios Públicos dos Estados, eventual falta de regulamentação da matéria (controle externo da atividade policial), por intermédio de Lei Complementar própria,[36] imporá aplica-

---

36. Paulo Rangel oportunamente registrou que: "O Legislador Complementar estadual, ao dispor sobre o controle externo da atividade policial, não poderá adentrar no âmbito processual penal, pois, se o fizer, haverá vício orgânico e material, já que Direito Processual Penal é matéria de competência legislativa privativa da União" (Investigação Criminal Direta..., cit., p. 187).

ção subsidiária dos dispositivos acima citados. De fato, o artigo 80, da Lei 8.625/1993, é expresso neste sentido, *verbis*:

"Art. 80. Aplicam-se aos Ministérios Públicos dos Estados, subsidiariamente, as normas da Lei Orgânica do Ministério Público da União."

Paulo Rangel, ao analisar a matéria, observou que o controle externo de que trata ao artigo 129, inciso IV, da Constituição Federal, poderá incidir sobre as atividades policiais militares ou civis, vez que, não havendo na norma constitucional distinção a este respeito, não caberá ao intérprete fazê-la.[37] Hugo Nigro Mazzilli, por sua vez, asseverou que não foi intuito do legislador constituinte estabelecer hierarquia entre a autoridade policial (e seus agentes) e os membros do Ministério Público, destacando que o promotor de justiça, ao verificar ocorrência de faltas disciplinares, deverá se dirigir aos superiores hierárquicos dos funcionários da polícia judiciária, aos quais caberá a adoção das medidas cabíveis. Assim, ressaltou Mazzilli que: "(...) o controle externo que o Ministério Público deve exercer sobre a polícia destina-se especialmente àquelas áreas em que a atividade policial se relaciona com as funções institucionais do Ministério Público, como, por excelência, a polícia judiciária e a apuração de infrações penais, quando exercida esta pela autoridade policial".[38]

Ainda sustentando que o controle externo a ser exercido pelo Ministério Público sobre a atividade policial é restrito às matérias de interesse da Instituição, encontramos o posicionamento adotado por Salvador Francisco de Souza Freitas, *in verbis*: "O objetivo sobre o qual recai o referido controle evidentemente não diz respeito a toda

---

37. Idem, ibidem, p. 189.
38. *O Ministério Público na Constituição de 1988*, p. 117. No mesmo sentido são os ensinamentos de Fauzi Hassan Choukr, segundo o qual: "Falar em controle externo é abandonar o vínculo de subordinação hierárquica, como existe no modelo mexicano ou português, para instituir um modelo de subordinação funcional, como há no caso alemão, do Código Provincial de Tucumã e mesmo do Código Modelo para Ibero-América. No caso, a forma de controle será exercitada sobre aquela parcela da polícia que empreenda as funções judiciárias, sobretudo por poderes requisitórios e de orientação por parte do controlador, mas sem que chegue este último a impor sanções punitivas em âmbito correicional àqueles servidores que exercitem as funções anunciadas" (*Garantias Constitucionais...*, cit., p. 108).

atividade policial. Atribuir sentido amplo a tal locução não seria revestido de lógica e ainda tornaria inviável qualquer tentativa de supervisão. É meridiano que a atividade policial mencionada na Constituição Federal se volta àquela cuja função precípua consiste no auxílio à Justiça Criminal. Em suma, o controle preconizado em lei se reporta à investigação criminal propriamente dita, sem se preocupar com atividades administrativas da polícia, por exemplo".[39]

Fato concreto é que a previsão de controle externo da atividade policial por parte do Ministério Público é característica de um Estado Democrático de Direito, em que vigora o denominado princípio dos "pesos e contra-pesos", o qual atribui a uma instituição ou Poder estatal o dever de fiscalizar os demais, evitando-se o monopólio do poder, situação capaz de conduzir aos abusos típicos de regimes absolutistas. Não obstante, embora os diplomas legais e o mandamento constitucional não deixem dúvidas acerca do seu real alcance, a atividade não vem sendo desenvolvida a contento, havendo, pelo contrário, batalhas judiciais hoje travadas por entidades de classe da polícia civil com a finalidade de restringir qualquer iniciativa de controle por parte do Ministério Público, o que traz prejuízo efetivo à sociedade que ele representa.[40]

Finalmente, temos, ainda, como funções constitucionalmente reservadas ao Ministério Público em se tratando de matéria criminal, as de *requisitar diligências investigatórias* e a *instauração de inquérito policial* (art. 129, VIII). Tais poderes decorrem do fato de ser o Ministério Público o titular da ação penal pública, conforme disposto no inciso I, do artigo 129, da Constituição Federal de 1988. Assim, chegando ao Ministério Público a notícia da prática de uma infração penal,[41] deverá ser requisitada à autoridade policial a ins-

---

39. *O Ministério Público e a Investigação Criminal*, p. 55.
40. Em fevereiro de 2006, a Associação dos Delegados de Polícia do Estado de São Paulo obteve, no Tribunal de Justiça, liminar que sustou, provisoriamente, os efeitos de disciplina do Ministério Público Estadual que tinha o propósito de regrar o controle externo da atividade policial.
41. O artigo 26, do Código de Processo Penal, dispõe que: "Qualquer pessoa do povo poderá provocar a iniciativa do Ministério Público, nos casos em que caiba a ação pública, fornecendo-lhe, por escrito, informações sobre o fato e a autoria e indicando o tempo, o lugar e os elementos de convicção".

tauração de inquérito para apuração dos fatos, visando-se à colheita dos elementos necessários a embasar o oferecimento da denúncia em juízo, quando o promotor de justiça não tiver condições de oferecer a denúncia desde logo.

O inquérito policial, por sua vez, consiste em peça informativa, devendo – conforme mencionamos – conter dados mínimos necessários à demonstração da infração penal e sua respectiva autoria, sem os quais não seria possível ao Ministério Público oferecer a denúncia. Desta forma, tanto nos casos em que a instauração do inquérito policial é realizada mediante requisição do Ministério Público, quanto na hipótese de instauração direta do inquérito pela autoridade policial (mediante portaria ou auto de prisão em flagrante, por exemplo), entendendo o titular da ação penal que não há, nos autos do inquérito, os elementos necessários ao oferecimento da denúncia, poderá requisitar[42] novas diligências à autoridade policial.[43]

6.3.1 Evolução dos mecanismos legais para atuação do Estado (delação premiada, interceptação telefônica e infiltração de agentes)

A preocupação do legislador pátrio com o aumento da atuação criminosa no país tem motivado a elaboração seqüencial de diversos diplomas legais, os quais buscam estabelecer meios hábeis (mais modernos e efetivos) a possibilitar uma eficaz atuação do Estado no combate à criminalidade, em especial sob sua forma organizada.

---

42. Santin afirma que: "Requisição é ato de império que envolve uma ordem, que não pode ser descumprida pela autoridade policial, em virtude da compulsoriedade da determinação do Ministério Público em relação à instauração do inquérito policial e realização de diligências investigatórias" (*O Ministério Público na Investigação Criminal*, p. 215).

43. Segundo Nucci: "O juiz não deve indeferir o requerimento formulado pelo representante do Ministério Público, quando solicitar novas diligências para formar o seu convencimento, *ainda que a autoridade policial já tenha apresentado o relatório final. Afinal, sendo ele o titular da ação penal, pode necessitar de outras colheitas, antes de ofertar a denúncia ou pedir o arquivamento*" (*Manual de Processo...*, cit., p. 147; destacamos).

Os mecanismos legais instituídos pelo Código Penal de 1940 e pelo Código de Processo Penal de 1941, postos à disposição da polícia judiciária, Ministério Público e Poder Judiciário para prevenção, repressão e punição dos criminosos, certamente se encontram absolutamente defasados, especialmente se consideramos o crescimento do denominado "crime organizado",[44] cujos meios e recursos tecnológicos para atuação sequer existiam quando da publicação dos referidos diplomas legais. De fato, a atuação dos criminosos evoluiu da prática de delitos por agentes isolados (ou sob agrupamento eventual) para um sistema criminoso sofisticado e organizado, contando tais "instituições" criminosas com uma estrutura organizacional equiparável às pertencentes às grandes empresas multinacionais. Acerca do tema, ensinam Wilson Lavorenti e José Geraldo da Silva que: "Ao lado dos criminosos que freqüentam as páginas policiais da imprensa e destacam-se pela destreza ou violência e que, como garantia maior de impunidade e melhor forma de estratégia, eventualmente associam-se para cometer seus desideratos criminosos, encontram-se criminosos que mimetizam atividades econômicas normais e apresentam-se como homens de sucesso com organizações empresariais multifárias e que se especializaram em economia globalizada".[45]

---

44. Eduardo Araújo da Silva registra que: "A origem da criminalidade organizada não é de fácil identificação, em razão das variações de comportamentos em diversos países, as quais persistem até os dias atuais. Não obstante essa dificuldade, a raiz histórica é traço comum de algumas organizações, em especial as Máfias italianas, a *Yazuka* japonesa e as Tríades chinesas. Essas associações tiveram início no século XVI com movimentos de proteção contra arbitrariedades praticadas pelos poderosos e pelo Estado, em relação a pessoas que geralmente residiam em localidades rurais, menos desenvolvidas e desamparadas de assistência dos serviços públicos" (*Crime Organizado. Procedimento Probatório*, pp. 19-20). Rodolfo Tigre Maia, por sua vez, ressalta que: "A Máfia é o produto perverso de uma reação defensiva a séculos de exploração dos camponeses sicilianos, resultando de inúmeros fatores, dentre os quais: a) não implantação da reforma agrária; b) manutenção dos latifúndios improdutivos e da opressão feudal; (...); d) absoluta ausência da presença do estado (...)" (*O Estado Desorganizado...*, cit., pp. 6-7).
45. *Crime Organizado na Atualidade*, p. 10. Os autores acrescentam, ainda, que: "As organizações criminosas, como regra, possuem uma organização empresarial, com hierarquia estrutural, divisões de funções e sempre direcionadas ao lucro. Elas possuem algo mais que um programa delinquencial" (idem, ibidem, p. 19).

O crescimento do crime organizado, há décadas, é um fenômeno mundial. Na Itália, a partir do século XX, a atividade mafiosa se dividiu e atuou em vários grupos (v.g., a *Cosa Nostra*, na Sicília; *Camorra*, em Nápoles e a *Sacra Corona Unita*, atuante na costa do Mar Adriático). Nos Estados Unidos, por sua vez, a origem da criminalidade organizada remonta à época da "lei seca", que, na década de 1920, proibia a comercialização de bebidas alcoólicas, resultando no comércio ilícito praticado pelas *gangs*.[46] No Japão, estima-se que cerca de 60 mil pessoas façam parte da Yakuza, organização criminosa atuante no tráfico de entorpecentes, prostituição, lavagem de dinheiro, dentre outras atividades voltadas direta ou indiretamente ao crime.[47]

No Brasil, se nos ativermos aos fatos históricos mais recentes,[48] poderemos verificar a atuação de organizações criminosas identificadas como "Falange Vermelha", "Comando Vermelho", "Terceiro Comando" e, na década de 1990, oriunda da Casa de Custódia e Tratamento de Taubaté – Estado de São Paulo, vimos surgir, ainda, o "*Primeiro Comando da Capital* – PCC". E não é só. Ao lado destas facções criminosas, passou a fazer parte da realidade brasileira a atuação de organizações que, sem recurso direto ao uso da violência, mas valendo-se da utilização de meios tecnológicos modernos e da alta capacidade de corromper agentes públicos,[49] vêm atuando no desvio de verbas públicas, sonegação de impostos, tráfico de influência, lavagem de dinheiro etc. Trata-se dos denominados *crimes de colari-*

---

46. Eduardo Araújo da Silva, *Crime Organizado. Procedimento Probatório*, pp. 21-24.
47. Wilson Lavorenti e José Geraldo da Silva, *Crime Organizado na Atualidade*, p. 30.
48. O movimento conhecido como *cangaço*, liderado durante anos pelo lendário Virgulino Ferreira da Silva, o Lampião, é considerado como antecedente histórico da atividade criminosa organizada no Brasil, registrando Eduardo Araújo da Silva, ao tratar do tema, que o movimento detinha, inclusive, organização hierárquica (cf. *Crime Organizado. Procedimento Probatório*, p. 25).
49. Wilson Lavorenti e José Geraldo da Silva apontam que: "As organizações criminosas encontram na informática, telecomunicações e alta tecnologia eletrônica, a viabilização de novas formas de cometimento de crimes, por meio de manipulação de informações, falsificações, acesso a informações confidenciais, destruição de arquivos, crimes eleitorais, apologia ao crime, uso inadequado de cartões de crédito etc." (cf. *Crime Organizado na Atualidade*, p. 37).

nho-branco nos quais os agentes – no mais das vezes – conseguem efetuar a prática do crime de dentro de seus próprios escritórios ou gabinetes, munidos de todo aparato tecnológico existente e poder de corrupção de funcionários públicos.

Assim, frente à necessidade de atribuir aos organismos do Estado, hoje encarregados da segurança pública, recursos hábeis a possibilitar a prevenção, repressão e, finalmente, a punição dos agentes criminosos, vários institutos jurídicos foram criados pela legislação especial ou mesmo incluídos nos Códigos Penal[50] e Processual Penal vigentes, demonstrando a preocupação do legislador em atualizar o sistema de persecução penal pátrio.

Como exemplos modernos de recursos criados para combate da criminalidade organizada, podemos citar a *delação premiada*, a *interceptação telefônica* e a *infiltração de agentes policiais*.

A delação premiada surgiu na década de 1990 e, atualmente, encontra-se prevista em diversos diplomas legais. A Lei 8.072/1990 – que trata dos Crimes Hediondos –, em seu artigo 8º, parágrafo único, estabelece que o participante ou associado que denunciar à autoridade o bando ou quadrilha, possibilitando seu desmantelamento, terá sua pena reduzida de um a dois terços. O artigo 16, da Lei 8.137/1990, que trata dos crimes contra a ordem tributária, econômica e contra as relações de consumo, dá o mesmo tratamento ao co-autor ou partícipe que, por intermédio de confissão espontânea, revelar à autoridade policial ou judicial *toda trama delituosa* praticada por quadrilha ou bando. O § 4º, do artigo 159, do Código Penal, estipula que, no caso de crime de extorsão mediante seqüestro, praticado em concurso de agentes, o concorrente que denunciar os fatos à autoridade e possibilitar a libertação do seqüestrado terá sua pena reduzida de um a dois terços (parágrafo acrescentado pela Lei 8.072/1990 e alterado pela Lei 9.269/1996). Por sua vez, a Lei 9.613/1998 – ao tratar dos crimes de lavagem de dinheiro, em seu artigo 1º, § 5º, estipula que: "A pena

---

50. A Lei 9.983/2000, por exemplo, acrescentou ao Código Penal o artigo 313-A, com a seguinte redação: "Inserir ou facilitar, o funcionário público autorizado, a inserção de dados falsos, alterar ou excluir indevidamente dados corretos *nos sistemas informatizados ou bancos de dados da Administração Pública* com o fim de obter vantagem indevida para si ou para outrem ou para causar dano: (...)" (*DOU* 14.7.2000).

será reduzida de 1 (um) a 2/3 (dois terços) e começará a ser cumprida em regime aberto, podendo o juiz deixar de aplicá-la ou substituí-la por pena restritiva de direitos, se o autor, co-autor ou partícipe colaborar espontaneamente com as autoridades, prestando esclarecimentos que conduzam à apuração das infrações penais e de sua autoria ou à localização dos bens, direitos ou valores objeto do crime".

A Lei 9.034/1995 – que disciplina a prevenção e repressão das atividades praticadas por organizações criminosas –, em seu artigo 6º, também estabelece que a pena do agente que espontaneamente levar ao esclarecimento das infrações penais cometidas pela organização, bem como de sua autoria, será reduzida de um a dois terços.

O instituto em comento permite, em regra, a redução da pena do agente delator de um a dois terços (a exceção é referente aos crimes de lavagem de dinheiro, para os quais é possível que o juiz deixe de fixar a pena, conforme vimos acima) e tem como fundamento o interesse social na elucidação dos crimes. Importante ressaltar, ainda, que a Lei 9.807/1999 (que estabeleceu normas para a organização e manutenção de programas especiais de proteção a vítimas e a testemunhas ameaçadas), em seu artigo 13, possibilita a concessão de perdão judicial – com conseqüente extinção da punibilidade – ao acusado que tenha colaborado efetiva e voluntariamente com a investigação e o processo criminal, desde que seja primário e sua colaboração possibilite: (a) a identificação dos demais co-autores ou partícipes da ação criminosa; (b) a localização da vítima com sua integridade física preservada; e (c) a recuperação total ou parcial do produto do crime. O artigo 14 da referida Lei 9.807/1999 possibilita ao acusado, em caso de condenação, ver diminuída sua pena de um a dois terços. É correto afirmar que os Programas de Proteção ainda não atuam no Brasil com a eficiência que deles deveria ser esperada, porém, pesem as críticas comuns ao instituto, é justo considerar que paulatinamente eles estão sendo estruturados de forma a permitir que, em futuro próximo, e com o incremento da contribuição premiada, possam ser transformados em outros dos modernos instrumentos de combate às organizações criminosas.

A delação (ou contribuição) premiada esteve ausente na primitiva lei de prevenção e repressão ao tráfico ilícito e uso indevido de substâncias entorpecentes (Lei 6.368/1976). A ausência, justificada pelo conservadorismo da época, veio parcialmente corrigida no diploma que lhe sucedeu (Lei 10.409/2002). De fato, os §§ 2º e 3º do artigo 32, cujo *caput* foi desde o início vetado, previam, naquele diploma de vida curta, a possibilidade efetiva de *sobrestamento* ou *redução da pena* decorrente de acordo entre o Ministério Público e o indiciado, que, espontaneamente revelasse a existência de organização criminosa, permitindo a prisão de um ou mais de seus integrantes. O diploma permitia, também, se a ação penal já estivesse em curso, redução da pena e até mesmo o perdão judicial, facultando ao magistrado deixar de aplicar a punição em razão da mencionada colaboração do criminoso. Agora, com a vigência da nova lei de tóxicos (Lei 11.343/2006) e definitivamente revogados os dois diplomas anteriores, a delação premiada veio novamente prestigiada no art. 41, viabilizando a redução da pena de um terço a dois terços em favor do indiciado ou acusado que colaborar voluntariamente com a investigação policial e o processo criminal na identificação dos demais co-autores ou partícipes do crime e, também, na recuperação total ou parcial do produto do crime.

Trata-se de inovação preciosa, apesar das críticas que vem sofrendo injustamente,[51] e, sob todos os aspectos, se afigura mais coerente do que a mentira que, de sua parte, ainda que assegurada constitucionalmente, não pode em absoluto ser incentivada.

A interceptação telefônica, por outro lado, em que pese ter sido permitida desde o texto constitucional de 1988, somente mereceu regulamentação em 1996, e, na definição de Alexandre de Moraes, "(...) é a captação e gravação de conversa telefônica, no mesmo momento

---

51. Damásio de Jesus critica o instituto, afirmando que a "lei não apresenta princípio cívico decente: ensina que trair é bom porque reduz a conseqüência do pecado penal" (cf. "O Fracasso da Delação Premiada", *Boletim do Instituto Brasileiro de Ciências Criminais*, vol. 2, n. 21, pp. 1-2). Entendemos que embora haja críticas ao instituto em questão, o certo é que se trata de importante ferramenta para elucidação dos crimes e de sua autoria. É mecanismo que não incentiva a mentira e, por isso, oferece justa contra-prestação ao criminoso que dele lançar mão de forma eficaz e útil à sociedade. Até para prestigiá-la, assim, o melhor seria, como já se sustentou, que fosse tratado como "contribuição premiada", nome mais compatível com a sua natureza e utilidade, desvinculando-o pura e simplesmente da idéia ruim de traição. Não existe traição na conduta de quem, justamente arrependido, resolve colaborar com o poder público, desvencilhando-se da culpa carregada pela prática de graves delitos em face da sociedade.

em que ela se realiza, por terceira pessoa sem o conhecimento de qualquer dos interlocutores".[52] Prevista no artigo 5º, inciso XII, da Constituição Federal, e posteriormente regulamentada pela Lei 9.296/ 1996,[53] tem como pressupostos de validade os seguintes requisitos: (a) ordem do juiz competente para julgamento da ação principal; (b) utilização em investigação criminal ou como meio probatório em instrução processual penal; (c) impossibilidade de produção da prova por outro meio; e (d) indícios razoáveis de autoria ou participação em crime punido com reclusão.

A realização da interceptação telefônica – que não é exclusiva para os casos de crimes praticados por organizações criminosas[54] –, poderá ser determinada de ofício pelo juiz, ou mediante requerimento da autoridade policial ou do representante do Ministério Público. Efetuado o pedido de interceptação, terá o juiz o prazo máximo de 24 horas para decidir e indicar a forma de realização da diligência, a qual terá prazo certo de 15 dias de duração, permitindo-se uma prorrogação por igual período – conforme interpretação literal do texto[55] –, desde que demonstrada a imprescindibilidade do meio de prova. O processamento das diligências relativas à interceptação telefônica, por sua vez, ocorrerá em autos apartados, sob sigilo, sendo certo que tal sigilo não adentra a fase de processo penal, sob pena de violação dos princípios do contraditório e da ampla defesa.

---

52. *Direito Constitucional*, p. 78.
53. O Plenário do Supremo Tribunal Federal, em julgamento do HC 73.351-4-SP, reconheceu como ilícitas as interceptações telefônicas ocorridas antes da publicação da Lei 9.296/1996.
54. Ada Pellegrini Grinover, Antônio Scarance Fernandes e Antônio Magalhães Gomes Filho ressaltam que: "a inadmissibilidade e ineficácia processuais das provas obtidas por meios ilícitos, de um lado, e a necessidade, de outro, de não privar o Estado dos instrumentos necessários à luta contra a criminalidade organizada, ocasionaram, no mundo todo, legislações que disciplinam rigorosamente a utilização de meios eletrônicos de captação da prova" (*apud* Eduardo Araújo da Silva, *Crime Organizado. Procedimento Probatório*, p. 95).
55. Eduardo Araújo da Silva registra que tal entendimento poderá tornar inócuo o instituto, haja vista que, na maioria dos casos, a investigação demanda mais tempo, devendo o bom senso, pois, indicar tantas prorrogações quantas forem necessárias (idem, ibidem, p. 101).

Sobre o encaminhamento das interceptações, aliás, já se sugeriu na doutrina[56] a adoção de modelo mais atual, baseado na legislação italiana, que permita sua realização até mesmo sem autorização judicial, a cargo e responsabilidade do Ministério Público, ficando a validação da prova para a etapa da ação penal, cabendo ao juiz, inclusive, a verificação de excesso ou abuso de poder. De fato, trata-se de sistema específico, já adotado no direito comparado, previsto expressamente no Código de Processo Penal italiano (art. 267, inc. 2º) que autoriza, em casos de urgência, possa o Ministério Público determinar a providência cautelar, comunicando-a, no prazo máximo de 24 horas, ao juiz, a quem caberá, no prazo de 48 horas, decidir, de forma fundamentada, sobre a convalidação da prova, sem o que os resultados não merecerão ser utilizados no processo.[57]

Pois muito ao contrário disso, a discussão atual que se encaminha no Brasil explicita uma série de requisitos diferenciados a serem utilizados na interceptação, além daqueles previstos na legislação vigente, como proposta do novo Anteprojeto sobre a matéria, fato que, se consolidado, pode inclusive inviabilizar a utilização eficaz do meio de prova, dificultando-o ao máximo, em contraposição aos avanços da legislação estrangeira.[58] É típico exemplo de instrumento legal de obtenção de prova que, se negligenciado pela Casa Legislativa – sob o pretenso argumento de proteção a direitos constitucionais – poderá se tornar providência inútil e desprovida de eficácia.

Por fim, buscando dar efetividade à luta contra as organizações criminosas, foi introduzida na legislação, em 2001, não sem prévio e intenso debate, a possibilidade de infiltração de agentes policiais nas

---

56. Neste sentido, vide Alexandre de Moraes, *Constituição do Brasil Interpretada e Legislação Constitucional*, p. 245.
57. Cf. Paolo Tonini, *A Prova no Processo Penal Italiano*, p. 251.
58. Trata-se de Anteprojeto de lei encaminhado por Comissão do Ministério da Justiça, que institui, entre outras providências, espécie de *contraditório* no encaminhamento da interceptação, viabilizando o acesso do investigado e de seu advogado, inclusive com pedido de exame e transcrição da prova colhida. O Governo Federal deu divulgação ao Anteprojeto no começo de 2006 e, diante da repercussão negativa na opinião pública (havia inclusive instituição de punição a jornalistas que divulgassem transcrições, fato tido como censura à liberdade de imprensa) retrocedeu, encaminhando debate que se encontra em curso.

atividades criminosas. Em 1995,[59] a infiltração já constava do Anteprojeto que deu ensejo à Lei 9.034/1995, vetada, entretanto, antes de ser sancionada. Por meio da infiltração, em ação monitorada e devidamente autorizada, o policial escolhido passa a conhecer a organização por dentro, viabilizando que o Estado possa desmantelá-la com eficiência. Marcelo Batlouni Mendroni, ao comentar o instituto, destaca que ele: "Consiste basicamente em permitir a um agente da Polícia ou de serviço de inteligência infiltrar-se no seio da Organização Criminosa, passando a integrá-la como se criminoso fosse, na verdade como se um novo integrante fosse. Agindo assim, participando das atividades diárias, das conversas, problemas e decisões, como também por vezes de situações concretas, ele passa a ter condições de melhor compreendê-la para melhor combatê-la através do repasse das informações às autoridades".[60]

A possibilidade de infiltração de agentes no âmago de uma organização criminosa foi, desse modo, definitivamente instituída pela Lei 10.217/2001 (acrescentando o inc. V ao art. 2º da Lei 9.034, de 3.5.1995), após ter sido vetada no texto de 1995 e, hoje, constitui importante ferramenta para atuação do Estado no combate à criminalidade, vez que permite não somente a elucidação do fato criminoso, mas, ainda, a descoberta de planos e de seus respectivos mentores, bem como a identificação dos chefes da organização. De acordo com a lei em exame, a infiltração de agentes dependerá de prévia autorização judicial, devidamente fundamentada, e tramitará sob absoluto sigilo. Por sua vez, os atos praticados pelo agente policial ou de inteligência, conforme ensina Mendroni, deverão ser aquilatados sob a incidência do princípio da proporcionalidade,[61] especialmente no que diz respeito aos crimes que eventualmente venha a cometer. Isto por-

---

59. O dispositivo da Lei 9.034/1995, que possibilitava a infiltração de agentes, foi vetado pelo Presidente da República. Tal dispositivo possibilitava, já em 1995, a participação do agente infiltrado na atuação criminosa da quadrilha, o que o tornaria suspeito frente aos demais integrantes da organização, fato que justificou, na época, o veto presidencial. Ressaltamos, ainda, que a Lei 9.034/1995 criou a *"ação controlada"*, consistente na prerrogativa da polícia atuar no momento mais oportuno, retardando o flagrante, a fim de possibilitar maior êxito no que tange ao desmantelamento da organização criminosa.
60. *Crime Organizado. Aspectos Gerais e Mecanismos Legais*, pp. 69-70.
61. Idem, ibidem, p. 73.

que, ao se infiltrar na organização, o agente policial ou de inteligência certamente estará exposto a situações em que, se não cometer determinado ato criminoso, será prontamente identificado pelos demais membros da quadrilha (não nos parece exagero afirmar que tal hipótese implicaria a morte do agente infiltrado). Frente à prática de um crime pelo agente infiltrado, restará ao Poder Judiciário verificar a proporcionalidade da ação, a fim de concluir pela existência ou não de culpabilidade ou antijuridicidade.

Portanto, temos que a preocupação do legislador com o aumento da criminalidade no país, em especial a organizada, tem ensejado a edição de diplomas legais permissivos de uma atuação mais eficaz dos órgãos estatais encarregados de alguma forma de zelar pela segurança pública. Os mecanismos acima citados representam exemplos da evolução legislativa no combate ao crime,[62] fato que nos animou, bem de perto, a estudá-los brevemente no presente tópico.

Parece-nos, assim, grande contra-senso dotar os organismos públicos de modernos instrumentos legais de combate ao crime para, ato contínuo, sem propósito objetivo, cercear a atuação estruturada destes mesmos organismos. Tais instrumentos, que merecem estudo e aprimoramento, tal como, aliás, vem acontecendo, servem à polícia e ao Ministério Público, na busca da verdade dos fatos em investigação. A convivência com eles deverá ser pautada pela necessidade efetiva de sua utilização, obviamente de caráter excepcional e pela observância intransigente dos direitos e garantias constitucionais do cidadão.

6.3.2 Investigação criminal no Projeto de Reforma do Código de Processo Penal de 1941

A consciência sobre a crise da segurança pública nacional, bem como acerca da necessidade de atualização e de modernização do sis-

---

[62]. A legislação tem se tornado mais severa. No que diz respeito aos crimes hediondos e assemelhados, por exemplo, e nada obstante recente abrandamento realizado pelo Plenário do Supremo Tribunal Federal, que afirmou a inconstitucionalidade do mencionado dispositivo, foi vedada a liberdade provisória, impôs-se o cumprimento de pena em regime integralmente fechado (exceção ao crime de tortura, que passou a admitir progressão de regime), aumentou-se o prazo de duração da prisão temporária para trinta dias etc.

tema de persecução penal pátrio, resultou, ainda, no Anteprojeto de Lei,[63] datado de 1º de junho de 2000, o qual propõe alteração de vários dispositivos legais insertos no atual Código de Processo Penal. De fato, na Exposição de Motivos do anteprojeto em questão, destacou a Comissão Especial de Reforma do Código de Processo Penal vigente, dentre outras considerações, que a forma obsoleta como se desenvolvem as investigações criminais, dada à excessiva burocratização do inquérito policial e à sobreposição de prazos por ela provocada, implica a demora na finalização do processo penal e, conseqüentemente, a impunidade.

O Anteprojeto sugere que, de tal modo, sejam reservadas à polícia judiciária funções eminentemente investigatórias ao passo que, ao Ministério Público, seriam conferidas competências de supervisão e controle, atualmente atribuídas ao juiz. E mais. O Anteprojeto consolida, ainda, a atuação do Ministério Público na fase investigatória, atribuindo-lhe a supervisão da investigação criminal. Findada a investigação, cumpriria ao Ministério Público oferecer a denúncia ou, de forma direta, arquivar os autos do inquérito, agora sem interferência do juiz de direito, passando a ser de competência do Órgão Superior da Instituição homologar o arquivamento ou designar outro membro do Ministério Público para oferecer a acusação. Portanto, passaria o artigo 28, *caput*, do Código de Processo Penal, a deter a seguinte redação:[64]

---

63. Anteprojeto apresentado pela Comissão Especial de Reforma do Código de Processo Penal do Ministério da Justiça, presidida pela Professora Ada Pellegrini Grinover e integrada pelos juristas Petrônio Calmon Filho, Antônio Magalhães Gomes Filho, Antônio Scarance Fernandes, Luiz Flávio Gomes, Miguel Reale Júnior, Nilzardo Carneiro Leão, Rogério Lauria Tucci, Sidnei Beneti, René Ariel Dotti e Rui Stoco.

64. Texto em vigor: "Art. 28. Se o órgão do Ministério Público, ao invés de apresentar a denúncia, requerer o arquivamento do inquérito policial ou de quaisquer peças de informação, o juiz, no caso de considerar improcedentes as razões invocadas, fará remessa do inquérito ou peças de informação ao procurador-geral, e este oferecerá a denúncia, designará outro órgão do Ministério Público para oferecê-la, ou insistirá no pedido de arquivamento, ao qual só então estará o juiz obrigado a atender". Em âmbito federal, a análise do pedido de arquivamento do inquérito efetuado pelo Ministério Público e rejeitado pelo juiz cabe, atualmente, a um órgão colegiado, conforme disposto na Lei 75/1993.

"Art. 28. Se o órgão do Ministério Público, após a realização de todas as diligências cabíveis, convencer-se da inexistência de base razoável para o oferecimento da denúncia, promoverá, fundamentadamente, o arquivamento dos autos da investigação policial ou das peças de informação."

O referido artigo 28, do Código de Processo Penal, passaria a contar, ainda, com sete parágrafos, sendo que seu § 7º teria a seguinte redação: "§ 7º. Se, ao invés de homologar o arquivamento, concluir o órgão superior pela viabilidade da ação penal, designará outro representante do Ministério Público para oferecer a denúncia".

Cumpre-nos destacar, ainda, que o Anteprojeto atribuiu ao investigado prerrogativa de requerer diligências (art. 14) e, ainda, de reiterar este pedido ao Ministério Público (quando a ação penal for pública), em caso de indeferimento por parte da autoridade policial ou fazê-lo à autoridade policial superior, quando o crime for de ação penal privada (art. 14, parágrafo único).

Finalmente, importante observar que o Anteprojeto sob análise cria três formas distintas de investigação criminal, passando o artigo 4º, do Código de Processo Penal, a contar com a seguinte redação:

"Art. 4º. Caberá à polícia judiciária, com exclusividade, a apuração das infrações penais e sua autoria, por meio de:

"I – termo circunstanciado, quando se tratar de infração de menor potencial ofensivo;

"II – apuração sumária, em relação às demais infrações;

"III – inquérito policial, quando requisitado pelo Ministério Público.

"Parágrafo único. A atribuição definida neste artigo não exclui as investigações parlamentares e a judicial falimentar."[65]

O presente artigo 4º, *caput*, conforme redação proposta pela Comissão Especial de Reforma do Código de Processo Penal, atribui à

---

65. Destacamos que, nos termos da Nova de Lei Falências, o inquérito judicial deixou de existir, cumprindo ao Ministério Público oferecer denúncia se já houver elementos para tanto, ou requisitar à autoridade policial a instauração de inquérito policial para investigações pertinentes (Lei 11.101/2005; cf. item 3.2.2 supra). Inclusive nesse aspecto, o Anteprojeto em comento já está absolutamente desatualizado quando comparado à moderna legislação em vigor.

polícia judiciária a *exclusividade* na apuração das infrações penais e de sua autoria o que, a nosso ver, representa retrocesso legislativo, vez que a função investigatória criminal a ser desenvolvida diretamente pelo Ministério Público é uma situação vigente em vários países e, certamente, necessária à realidade brasileira. Analisando criticamente as disposições do Anteprojeto em questão, no que diz respeito a esta questão especificamente, Aroldo Costa Filho destacou que: "O Anteprojeto deveria incluir dispositivo expresso, assegurando ao Ministério Público o poder de realizar investigação direta para colocar um ponto final nessa discussão, que só vem prejudicar a sociedade, premente de uma resposta rápida e eficiente no combate à criminalidade".

E *mais*: "Importante inovação seria também incluir a possibilidade de avocação das investigações criminais pelo Ministério Público, aliás, conforme já era defendido pelo então Ministro do Supremo Tribunal Federal José Geraldo Rodrigues de Alkimin, '(...) nada se me afigura obstar a que a investigação criminal possa estar sujeita à vigilância e orientação do Ministério Público apto a avocar e a dirigir, diretamente, essa atividade, quando o considere necessário. A investigação ou instrução preliminar se liga, portanto, à persecução criminal'".[66]

6.4 Polícia judiciária:
exclusividade para exercício da atividade investigatória?

A atuação da polícia judiciária e a existência ou não de exclusividade no desempenho de suas funções são questões intrinsecamente relacionadas com a possibilidade de o Ministério Público atuar diretamente na fase de investigação criminal, vale dizer, instaurando-a, conduzindo-a e, ao final, concluindo-a para, ato contínuo, oferecer ou não, contra o investigado, a denúncia em juízo. O tema, entretanto, é bastante controvertido, cumprindo-nos tecer uma análise crítica acerca das funções destinadas à polícia, sem a qual não poderíamos concluir, validamente, o presente trabalho.

66. *O Ministério Público e a Investigação Criminal*, p. 127.

A Constituição Federal de 1988, em seu artigo 144, *caput*, estabeleceu que a manutenção da segurança pública constitui dever do Estado, cumprindo às polícias federal, rodoviária federal, ferroviária federal, civil, militar e ao corpo de bombeiros zelarem pela preservação da ordem pública e da incolumidade das pessoas e do patrimônio. Por sua vez, nos §§ 1º ao 9º, do referido artigo 144, vêm estatuídas as funções básicas inerentes a cada um dos organismos policiais acima citados, sem exclusão da incidência da legislação infraconstitucional em vigor.

O conceito de polícia abrange duas concepções[67] inerentes ao poder de polícia, quais sejam: polícia administrativa e polícia de segurança. A polícia administrativa atua na limitação dos direitos individuais, visando-se à preservação dos interesses sociais, isto é, coletivos, sendo desenvolvida, em regra, pela Administração Pública. A polícia de segurança (polícia judiciária), por seu turno, constitui: "(...) o ramo da administração pública encarregado de manter a ordem e a segurança da sociedade pela vigilância e repressão do crime, no interesse do indivíduo e do Estado. É o braço penal da sociedade e a sua função primacial é a defesa do bem comum e da ordem social".[68]

Assim, vimos no item 3 acima que, chegando ao conhecimento da autoridade policial a notícia acerca da prática de um fato que, em tese, constitua delito tipificado na legislação penal pátria (crime ou contravenção), compete-lhe a imediata instauração do inquérito policial ou termo circunstanciado, visando-se à apuração dos fatos e sua respectiva autoria. Da mesma forma, o inquérito policial poderá ser iniciado mediante requerimento da vítima (ou de seu representante legal) ou, ainda, após requisição do Ministério Público ou da autoridade judicial.

As investigações levadas a cabo pela polícia judiciária, e corporificadas por intermédio do inquérito policial, como se sabe, visam à colheita dos elementos fáticos necessários a permitir que o titular da

---

67. Segundo Luiz Carlos Rocha: "O sistema policial brasileiro se filia diretamente à Revolução Francesa, adotando a divisão da polícia em administrativa e judiciária, de acordo com a distinção fixada nos arts. 19 a 20 da Lei francesa de 3 do Brumário, do ano IV, de 1894" (*Manual do Delegado de Polícia. Procedimentos Policiais Civil e Federal*, p. 29).

68. Idem, ibidem, p. 28.

ação penal apresente, em juízo, a pertinente peça acusatória (denúncia ou queixa-crime conforme se trate de ação penal pública ou, respectivamente, de ação penal de iniciativa privada).

A prerrogativa de produzir a investigação preliminar à ação penal, entretanto, não foi reservada com exclusividade à polícia judiciária, conforme a essa altura do trabalho já nos é possível afirmar. Tal confusão talvez seja oriunda da redação do texto constitucional, em especial no que tange à definição das áreas de atuação referentes à Polícia Federal e aos demais organismos policiais, haja vista que, em relação às atribuições reservadas à Polícia Federal, o legislador constituinte utilizou o termo "exclusividade".

Parece-nos oportuno, entretanto, que a avaliação da questão seja feita seqüencialmente, de forma a verificarmos o alcance do termo "exclusividade", conforme empregado pela Constituição Federal ao definir as atribuições da Polícia Federal, bem como o reflexo da ausência de tal expressão no que diz respeito às atribuições fixadas aos demais organismos policiais, em especial à polícia civil.

Devemos considerar, inicialmente, que o artigo 4º, do Código de Processo Penal, bem como seu parágrafo único, dispõem que:

"Art. 4º. A polícia judiciária será exercida pelas autoridades policiais no território de suas respectivas circunscrições e terá por fim a apuração das infrações penais e da sua autoria.

"Parágrafo único. A competência definida neste artigo *não excluirá a de autoridades administrativas*, a quem por lei seja cometida a mesma função" (destacamos).

A redação do acima transcrito parágrafo único, do artigo 4º, do Código de Processo Penal, não deixa dúvidas: é clara no sentido de que são possíveis as investigações criminais conduzidas por outras autoridades administrativas, desde que haja lei que lhes atribua tal competência. E, neste sentido, diversos são os diplomas legais que atribuem a outras autoridades administrativas o poder-dever de conduzir a investigação criminal. A propósito, tivemos a oportunidade de registrar, no presente trabalho, a competência das Comissões Parlamentares de Inquérito, as quais – no uso de poderes investigatórios próprios das autoridades judiciais –, constatando a prática de crime em tese, apresentarão suas conclusões ao Ministério Público, competindo ao representante da Instituição adotar as medidas judiciais cabíveis; a denúncia, neste caso, será oferecida com base em elementos colhidos em procedimento diverso do inquérito policial.

As Comissões Parlamentares de Inquérito, entretanto, não representam o único exemplo de procedimento investigatório diverso do inquérito policial e, por conseqüência, não presidido por autoridade policial, em vigor no direito pátrio. Realmente, o parágrafo único, do artigo 33, da Lei Complementar 35/1979, estabelece que: "Quando, no curso de investigação, houver indício da prática de crime por parte do magistrado, a autoridade policial, civil ou militar, remeterá os respectivos autos ao tribunal ou órgão especial competente para o julgamento, *a fim de que prossiga na investigação*"[69] (destacamos).

O dispositivo legal acima referido talvez represente um dos melhores – senão o melhor – exemplo de vigência plena da disposição legal contida no parágrafo único, do artigo 4º, do Código de Processo Penal e, por conseqüência, da ausência de exclusividade para condução das investigações criminais. De fato, segundo o artigo 33, da Lei Complementar 35/1979, os autos do inquérito deverão ser remetidos ao tribunal ou órgão superior que detenha competência para julgamento do magistrado na hipótese em que, sobre este, pairar suspeita de cometimento de crime. Assim, embora iniciadas as investigações pela autoridade policial (civil ou militar), constatada a participação de magistrado na prática do crime, competirá ao tribunal assumir, conduzir e concluir a investigação, afastando-se, por completo, a presidência do inquérito pela autoridade policial. Bem por conta dessa disciplina, cabem igualmente ao Tribunal as investigações e processamento dos crimes atribuídos aos promotores de justiça, aos deputados estaduais etc., naquilo que modernamente logramos denominar *competência originária*.

Outro exemplo importante, referente à possibilidade de condução da investigação criminal por autoridade que não a policial, podemos encontrar no Regimento Interno da Câmara dos Deputados. Em seu artigo 269, dispõe o referido Regimento que, na hipótese de cometimento de delito dentro dos prédios da casa legislativa em ques-

---

69. Guilherme de Souza Nucci observa que: "Outras instituições, como o Ministério Público, possuem forma análoga de apuração de crimes e infrações funcionais para os seus integrantes" (*Código de Processo Penal Comentado*, p. 63), conforme, aliás, está explicitado no texto do presente trabalho.

tão, será instaurado inquérito para investigação dos fatos, o qual será presidido pelo *diretor de serviços de segurança* ou, caso o indiciado seja membro da Câmara dos Deputados, pelo *Corregedor* titular ou substituto. Vejamos o texto sob comento:

"Art. 269. Quando, nos edifícios da Câmara, for cometido algum delito, instaurar-se-á inquérito a ser presidido pelo diretor de serviços de segurança ou, se o indiciado ou o preso for membro da Casa, pelo Corregedor ou Corregedor substituto."

Por sua vez, o § 1º, do referido artigo 269, fixa que o procedimento a ser observado para realização do inquérito será o disposto no Código de Processo Penal e nos Regulamentos Policiais do Distrito Federal, devendo atuar como escrivão um funcionário estável da Casa Legislativa, devidamente nomeado pela autoridade que presidir o inquérito (§ 3º).

Finalmente, preceituam os §§ 2º e 4º, do artigo 269, de seu Regimento Interno, que a Câmara poderá solicitar cooperação técnica dos órgãos policiais especializados, bem como requisitar servidores de seus quadros para auxiliar na realização do inquérito, que, uma vez concluído, será remetido à autoridade judiciária competente.

Os exemplos acima expostos não são exaustivos, sendo certa a existência de previsão para realização de investigação criminal por autoridades não-policiais em outros dispositivos legais.[70] Aliás, dispõe a Lei Complementar 75/1993, em seu artigo 8º, inciso V, que o Ministério Público da União, nos procedimentos de sua competência, poderá *realizar inspeções e diligências investigatórias*. Por oportuno, lembremos que, no âmbito dos Ministérios Públicos dos Estados, é possível a aplicação subsidiária dos dispositivos da Lei 75/1993, conforme expressamente previsto no artigo 80, da Lei 8.625/1993, *verbis*:

"Art. 80. Aplicam-se aos Ministérios Públicos dos Estados, subsidiariamente, as normas da Lei Orgânica do Ministério Público da União."

E mesmo que assim não fosse – aplicação legislativa subsidiaria – a mencionada Lei Orgânica dos Ministérios Públicos Estaduais tra-

---

70. Confira-se, neste sentido: Lei 8.069/1990, artigo 201, inciso VII e Lei 4.898/1965, artigo 12.

ta do assunto expressamente ao afirmar, de forma a não deixar dúvidas, que:

"Art. 26. No exercício de suas funções, o Ministério Público poderá: (...)

"V – praticar atos administrativos executórios, de caráter preparatório."

Neste ponto da explanação, far-se-á conveniente tratarmos do termo "exclusividade", conforme consignado no inciso IV, do § 1º, do artigo 144 da Constituição Federal, o qual preceitua caber à Polícia Federal: "exercer, *com exclusividade*,[71] as funções de polícia judiciária da União". Parece-nos claro que o legislador constituinte, ao utilizar a expressão "exclusividade", pretendeu, unicamente, afastar a possibilidade de atuação de outros organismos policiais (Polícias Civil e Militar, por exemplo) da defesa de bens e interesses da União, reservando-se a tutela destes patrimônios à Polícia Federal. Em momento algum o constituinte, ao utilizar o termo "exclusividade", pretendeu afastar a possibilidade de realização de investigações criminais independentes pelo Ministério Público Federal, haja vista que tal prerrogativa vem expressa no já citado artigo 8º, da Lei Complementar 75/1993 (Lei Orgânica do Ministério Público Federal), e, também, nos artigos 26 e 80, da Lei 8.625/1993 (Lei Orgânica dos Ministérios Públicos dos Estados) que, em tudo, são compatíveis com o texto constitucional.[72]

---

71. Destacamos.
72. Pedro Henrique Demercian e Jorge Assaf Maluly escrevem que "não se ignora que os Delegados de Polícia, por suas entidades de classe, vêm interpretando a Constituição de 1988 como se tivesse reservado à polícia civil o *monopólio* da investigação criminal. Com esse fundamento, foram propostas sucessivas ações diretas de inconstitucionalidade (ns. 1.115-4-DF; 1.142-1-RJ; 1.138-3-RJ; 1.136-0/PR). Parece sintomático, contudo, que essa Excelsa Corte tenha negado liminar a todas elas: tudo indica que a tese não teve força suficiente para convencê-la" (cf. *Curso de Processo Penal*, pp. 105 e 106; destaque dos Autores). Uma pesquisa interessante destes ajuizamentos, por parte de associações e de partidos políticos, pode ser conferida na obra *A Reforma do Processo Penal no Brasil e na América Latina*, escrita por Kai Ambos e Fauzi Hassan Choukr (p. 27). Inclusive por conta da legislação mencionada, permitimo-nos discordar parcialmente das conclusões trazidas por Luiz Roberto Salles Souza, para quem, sobre o Ministério Público: "a legislação brasileira não se preocupou em criar mecanismos mínimos de controle desta atividade investigatória, razão

Aliás, é completamente pertinente, para a compreensão da posição legislativa sobre o tema, a incursão ainda que rápida na legislação eleitoral. Data de 1965 – e está em vigor – o artigo 356 do Código Eleitoral Brasileiro. O referido dispositivo, de cristalina redação, confere ao Ministério Público o poder de investigação direta sobre a ocorrência de crimes eleitorais ao prescrever, literalmente que:

"Art. 356. Todo cidadão que tiver conhecimento de infração penal deste Código deverá comunicá-la ao juiz eleitoral da zona onde a mesma se verificou. (...)

"§ 2º – Se o Ministério Público julgar necessários maiores esclarecimentos e documentos complementares ou outros elementos de convicção, deverá requisitá-los diretamente de quaisquer autoridades ou funcionários que possam fornecê-los."

Assim, se afastarmos a *interpretação literal* do texto do inciso IV, do § 1º, do artigo 144 da Constituição Federal, e passarmos a fazer uma *interpretação sistemática* dos dispositivos constitucionais e infraconstitucionais em vigor, certamente veremos se tornar inconsistente a conclusão de alguns doutrinadores, para quem a atividade investigatória seria exclusiva da polícia judiciária. A *interpretação literal* das leis, na maioria das vezes, é a menos recomendada forma de hermenêutica, vez que as normas jurídicas não subsistem isoladamente, mas dentro de um sistema legislativo complexo.

Vale trazer na reflexão sobre os enfoques da argumentação jurídica, a lição oportuna de Manuel Atienza, Catedrático de Filosofia de Direito na Universidade de Alicante, para quem: "Lo que ahora interesa destacar es la posibilidad de un cuarto enfoque que consiste en ver el Derecho como un intento, una técnica, para la solución de de-

pela qual, enquanto não houver disciplina a respeito dos procedimentos investigatórios, a melhor solução é aquela que entende que o procedimento administrativo ministerial deve ser utilizado somente como mecanismo de controle da atividade da polícia judiciária" (*Da Atuação do Ministério Público Brasileiro na Fase Pré-Processual Penal: uma Análise Crítica*, p. 153). Nada obstante a reconhecida falta de aprimoramento da legislação, que também é conclusão de nossa pesquisa, não existe omissão no controle da pesquisa desenvolvida pelos membros da Instituição. O controle reclamado pelo autor pode se dar a qualquer tempo, mediante acionamento do Poder Judiciário e a atividade de investigação é em tudo compatível com o estatuído no Código de Processo Penal e nas Leis Orgânicas do Ministério Público.

terminados problemas prácticos. Se trata de una visión instrumental, pragmática y dinámica del Derecho que presupone, utiliza y, en cierto modo, da sentido a las anteriores perspectivas teóricas y que conduce, en definitiva, a considerar el Derecho como argumentación. Es, podría decirse, la perspectiva de alguien que no se limita a contemplar el edificio desde fuera o a proyectarlo prescindiendo de los problemas que plantea su ejecución, sino que participa activamente en la construcción y se siente comprometido con la tarea".[73]

E tal conclusão é a que melhor garante, no nosso pensamento, efetiva proteção dos direitos coletivos, permitindo uma maior, melhor e mais contundente atuação do Ministério Público, mormente nos delitos de *colarinho-branco*, notadamente os de corrupção no Poder Público,[74] e no enfrentamento das organizações criminosas,[75] em que a

---

73. *El Sentido del Derecho*, p. 252.

74. Waldo Fazzio Júnior anota que a corrupção: "se constitui em sério obstáculo ao desenvolvimento nacional, acarreta o desperdício de preciosos recursos públicos, impõe custos elevados ao país e, reflexamente, aos cidadãos, provoca descrédito institucional, solapa instituições públicas, subverte o sistema jurídico, coloca em cheque órgãos e entidades públicas, afeta a credibilidade do Estado, encoraja o esbanjamento de recursos coletivos, estimula a evasão de tributos e implementa acentuados riscos à governabilidade. Por outro lado, seu impacto ecoa além das fronteiras nacionais, desestimulando o aporte de investimentos e criando enormes dificuldades de negociação de dívidas externas junto ao mercado internacional" (cf. *Corrupção no Poder Público: Peculato, Concussão, Corrupção Passiva e Prevaricação*, p. 11).

75. Antonio Carlos Lipinski observa que: "o mapa do Brasil começou a apresentar 'pontos negros' de alta incidência de roubos de caminhões e cargas. As cargas são negociadas rapidamente, e os caminhões levados para países vizinhos e servem como moeda de troca, vendidos livremente ou trocados por armas e drogas. À medida que houve uma expansão no segmento de roubo de cargas e tráfico de drogas, também observou-se a participação no crime de pessoas públicas, deputados, juízes, delegados, policiais e proeminentes cidadãos ligados ao comércio. Durante a década de 1980, o país acompanhou o aumento das práticas criminais em todas as regiões e sem uma 'política' de contenção destas organizações criminosas, as quais foram se ramificando em todo o território nacional. A ausência desta 'política' permitiu uma interligação entre as quadrilhas nos vários Estados da federação dificultando o trabalho das Organizações Policiais, as quais, desaparelhadas e desprovidas dos respectivos meios, não conseguiram fazer frente ao crime, que foi se especializando cada vez mais". O Autor observa ainda que, entre a constatação do fenômeno, no final da década de 1980, e a edição da Lei 9.034/1995 (Lei de Combate ao Crime Organizado), transcorreram sete anos de discussões no Congresso Nacional, período em que o assunto esteve confiado à relatoria do Deputado Federal Michel Temer (cf. *Crime Organizado & a Prova Penal*, vol. I, p. 23).

Instituição – por deficiência ou omissão dos organismos policiais – é mais solicitada.

Segundo é conhecido por todos, nos tempos atuais há efetiva preocupação transnacional no enfrentamento destas duas questões (*crime organizado* e *corrupção*), a ponto de, antes de criar-se inexistente empecilho constitucional, dever o Brasil ser aparelhado para prestigiar o fortalecimento das investigações independentes pelo Ministério Público.[76]

Justamente por conta da preocupação com a atualidade do debate, está em tramitação no Congresso Nacional a Proposta de Emenda à Constituição n. *109, de 1995 (PEC)*,[77] de autoria do Deputado Federal Coriolano Sales. Referida proposta altera o artigo 129 da Constituição da República e pretende conferir ao novo texto, de forma expressa, a prerrogativa de *instaurar e dirigir o inquérito*, conferidas como novas funções institucionais do Ministério Público. A proposta, que ficou paralisada na casa legislativa por praticamente dez anos, voltou a tramitar em 2003, e somente em 7 de março de 2006 obteve parecer favorável na Comissão de Constituição e Justiça e de Cidada-

---

76. João Davin, procurador-adjunto em Portugal, destaca que, no enfrentamento da criminalidade organizada transnacional, são necessárias, entre outras providências, "(...) a ampla troca de informações entre as autoridades judiciárias e policiais quer a nível estritamente nacional quer a nível internacional; (....) utilização de técnicas de investigação mais aperfeiçoadas..." (*A Criminalidade Organizada Transnacional: a Cooperação Judiciária e Policial na EU*, p. 104). Comentando especificamente a lei de licitações, Ricardo Rivero Ortega, da Universidade de Salamanca, anota que o Brasil é um dos países mais aparelhados para o enfrentamento das questões de corrupção no Poder Público (cf. *La Corrupción en un Mundo Globalizado: Análisis Interdisciplinar*, p. 118). Parece insuperável paradoxo que o Brasil seja apontado na doutrina estrangeira como país bem aparelhado no combate à corrupção no setor público e ao mesmo tempo enfrente debate periférico, interno, sobre o monopólio das investigações em mãos das autoridades policiais, que, suscitado perante os doutrinadores do direito comparado nem seria compreendido em sua extensão. Não nos parece possível, assim, diante do interesse da comunidade internacional na celebração de acordos e convênios que viabilizem atuação conjunta no combate aos graves delitos das elites dominantes, possa o Brasil sofrer retrocesso de tal magnitude que seria o de atribuir-se aos organismos policiais a exclusividade da pesquisa direta, antes de dar-lhes, em contrapartida, a necessária independência. De qualquer forma, o assunto será abordado em sede de conclusões (itens 6.6 e 8).
77. Vide http://camara.gov.br; acesso em: 17.3.2006.

nia, viabilizando discussão posterior em seguimento do processo legislativo.

Interessante observar que, de sua justificativa, consta que: "Na área cível cabe ao Ministério Público dirigir o inquérito civil para o ajuizamento da ação civil pública concernente à proteção do patrimônio público e social, do meio ambiente e de outros interesses difusos e coletivos, descritos na Constituição Federal. Entretanto, na área criminal, na qual historicamente a função do Promotor Público é mais conhecida, o sistema vigente concede a competência para a instauração do inquérito à polícia, limitando o trabalho do promotor e, conseqüentemente, da própria justiça criminal. Essa distorção causa várias frustrações ao trabalho do promotor porque este, ao contar com o apoio de órgãos desvinculados da Instituição, recebe tão-somente a denúncia ou a queixa, com os elementos colhidos somente para a produção de provas sem valor jurídico para uma sentença. A produção de provas em Juízo é uma das atribuições do promotor. Além disso, por estar mais bem aparelhado orçamentariamente (art. 127, §§ 2º e 3º, da CF) e exercendo suas competências em verdadeira simbiose com o Poder Judiciário, o Ministério Público está constitucionalmente mais legitimado para instaurar e promover até o final, o inquérito. O Ministério Público deve ser dotado de mais poderes cabendo a ele orientar a polícia na busca de provas, tendo plena liberdade para apreciar esses elementos investigatórios, pois pela sua formação e competências, o promotor sabe se deve ou não oferecer a denúncia, requerer novas diligências ou simplesmente encerrar o caso dando mais agilidade ao processo judicial".

O encaminhamento da discussão tem, assim, segundo nos parece, enfoque equivocado. Primeiro porque pretende conferir ao Ministério Público a presidência da investigação, sistema que nem de perto se afigura o ideal. Segundo porque, ao que sugere, ressurge no Congresso, depois de anos de esquecimento, em um momento político adverso que mais parece indicar ter sido retomado com o único propósito de rejeição nas casas legislativas, o que, obviamente, não é o que se recomenda na busca de uma solução ideal sobre o tema que, conforme será explicitado adiante, não trata de proibição constitucional que deva ser corrigida (a tese é a dos poderes *implícitos* do Ministério Público, já esposada na atual Constituição da República em vigor).

6.5 Caso Remi Trinta:
o tema frente ao Supremo Tribunal Federal

Segundo tivemos ocasião de analisar nos capítulos antecedentes, inclusive por conta da atualidade do tema, a jurisprudência brasileira veio oscilando de forma crescente a favor da legitimidade das investigações independentes pelo Ministério Público. Em abril de 2003, em acórdão do Tribunal Regional Federal da 4ª Região, da lavra do Desembargador Fábio Bittencourt da Rosa,[78] assentou-se, mais uma vez, a legitimidade dos procedimentos administrativos instaurados e presididos por membros do Ministério Público e a sua aptidão para embasar ações penais. No corpo do acórdão veio destacado, assim, que a base da persecução penal perante o Poder Judiciário poderia decorrer, legitimamente, de conclusões de investigações isoladas do Ministério Público. Segundo registrado pelo eminente relator, "a Constituição Federal não pode ser interpretada às tiras, completamente descontextualizada do seu conjunto". Isso porque, a hipótese analisada pelo Tribunal contemplava decisão de primeira instância que havia anulado a ação penal justamente pela ausência de inquérito típico de polícia judiciária, organismo constante do rol do artigo 144, da Constituição, considerado pelo Tribunal como não taxativo.

O acórdão mencionado teve grande importância na construção da jurisprudência do tema justamente por permitir a possibilidade de conjugação de atribuições constitucionais entre os organismos de polícia judiciária (art. 144) e do Ministério Público (art. 129), contrariando a tese defendida por parte da doutrina e da jurisprudência que via, conforme já tivemos oportunidade de estudar, exclusividade da atividade policial na busca da verdade. Pareceu-nos bastante forte o argumento trazido à colação, segundo o qual a questão não se restringia ao organismo ministerial. No texto do acórdão, houve-se por bem fazer destaque da adequação e da viabilidade de diversas outras investigações administrativas, reputadas válidas e legítimas, entre elas aquelas em curso no Banco Central, na Secretaria da Receita Federal, no Instituto Nacional de Seguridade Social, no Instituto Brasileiro de Meio Ambiente etc.

---

78. RCr em sentido estrito 2002.04.01.052347-6-RS, v.u., Porto Alegre, j. 8.4.2003.

O Superior Tribunal de Justiça recepcionou novamente a tese da legitimidade da investigação produzida pelo Ministério Público[79] ao debruçar-se, conforme teremos ocasião de ver no capítulo subseqüente, sobre o *Caso Santo André*, relativo às denúncias de corrupção e morte na prefeitura daquele município, investigação na qual tivemos oportunidade de trabalhar concretamente desde o início, buscando apurar a morte do ex-prefeito, ocorrida em janeiro de 2002 (Capítulo 7).

O momento era bastante propício para se buscar posicionamento do Pleno do Supremo Tribunal Federal, que pudesse refletir de forma majoritária a inclinação da Corte sobre o assunto. A oportunidade surgiu com o denominado *Caso Remi Trinta*. O Mini. Marco Aurélio de Mello, a quem coube a relatoria de grave denúncia de estelionato envolvendo Remi Abreu Trinta, Deputado Federal pelo Maranhão, e seus sócios em clínica médica daquele Estado,[80] submeteu o julgamento ao plenário do Supremo Tribunal Federal,[81] buscando a pacificação do debate de forma a orientar definitivamente os casos análogos oriundos de todos os Estados da Federação. Segundo a apuração do Ministério Público Federal, as fraudes eram muito consistentes e envolviam, inclusive, cobrança de procedimentos médicos não realizados, em prejuízo do Sistema Único de Saúde – SUS.

Os acusados, em síntese, teriam se beneficiado economicamente de fraudes perpetradas por médicos que trabalhavam para eles, cau-

---

79. Conforme veremos adiante, coube ao Min. José Arnaldo da Fonseca, da 5ª Turma do Superior Tribunal de Justiça, o estudo detalhado da investigação produzida pelos Promotores de Justiça de Santo André.
80. A denúncia do Ministério Público Federal foi ajuizada em face do Deputado Remi Trinta e de seus sócios, administradores da Clínica Santa Luzia, no Maranhão. Eles se beneficiaram diretamente de fraudes que, por sua condição de administradores, não poderiam desconhecer, entre elas autorizações de internações hospitalares (AIHs) falsas para buscar, junto ao SUS, pelo menos ao longo do ano de 1995, o pagamento de serviços hospitalares indevidos, fato que trouxe prejuízo aos Cofres da União. Causou perplexidade, em especial, o fato, constante da denúncia do Procurador-Geral da República, de terem sido pagas intervenções médicas de *curetagem decorrente de abortamento* em pessoa do sexo masculino.
81. Inquérito 1.968-2, do Distrito Federal, de competência originária do Supremo Tribunal Federal, em julgamento ainda não concluído até a publicação deste trabalho.

sando dano aos cofres da União. Os fatos em si, encaminhados ao Ministério Público pelo Ministério da Saúde, eram realmente muito graves. Sob o argumento de que o Ministério Público não tinha atribuições para instaurar e presidir *inquéritos criminais*, o relator votou no plenário pela rejeição da denúncia,[82] no que foi seguido pelo Min. Nelson Jobim, presidente da Corte, em antecipação de voto.[83] Assim, a tese saía, logo de início, com dois votos contrários à investigação independente.

O que sempre nos impressionou, no *Caso Remi Trinta*, foi a abstração completa da conduta dos denunciados. Na verdade, a comunidade jurídica passou a analisar a importante questão incidental do julgamento – legitimidade das investigações pelo Ministério Público – como se fosse a única, deixando de dar ênfase ao conteúdo das graves acusações contidas na denúncia. Pouco se sabia sobre as condutas. De fato, o que se discutia, inclusive dentro da própria sociedade civil,[84] era a questão da legitimidade da investigação. Não se aborda-

---

82. O Min. Marco Aurélio manteve seu convencimento segundo o qual o inquérito criminal não pode ser realizado pelo Ministério Público, mais sim pela Polícia Federal, instituição competente (art. 144, § 1º, inc. I, da Constituição Federal) – para apurar infrações penais contra a ordem ou em detrimento de bens, serviços e interesses da União ou de suas entidades autárquicas e empresas públicas. Em seu voto, ressaltou o comando constitucional que distingue a titularidade da Ação Penal das investigações para fundamentá-la. Disse que descabe concluir de forma diversa, sob pena de ofensa à disciplina constitucional, potencializando-se o objetivo a ser alcançado em detrimento do comando expresso da Lei Maior. Concluiu, destarte, pela rejeição da denúncia, que não vinha embasada em atos típicos de polícia judiciária.

83. O Min. Jobim considerou que o local para a manifestação sobre o assunto era o Congresso Nacional, onde, no momento da Constituinte, o Ministério Público não obteve, embora houvesse tentado, dividir atos de investigação com a Polícia Judiciária. Concluiu, assim, acompanhando o relator, que a investigação independente não poderia embasar a ação penal, e, analisando o caso concreto, votou também pela rejeição da denúncia.

84. Em junho de 2004 foi realizado ato público na sede do Ministério Público Federal em São Paulo, organizado pelo Ministério Público Federal e pelo Ministério Público Estadual de São Paulo (Boletim PGJ 07, de novembro de 2004 – São Paulo). Estiveram presentes entidades de classe e representantes da sociedade civil, com ampla divulgação na imprensa, que acabou por impulsionar campanha nacional pela manutenção das investigações independentes produzidas pelo Ministério Público.

va, como seria de esperar, o comportamento dos médicos denunciados e do prejuízo francamente demonstrado que eles causaram aos cofres da União, inclusive havendo perspectiva – o que assusta – no sentido da impunidade das condutas, ao final, caso o Supremo se incline pela proibição das atividades investigatórias de promotores de justiça e procuradores da república.

Com os dois primeiros votos proferidos contra a tese da investigação, o julgamento foi interrompido por solicitação de vista do Min. Joaquim Barbosa. Seguiu-se o pronunciamento de seu voto-vista, na reabertura dos trabalhos em plenário, ocasião em que ele proferiu memorável manifestação técnico-jurídica, na qual concluía pela legitimidade das investigações do *Parquet*. Lançando mão de estudo sobre as atribuições constitucionais do Ministério Público, detendo-se, em especial, a estudar o artigo 129 da Lei Maior, em seu inciso III, consagrador da titularidade da Instituição para a promoção do inquérito civil e da ação civil pública, *para a proteção do patrimônio público*[85] e social, do meio ambiente e de outros interesses difusos e coletivos, o Min. Joaquim Barbosa destacou que: "O que autoriza o Ministério Público a investigar não é a natureza do ato punitivo que pode resultar da investigação (sanção administrativa, cível ou penal), mas, sim, o fato a ser apurado, incidente sobre bens jurídicos cuja proteção a Constituição expressamente confiou ao *Parquet*".[86]

A conclusão do Min. Joaquim Barbosa fez valer a tese das garantias implicitamente disponibilizadas na Constituição ao Ministé-

---

Seguiram-se três outras manifestações. Uma, em 9 de agosto de 2004, no auditório da Associação Brasileira de Imprensa (ABI), no Rio de Janeiro, agora sob a responsabilidade da própria sociedade civil mobilizada, presentes mais de cinqüenta entidades daquele Estado. Outra, a cargo da Confederação Nacional do Ministério Público (CONAMP), realizada em Brasília no dia seguinte, com adesão de mais de duzentos participantes, entre eles o presidente da Associação dos Magistrados Brasileiros e o Presidente do Conselho Nacional dos Procuradores-Gerais de Justiça. Selando o clima de permanente mobilização da sociedade civil acerca dos rumos da investigação independente, em 16 de agosto de 2004, reuniram-se no Teatro de Arena da Pontifícia Universidade Católica de São Paulo (TUCARENA), mais de cinqüenta organizações não governamentais, entre elas a *Transparência Brasil* e a *Tortura Nunca Mais*.
    85. O destaque é do próprio Ministro prolator do voto.
    86. Extraído do voto do Min. Joaquim Barbosa, no Inquérito 1.968-2-DF, referente ao *Caso Remi Trinta*.

rio Público, já que o Ministro não encontrou, para poder fazer valer debate jurídico, qualquer proibição à atividade de investigação independente desenvolvida pela Instituição.[87] De fato, do ponto de vista puramente jurídico não há qualquer significação em conferir-se ao Ministério Público expressas atribuições nas investigações de âmbito cível (inquérito civil) em defesa de interesses difusos e coletivos,[88] para logo adiante, em prejuízo da mesma coletividade, retirar-se-lhe idênticas atribuições na pesquisa penal. Por certo não foi esta a razão que moveu o constituinte de 1988, que, ao contrário, pretendia um fortalecimento bem definido da Instituição, para dar força à proteção coletiva da sociedade.

Parece-nos mesmo irretocável a conclusão do Ministro, para quem: "(...) não existe uma diferença ontológica entre o ilícito administrativo, o civil e o penal. Essa diferença, quem a faz é o legislador, ao atribuir diferentes sanções para cada ato jurídico (sendo a penal, subsidiária e a mais gravosa). (...) a investigação se legitima pelo fato investigado, e não pela ponderação subjetiva acerca de qual será a responsabilidade do agente e qual a natureza da ação a ser eventualmente proposta".[89]

Assim, afigura-nos mais acertado o debate da tese em questão, que, como já vimos, versava imputação de crime de estelionato por fraudes em desvio de verbas públicas de saúde. Seja qual for a conseqüência final – se mero ilícito cível, se grave ilícito penal ou se ambos – a ação do Ministério Público, isolada ou em conjunto com a polícia judiciária, deve decorrer do interesse público da causa, bem maior confiado à sua tutela, e, não, da rubrica de distinção entre direito civil, direito penal e seu debate sobre pretensa e inexistente exclusividade.

---

87. A tese dos denominados "Poderes Implícitos" será abordada no mesmo voto, mais à frente.
88. O Min. Joaquim Barbosa, em prosseguimento de voto no *Caso Remi Trinta*, destaca, com acerto, que: "a rigor, nesta como em diversas outras hipóteses, é quase impossível afirmar, *a priori*, se se trata de crime, de ilícito cível ou de mera infração administrativa. Não raro, a devida valoração do fato somente ocorrerá na sentença".
89. Declaração de voto já referida (*Caso Remi Trinta*).

O Min. Joaquim Barbosa pondera a legitimidade do *Parquet* na condução de investigações por ele presididas, com base no inciso III [*do art. 129*], da Constituição da República, o que não significa pretender dar à Instituição a presidência própria de *inquéritos policiais*, já que: "A própria denominação do procedimento (inquérito *policial*) afasta essa possibilidade, indicando o monopólio da polícia para sua condução. Ocorre que a elucidação da autoria e da materialidade das condutas criminosas não se esgota no âmbito do inquérito policial, como todos sabemos. Em inúmeros domínios em que a ação fiscalizadora do Estado se faz presente, o ilícito penal vem à tona exatamente no bojo de apurações efetivadas com propósitos cíveis. Nesses casos, como em muitos outros, o desencadeamento da ação punitiva do Estado prescinde da atuação da polícia".[90]

A doutrina de Lenio Streck e Luciano Feldens, à qual já nos reportamos anteriormente,[91] também encontra acolhida no voto-vista do Min. Joaquim Barbosa: "Uma das novidades mais alvissareiras da Constituição de 1988 foi a criação de um Ministério Público independente do Poder Executivo, com garantias similares às do Poder Judiciário e com a missão de guardar os interesses transindividuais da sociedade e do regime democrático. Esse Ministério Público veio suceder um Ministério Público dependente do Poder Executivo e, por extensão, do poder político,[92] no dizer daqueles doutrinadores, repassador de provas realizadas por uma polícia sem independência".

Aqui está o cerne de debate que não pode ser diminuído. É flagrante a falta de estrutura e independência dos organismos policiais. Se não é pela questão da grande incidência de corrupção, justificativa que não agrada parte dos doutrinadores,[93] não se pode esquecer que ao se confiar a exclusividade na busca da verdade real à polícia judiciária, com a opção virá o risco muito evidente de manipulação

---

90. Idem, ibidem.
91. Cf. *Crime e Constituição*..., cit.
92. Voto-vista, idem.
93. Cf. Adauto Suannes. *Os Fundamentos Éticos do Devido Processo Legal*, p. 229. O autor tece, a nosso ver, considerações de caráter preconceituoso com relação ao Ministério Público, referindo-se aos seus membros como *usurpadores* de funções da polícia civil e a *alguns* promotores com atuação *escandalosa* e *leviana* (p. 233).

de dados, justamente decorrente da inexistente independência daquela estrutura, que hoje, como sempre, permanece como mero apêndice do poder político, suscetível de interferências variadas de grupamentos partidários e econômicos.[94]

Vale dizer, a pesquisa direta do Ministério Público, que deverá, da mesma forma, submeter-se à Jurisdição do Estado, normalmente

---

94. O Min. Joaquim Barbosa, no corpo de seu voto, tece interessante paralelo de direito comparado acerca do histórico fortalecimento do Ministério Público americano, *in verbis*: "nos Estados Unidos, ninguém questiona ser a persecução criminal uma das mais importantes atribuições do Executivo, controlada em caráter primário pelo presidente e exercida no dia-a-dia pelo 'attorney general' (Procurador-Geral ou Ministro da Justiça), sob cujas ordens e diretrizes funciona o FBI ('Federal Bureau of Investigations'), a polícia federal daquele país. Toda ação da polícia federal americana segue 'guidelines' (instruções) determinadas pelo procurador-geral. Mas mesmo nos Estados Unidos, com todo o rigor com que é concebida a noção de 'rule of law' e de fiel execução das leis, a aplicação da lei penal e a persecução criminal não ficaram imunes a dificuldades ao longo do tempo. Essas dificuldades estiveram associadas à necessidade indeclinável de conciliação entre o dever de executar as leis e punir os eventuais infratores, de um lado, e, de outro, a obrigação constitucional de investigar, com o mesmo rigor, os membros do próprio Poder Executivo, em suma, os membros do 'establishment' político. Tais dificuldades, como todos sabemos, após os conhecidos episódios de caso 'Watergate' – especialmente o chamado massacre de 'sábado à noite', em que três procuradores foram demitidos por um presidente que não queria se submeter ao dever constitucional de conformar-se com os ditames legais –, levaram os Estados Unidos a radicalizar na matéria e a criar a figura do procurador independente, incumbido de investigar fatos específicos nos quais estejam envolvidas pessoas que por sua posição institucional possam exercer algum tipo de pressão na conduta das investigações. Noutras palavras, para esses casos específicos, o direito norte-americano inovou em relação à multicentenária teoria da separação e divisão dos poderes, retirando do Executivo regular a atividade persecutória criminal". Bem a propósito, Nicolas Cabezudo Rodríguez, discorrendo sobre as características do Ministério Público norte-americano, reconhece *"en la discrecionalidad un mecanismo de corrección tanto de las desviaciones en que incurre el legislador, como al mismo tiempo de aquellos deméritos consustanciales a la ley y deducibles de su propia generalidad y abstracción, frente a la necesidad de una justicia individualizada. Junto a ello, y admitiendo la trascendencia de tales fines será también predicable un cierto componente de oportunidad en la administración de la justicia en general, y en particular en el desenvolvimiento de este poder discrecional del Ministerio Público"* (cf. *El Ministerio Público y la Justicia Negociada...*, cit., p. 27; destaque do Autor).

reflete com maior perspectiva a verdade real e decorre da inamovibilidade e da independência funcional, garantias que cercam seus membros no exercício do cargo.[95]

Importante raciocínio constante do voto do Min. Joaquim Barbosa merece especial destaque:[96] "O direito brasileiro radicalizou ainda mais que o norte-americano. A Constituição de 1988 instituiu, não para casos específicos e pontuais, mas em caráter permanente, um órgão independente do Executivo e confiou-lhe a titularidade da ação penal, além de outras atribuições de alta relevância que em outros sistemas constitucionais ficam a cargo de órgão de persecução penal subordinado ao Executivo. De fato, nossa Constituição, inovando e destacando-se sobremaneira das demais Constituições democráticas, optou por retirar essa função da esfera de influência do chefe do Executivo e entregou-a a uma instituição nova, independente, *sui generis* com o claro intuito de deixar para trás as velhas práticas clientelistas e anti-democráticas que nos marcaram no passado, à luz das quais a persecução criminal sempre passou ao largo das classes sociais mais elevadas, do *establishment* político e econômico. A toda evidência, a Constituição não quis fazer dessa Instituição mais um órgão dotado de agentes com funções pomposas e títulos sonantes, porém incumbido de um papel meramente decorativo, contemplativo, inerte. Não, não foi essa a intenção do constituinte de 1988. Mas é precisamente a isso que nos conduzirá, se vencedora, a tese que postula a inviabilidade constitucional e legal de investigação por membro do Ministério Público. O que a Constituição e a teoria constitucional moderna asseguram é que, sempre que o texto constitucional atribui uma determinada missão a um órgão constitucional são igualmente outorgados os meios e instrumentos necessários ao desempenho dessa missão.

---

95. *Pensamos que a busca da verdade real, dever do Estado na solução de conflitos de âmbito penal, não pode ser monopólio de qualquer instituição.* Antes, e sobretudo em razão de sua relevância, é obrigação do Estado e da sociedade, individualmente considerados seus integrantes, de tal forma que, segundo cremos, a discussão sobre a pretensa exclusividade da investigação policial somente faria algum sentido se a Polícia Judiciária viesse cercada de garantias de atuação, entre elas a inamovibilidade de seus Delegados, aspecto que o momento político brasileiro, como é de todos conhecido, não pretende debater em absoluto.

96. Voto-vista, cit.

Esse é, em síntese, o significado da teoria dos poderes implícitos, magistralmente sintetizada entre nós por Pinto Ferreira em seus *Comentários à Constituição Brasileira*, vol. II, p. 132".[97]

O Min. Joaquim Barbosa destaca em seu voto a doutrina de Arthur Pinto de Lemos Júnior, Promotor de Justiça e nosso colega no Grupo de Atuação Especial de Repressão ao Crime Organizado (GAECO), para quem: "A tese da aplicação da teoria dos poderes implícitos nessa matéria não constitui novidade para o Supremo Tribunal Federal, visto que, por ocasião do julgamento da ADI 1.547, o Procurador-Geral de Justiça do Estado de São Paulo, Luiz Antonio Guimarães Marrey, sustentou que nada impede – e, antes, tudo recomenda – que o titular da ação penal se prepare para o exercício responsável da acusação. Como já se observou, há nessa hipótese um poder implícito, inerente ao seu poder específico papel na persecução penal: ninguém ignora que a lei quando confere a um Poder ou órgão do Estado a competência para fazer algo, implicitamente lhe outorga o uso dos meios idôneos".[98]

Convém destacarmos, nesse momento da reflexão do *Caso Remi Trinta*, que a tese dos poderes implícitos atribuídos na ordem constitucional é, de fato, poderosa ferramenta de viabilização de suas instituições. Estariam, em contrapartida, francamente comprometidas as entidades de direito público que merecem assento na Constituição da República, se, para consecução de seus maiores objetivos, não pudessem lançar mãos de tais poderes.

Porque indispensável à localização do tema na doutrina constitucional, trazemos a sempre preciosa lição de José Joaquim Gomes Canotilho, que, embora sem aderir de forma incondicionada à teoria dos poderes implícitos, ressalva ser admissível: "(...) uma complementa-

---

97. A propósito, Pinto Ferreira leciona que: "as Constituições não procedem a enumerações exaustivas das faculdades atribuídas aos poderes dos próprios Estados. Elas apenas enunciam os lineamentos gerais das disposições legislativas e dos poderes, pois normalmente cabe a cada órgão da soberania nacional o direito ao uso dos meios necessários à consecução dos seus fins. São os chamados poderes implícitos" (*Comentários à Constituição Brasileira*, vol. II, p. 132).

98. O Ministro se refere a artigo publicado pelo autor citado na *RT*, em 2002, que, por sua vez se reporta à obra *Curso de Processo Penal*, de Pedro Henrique Demercian e Jorge Assaf Maluly, pp. 104-108.

ção de competências constitucionais através do manejo de instrumentos metódicos de interpretação (sobretudo de interpretação sistemática ou teleológica). Por esta via, chegar-se-á a duas hipóteses de competências complementares implícitas: (1) *competências implícitas complementares*, enquadráveis no programa normativo-constitucional de uma competência explícita e justificáveis porque não se trata tanto de alargar competências mas de aprofundar competências (ex.: quem tem competência para tomar uma decisão deve, em princípio, ter competência para a preparação e formação de decisão); (2) *competências implícitas complementares*, necessárias para preencher lacunas constitucionais patentes através da leitura sistemática e analógica dos preceitos constitucionais".[99]

A questão também merece considerações de cunho infraconstitucional. Sendo certo, a esta altura, não haver óbice algum à investigação independente no texto da Constituição – havendo, pelo contrário, forte ressonância nos poderes instrumentais dela decorrentes – também não há dúvida da evolução legislativa do tema. O próprio Código de Processo Penal, em seu artigo 4º, parágrafo único, destaca importante ressalva segundo a qual a competência das apurações penais, normalmente confiada à atividade de polícia judiciária, *não excluirá a de autoridades administrativas, a quem por lei seja cometida a mesma função*, em uma inspiração de absoluto afastamento da tese da suposta exclusividade.

Tais circunstâncias não passaram despercebidas no voto-vista do Min. Joaquim Barbosa, que, então, assim sintetiza a evolução legislativa sobre o tema: "Não me parece haver dúvidas de que a investigação da veracidade de uma *notitia criminis* que lhe chegue ao conhecimento tem total pertinência com uma das mais importantes dentre as atribuições do Ministério Público, que é o exercício da titularidade da ação penal. Não é por outra razão que a Lei Complementar 75/1993, Lei Orgânica do Ministério Público da União, em seu artigo 8º, V, estipula que *para o exercício de suas atribuições, o Ministério Público da União poderá, nos procedimentos de sua competência, 'realizar inspeções e diligências investigatórias'. Esse dispositivo, de clareza insuplantável, estabelece sem sombra de dúvida a relação meio-fim a*

---

99. *Direito Constitucional e Teoria da Constituição*, p. 545.

que faz alusão o art. 129, IX, da Constituição. Dispositivo com dizeres similares é encontrado no art. 26 da Lei 8.625/1993, que disciplina a atuação dos Ministérios Públicos Estaduais".[100]

O Min. Joaquim Barbosa esgotou as possibilidades do tema em sua monumental declaração de voto, por isso explorada à exaustão no presente tópico[101] para concluir pela impossibilidade de compelir o Ministério Público a uma postura *meramente contemplativa*, o que, para ele, seria, *além de contrário à Constituição e ao "status" constitucional* da Instituição, prejudicar os *interesses mais elevados do país, instituir um sistema de persecução penal de fachada, incompatível com o visível amadurecimento cívico de nosso país e com a solidez das nossas instituições democráticas.*[102]

Estava assim fixada para o Min. Joaquim Barbosa a destinação constitucional do Ministério Público, Instituição moderna, a quem se atribuiu a salvaguarda efetiva dos interesses coletivos, exercício que não pressupõe, por óbvio, acusação sistemática que não possa vir reforçada em investigação independente e técnica, ainda que não oriunda da polícia judiciária.

O voto do Ministro teve papel preponderante no julgamento em plenário do Supremo Tribunal do *Caso Remi Trinta*, inclusive porque – até o momento em que foi proferido – os dois votos anteriores, ao contrário dele, rejeitavam, como já tivemos ocasião de mencionar, a te-

---

100. Voto-vista, cit., destaque do texto original.
101. Intrigantes suas indagações: "passaremos doravante a considerar inválidas as condenações resultantes de apurações levadas a efeito por autoridades administrativas em procedimentos investigatórios administrativos de natureza disciplinar? Há ainda um enorme rol de situações idênticas, ou seja, de órgãos distintos da polícia judiciária que realizam investigações, as quais, muitas vezes, terão conseqüências penais. Cito alguns deles. O Banco Central conta em sua estrutura com o Departamento de Combate a Ilícitos Cambiais e Financeiros-DECIF, órgão diretamente vinculado à Diretoria de Fiscalizações-DIFIS. Por ele também são efetuadas diligências, as quais, além de servirem à instrução do procedimento administrativo, têm como destinatário o Ministério Público, para que este atue na esfera criminal contra os investigados. O Conselho de Coordenação de Atividades Financeiras igualmente realiza, certo que a seu modo, atividade investigatória, e o faz atuando como 'órgão do Governo, responsável pela coordenação de ações voltadas ao combate à 'lavagem de dinheiro'" (idem, voto-vista).
102. Idem, ibidem.

se da investigação independente, e, a nosso ver, transformavam a conduta dos réus em perene impunidade. O mérito do Min. Joaquim Barbosa, na nossa ótica, foi a construção de um raciocínio pautado não só na pura interpretação jurídica, porém, antes disso, na pesquisa exaustiva do direito comparado e do questionamento, sempre presente na elaboração do voto, sobre o futuro concreto de outras investigações brasileiras, não somente as do Ministério Público, caso venha a vingar, no final, a tese de proibição de investigações desenvolvidas no âmbito exclusivo do *Parquet*.[103]

De qualquer forma, o julgamento do *Caso Remi Trinta* está recebendo um encaminhamento político na Suprema Corte. Basta lembrar que se formaram diversas correntes de pensamento atuando no Tribunal, dentre aquelas oriundas de membros da polícia judiciária, temerosos de um enfraquecimento da instituição policial e as oriundas de membros do Ministério Público, preocupados com a possibilidade de retrocesso no avanço do *Parquet* sobre novas e variadas formas de atuação em defesa da coletividade. E o enfoque político,[104] muito pró-

---

103. Para defender a teoria dos poderes implícitos, o Min. Joaquim Barbosa faz incursão direta no direito norte-americano para registrar que a teoria foi "concebida por John Marshall no célebre caso 'McCulloch v. Maryland' e aplicada durante quase dois séculos de prática constitucional, em áreas que vão do direito tributário ao direito penal e administrativo, tal cláusula simboliza a busca incessante pela efetividade das normas constitucionais. Nesse sentido, não me parece ocioso citar trecho dessa famosa decisão, especialmente o ponto de vista em que Marshall argumenta: 'Ora, com largo fundamento se pode sustentar que um Governo a quem se confiam *poderes dessa amplitude, da execução correta das quais tão vitalmente dependem a felicidade e prosperidade da Nação, deve ter recebido também amplos meios para os exercer. Dado o poder, é do interesse da Nação facilitar-lhe o exercício.* Nunca se poderia supor que fosse do seu interesse, ou estivesse no seu intuito embaraçar-lhe e tolher-se-lhe o exercício, recusando-lhe para isso os mais adequados meios'" (idem, voto-vista, destaque no texto original).

104. Segundo a doutrina de Silvio de Salvo Venosa: "A maior dificuldade da Ciência Política é delimitar, na prática, dentre os vários fenômenos, os assuntos políticos, ou seja, definir os limites da política. A resposta não pode ser peremptória e, de certa forma, todos os assuntos que interessam ao Estado, ao bem-estar e ao bem comum podem ser objeto de política. Assim, por exemplo, é político o tema que discute o controle externo do Poder Judiciário, assim como aquele que conclui pelo âmbito da merenda escolar concedida a escolas oficiais. A conclusão é no sentido de que será política a matéria cujo âmbito for de interesse amplo, matéria que mereça

prio das questões submetidas ao Supremo Tribunal, não invalida em absoluto a legitimidade do julgamento em curso, versando, mesmo, fenômeno normal para o qual, aliás, convergiu-se a atenção da opinião pública, representada pelos mais diversos setores da vida nacional (imprensa, organizações não governamentais, universidades, cientistas políticos etc.).[105]

Àquela altura do julgamento – segundo semestre de 2004 – após o voto-vista que aqui tivemos a ocasião de explorar, seguiram-se os votos dos Mins. Eros Roberto Grau e Carlos Ayres de Brito, que, aderindo à tese da possibilidade das investigações independentes, impuseram uma virada no pensamento predominante da Suprema Corte, fazendo registro parcial, atual, de cinco votos a favor da tese e dois contrários, no momento em que o julgamento foi novamente interrompido com pedido de vista do Min. César Peluzzo.

Na condução de seu voto, o Min. Eros Grau tratou de abordar, desde logo, dois aspectos importantes da argumentação jurídica atinente à matéria. O primeiro deles estava centrado justamente na faculdade legal conferida ao Ministério Público de poder *requisitar*, quando reputar necessário, a instauração do inquérito policial, no que não poderá deixar de ser atendido pela autoridade policial, vinculada ao comando daquela determinação. O segundo, não menos importante, vinha traçado na *dispensabilidade* da instauração do inquérito policial, circunstância a ser analisada pelo *Parquet* na hipótese de poder apresentar, desde logo, sem investigação, a ação penal em juízo. Tais fatores, somados ao próprio controle externo da atividade policial, ainda que sem regulamentação adequada, conferem ao Ministério Pú-

ser publicamente discutida e não sendo política a questão exclusivamente de interesse privado" (*Introdução ao Estudo do Direito: Primeiras Linhas*, p. 263).

105. Jean-Jacques Rousseau, em seu *Contrato Social*, deixou expresso que: "a inflexibilidade das leis, que as impede de ajustar-se às circunstâncias, pode, em certos casos, torná-las desastrosas e fazê-las provocar, num momento de crise, a ruína do Estado. A ordem e a lentidão das formas que elas impõem exigem um espaço de tempo que às vezes as circunstâncias recusam. Podem apresentar-se mil casos para os quais o legislador não tomou qualquer providência, e uma parte altamente necessária da previsão é ser consciente de que nem tudo pode ser previsto. É errado, portanto, querer fazer instituições políticas tão fortes a ponto de tornar impossível a suspensão de suas operações" (*Os Grandes Filósofos do Direito*, p. 233).

blico uma gama de instrumentos que, segundo o Ministro, viabilizam a consecução de seus objetivos *sem a necessidade de suscitar a discussão de matéria constitucional*.[106]

Eros Grau, a propósito, colaciona[107] a doutrina de Hugo Nigro Mazzilli, para quem: "O Ministério Público não está adstrito à apuração pela polícia dos fatos de interesse para a promoção da ação penal pública. Sem prejuízo de poder requisitar documentos, certidões e diligências na forma da lei, e poder efetuar notificações para comparecimento de pessoas, poderá e até deverá propor a ação penal diretamente, se dispuser de elementos de convicção bastantes que lhe possibilitem formar de plano a *opinio delictis*, ainda que sem inquérito policial".

Tal constatação veio utilizada porque permite demonstrar, ao final, que a interpretação dos dispositivos da Constituição de 1988 – e não somente aquele específico das atribuições de polícia judiciária (art. 144) – leva à conclusão segura da viabilidade da investigação independente do Ministério Público. Eros Grau, na elaboração de seu raciocínio e com citação oportuna de Carlos Maximiliano acaba por fazer expressa menção à já discutida teoria dos poderes implícitos: "Quando a Constituição confere poder geral ou prescreve dever, franqueia também, implicitamente, todos os poderes particulares, necessários para o exercício de um, ou o cumprimento de outro".[108]

O pensamento do Min. Eros Grau, expressamente consignado em seu voto, consagra, também, a preciosa teoria dos poderes implícitos no caso em exame, atribuídos à Instituição do Ministério Público, e tem o mérito específico de fixar relevante distinção entre o inquérito policial, espécie e, as investigações criminais em sentido amplo, gênero: "Ao argumento de que a doutrina dos poderes implícitos apenas tem aplicação quando a Constituição não se ocupa de uma determinada matéria, respondo observando que não é disso que, no caso presente, se trata. Pois o § 4º do artigo 144 da Constituição do Brasil cogita da apuração de infrações penais e não, amplamente, de inves-

---

106. Voto proferido no *Caso Remi Trinta* pelo Min. Eros Grau (Inquérito 1.968-2-DF).
107. Idem, ibidem.
108. *Comentários à Constituição Brasileira*, p. 138 (citado no voto do Min. Eros Grau).

tigação criminal. Essa apuração corporifica-se, no caso das polícias civis, na instauração do chamado inquérito policial, espécie albergada no gênero investigação criminal. Por isso mesmo não há, no reconhecimento de que o Ministério Público pode (= deve) realizar investigação criminal, invasão, por ele, da competência atribuída às polícias civis. O que não pode o Ministério Público é instaurar inquérito policial. Apenas isso".[109]

Destaca-se da contribuição do Ministro ao julgamento em curso a impressão histórica sobre o momento da vida brasileira, que, segundo ele, está reclamando: "firme atuação do Ministério Público, de modo que a redução da amplitude dessa atuação importaria em premiar-se os chamados delinqüentes de 'colarinho branco' e o próprio 'crime organizado'".[110]

Pensamos tratar-se de argumento indiscutível do encaminhamento do julgamento, posto que, conforme já dissemos em mais de uma oportunidade, não é possível a abstração de condutas objeto das investigações do Ministério Público, voltadas sempre ao combate da corrupção e do crime organizado, que as polícias judiciárias, mais fracas organicamente, normalmente não atingem em suas apurações convencionais de inquéritos policiais.[111] E não poderia mesmo ser diferente, já que o Ministério Público – e não só as polícias – dispõe atualmente de diversos instrumentos de combate à grave criminalidade, entre eles a infiltração de agentes policiais, a interceptação telefônica e ambiental, a delação premiada, entre outros, que, por sua importância, não podem sofrer limitações outras que não decorram da interpretação adequada da Constituição da República e da lei (item 6.3.1).

109. Voto do Min. Eros Grau, no *Caso Remi Trinta*, cit.
110. O Ministro faz referência a parecer não publicado da lavra do Procurador de Justiça aposentado Hélio Bicudo.
111. Importante a doutrina de Arthur Pinto de Lemos Júnior, para quem: "no âmbito do processo penal, a grave doença do crime organizado não pode ser combatida com um único remédio, no espaço do direito penal não pode ser diferente A dogmática deve integrar-se nesse combate e, para tanto, exercitar-se, não com reações simbólicas, mas no espaço da legalidade e dos princípios do Estado de direito democrático, no sentido de responder adequadamente à fenomenologia criminal crônica e aguda" (cf.: "A Responsabilidade Criminal do 'Homem de Trás' das Organizações Criminosas", *Revista Jurídica da Escola Superior do Ministério Público do Estado de São Paulo*, n. 1, p. 37, jan./jun. 2004).

Eros Grau, destacando o pensamento de Saulo Ramos, escreve, ainda, em favor da tese, que: "(...) observando que a Lei complementar n. 75/1993 atribui ao Ministério Público Federal a incumbência de *requisitar diligências investigatórias e a instrução de inquérito policial, podendo acompanhá-los e apresentar provas*, indaga Saulo Ramos: *como apresentá-las sem colhê-las?* E prossegue: *e pode-se confiar na polícia em todas as partes do país, quando se sabe que em muitos lugares o crime organizado se infiltrou descaradamente nas polícias organizadas?*".[112]

O voto também aborda, como não poderia ser diferente, a discussão atual acerca dos abusos praticados por membros do Ministério Público. E aqui, no âmbito do tema dos abusos – ou arbitrariedades, conforme sustentado por alguns autores –, acena para o remédio correspondente, consistente na caracterização de abuso de poder, punível individualmente e destaca importante conclusão no sentido de que o excesso praticado por alguns dos membros do *Parquet* não inviabilizam a atuação firme e independente da Instituição, mas, antes, recomenda-a ainda mais, com punição dos agentes políticos que, a qualquer título, exorbitarem de suas atribuições normais.[113] Eros Grau conclui, então, que: "É da totalidade da Constituição, pois, que se extrai a faculdade de investigar do Ministério Público, para fins de persecução criminal. Às policias civis, exceto no que concerne aos delitos militares, garante-se a exclusividade de uma das modalidades do gênero *investigação criminal*, qual seja, o inquérito policial. Mas somente isso, pois a apuração de infrações penais mediante a instauração de *inquérito policial* não é a única modalidade de *investigação criminal*. De resto, a manejar-se argumentos lógicos, basta a verificação de que – como anotei linhas acima – o Ministério Público pode apresentar denúncia, independentemente (isto é, dispensando-o) independentemente, volto a repetir, da realização de inquérito policial. Como negar a quem pode prescindir de uma das modalidades de in-

---

112. Voto do Min. Eros Grau e alusão feita ao artigo publicado por Saulo Ramos no Jornal *Folha de São Paulo*, intitulado "O Risco de um Retrocesso", edição de 14.8.2004, p. A-3.

113. O voto de Eros Grau faz referência a outro artigo, agora da lavra de Boris Fausto, publicado também no jornal *Folha de São Paulo*, em 9.7.2004, p. A-3, sob o título "Inquérito policial sem Polícia".

vestigação criminal a faculdade de valer-se de outras para que possa cumprir suas funções institucionais?".[114]

Ayres de Brito, de sua feita, destaca o dinamismo da atuação do Ministério Público, característica particular da Instituição, que o coloca, por assim dizer, em postura diversa da do Poder Judiciário, a quem, por incumbir justamente a Jurisdição, convém provocação adequada e inércia por característica. Chama a atenção do Ministro, entre outras funções e características constitucionalmente assentadas à Instituição, o poder de zelar pelo efetivo respeito dos poderes públicos e dos serviços de relevância pública, promovendo as medidas necessárias à sua garantia (art. 129, II), além, é claro, do próprio controle da atividade da polícia (art. 129, VII).

É, pois, da essência da razão de decidir do Min. Ayres de Brito que: "Investigar fatos, documentos e pessoas, assim, é da natureza do Ministério Público. É o seu modo de estar em permanente atuação de *custos legis* ou de defesa da lei. De *custos iuris* ou de defesa do Direito. Seja para lavrar um parecer, seja para oferecer uma denúncia ou não oferecer, ou seja, ainda para pedir até mesmo a absolvição de quem já foi denunciado. Privar o Ministério Público dessa peculiaríssima atividade de defensor do Direito e promotor de justiça é apartá-lo de si mesmo. É desnaturá-lo. Dessubstanciá-lo até não restar *pedra sobre pedra* ou, pior ainda, reduzi-lo à infamante condição de *bobo da Corte*. Sem que sua inafastável capacidade de investigação criminal por conta própria venha a significar, todavia, o poder de abrir e presidir inquérito policial. Com efeito, é preciso distinguir as coisas. Se todo inquérito policial implica uma investigação criminal, nem toda investigação criminal implica um inquérito policial; mas o que não se tolera, sob o pálio da *Lex Máxima* de 1988, é condicionar ao exclusivo impulso da Polícia a propositura de ações penais públicas. Ações que só o Ministério Público pode ajuizar (inc. I do art. 129 da Lei das Leis) e que têm na livre formação do convencimento dos promotores e procuradores de justiça a razão de ser da sua institucionalização como figura de Direito".[115]

---

114. Voto do Min. Eros Grau, ibidem.
115. Voto proferido pelo Min. Carlos Ayres de Brito, no julgamento do *Caso Remi Trinta*.

Assim encaminhado o julgamento, aguarda-se a recolocação do caso na pauta do pleno do Supremo Tribunal Federal.

Como fizemos questão de destacar em linhas anteriores, a discussão que se trava tem caráter nitidamente político, pois que, da interpretação das normas jurídicas vigentes, mormente aquelas fixadas na Constituição da República, não se extrai, à toda evidência, nem a pretensa exclusividade que se pretende emprestar à atividade de investigação da polícia judiciária, nem tão pouco qualquer proibição, ainda que velada, à capacidade de investigação do Ministério Público, na busca da verdade real.

Chega a ser intuitivo – segundo acreditamos –, que a busca da verdade, ideal de Justiça, Ética e Direito da sociedade organizada, não pode ser monopolizada, a qualquer título, em mãos de um único organismo do Estado. Antes e de qualquer forma, deve ser perseguida, insistentemente, em nome do mencionado ideário, inclusive por parcelas da sociedade que, integrantes do mesmo conjunto, não fazem parte de quaisquer dos Poderes do Estado. É um aspecto que voltaremos a abordar e que, por certo, em razão de sua importância, já aponta como uma das grandes conclusões que se pode extrair do presente estudo. Frederico Marques assinalou: "Ao Ministério Público é que cumpre, de maneira precípua, trazer para os autos os elementos de convicção que demonstrem os fatos articulados na peça acusatória, o mesmo se dando com a defesa, no que concerne aos elementos probatórios da inocência do réu".[116]

Ora, como conciliar em argumentação de razoável lógica, possa o Ministério Público desvencilhar-se de seu papel de parte acusatória na ação penal, se, por qualquer motivo, lhe for cerceada a atividade decorrente de pesquisa da verdade real? Que verdade ele poderá sustentar, com livre convicção, se não puder antes compreendê-la integralmente na essência? Cremos não haver resposta para estas indagações que não seja aquela que aponta para a legitimidade da pesquisa direta a cargo de promotores e procuradores acerca das questões ligadas às lides penais, tal como, segundo vimos, já ocorre no âmbito cível, e

---

116. *Elementos...*, cit., vol. I, p. 7 (confira, ainda: Denise Neves Abade, *Garantias do Processo Penal Acusatório – O Novo Papel do Ministério Público no Processo Penal de Partes*, p. 152).

tal como já ocorre também em solução adequada muito comemorada na doutrina estrangeira,[117] inclusive dado o caráter libertador e cidadão da Instituição, em contraposição à repressão e ao autoritarismo[118] do passado.

A retomada do julgamento do *Caso Remi Trinta* virá trazer considerável avanço institucional ao Ministério Público, pacificando de vez o tema em todo o território nacional, onde os membros do *Parquet* colocam-se em luta ferrenha contra a corrupção e o combate às organizações criminosas, ou, pelo contrário, trará irreparável retrocesso à pesquisa da verdade no processo penal, levando-o próximo ao obscurantismo próprio da Idade Média, quando, segundo sabemos, a verdade valia pelo formalismo observado e não pelo conteúdo real alcançado.[119]

No curso do julgamento, sobreveio, em setembro de 2006, a cassação da candidatura do Deputado Federal, por decisão do Tribunal Superior Eleitoral, em Brasília, ratificando, assim, decisão da Justiça Eleitoral do Maranhão, que havia impedido o registro da candidatura de Remi Trinta a uma cadeira na Assembléia Legislativa daquele Estado nas eleições de outubro de 2006. O fato provocou alteração no julgamento em curso. Com efeito, cessado o foro por prerrogativa de função do Deputado Federal, ao término de seu mandado, em dezembro de 2006 (que, no Supremo, iria cessar mesmo que Remi Trinta tivesse sido eleito Deputado Estadual), o julgamento deverá baixar à Justiça Estadual do Maranhão, impedindo o encaminhamento definitivo que viria com a votação de todos os Ministros do Supremo Tribunal Federal. A tendência é a escolha, pela Corte Suprema, de um

---

117. Cf. Fabricio O. Guariglia, "Facultades Discrecionales del Ministerio Público e Investigación Preparatória: el Princípio de Oportunidad", *El Ministerio Público en el Proceso Penal*, p. 83.

118. Cf. Claus Roxin, "Posición Jurídica...", cit., p. 39.

119. Francisco Bethencourt destaca o papel de perseguição de que eram imbuídas as inquisições espanholas, ao longo de três séculos de adaptações a contextos políticos diferentes. Primeiro voltadas contra os cristãos-novos de origem hebraica, depois aos cristãos-velhos do campo, passando novamente pelo judaísmo, para então revestir-se de caráter anti-herético (*História das Inquisições, Portugal, Espanha e Itália, Séculos XI-XIX*, p. 405).

novo caso para servir de parâmetro para a discussão da tese dos poderes de investigação do Ministério Público, não estando descartado, segundo pensamos, que ela possa recair sobre o *Caso Celso Daniel* que, em suas várias vertentes, já tem merecido pronunciamentos isolados e constantes do Supremo Tribunal. De qualquer forma, seja qual for o caso escolhido, haverá outro problema: os votos proferidos até o momento permanecerão válidos? Parece-nos que não. Com a mudança do mérito do julgamento e a se confirmar o acontecimento com a escolha de um novo caso, os votos dos Ministros deverão recomeçar tal como o novo julgamento, reabrindo a possibilidade de alteração de pensamento por parte daqueles que ainda não votaram, e, também e principalmente, viabilizando mudança de posição dos que já haviam votado. Resta-nos, de tal modo, aguardar o pronunciamento do Supremo Tribunal Federal acerca do angustiante tema.

Releva registrar, entretanto, que enquanto não ocorre o encaminhamento do julgamento em plenário, bastante aguardado nos meios jurídicos e pela própria opinião pública nacional, interessada no rumo do combate à impunidade, vez ou outra o tema é novamente reaberto em uma das turmas do Supremo. Em 16 de outubro de 2006, o Min. Celso de Mello, que ainda não havia proferido voto no *Caso Remi Trinta*, teve ocasião de afirmar, em indeferimento de liminar pretendida nos autos do Habeas Corpus 89.837-8, do Distrito Federal, a legitimidade das investigações independentes realizadas no âmbito do Ministério Público, justificando que: "(...) o Ministério Público, como titular da ação penal pública, pode proceder a investigações, inclusive colher depoimentos, sendo-lhe, tão-somente, presidir o inquérito policial, que é prescindível para a propositura da ação penal (...) cabe salientar, finalmente, sem prejuízo do exame oportuno da questão pertinente à legitimidade constitucional do poder investigatório do Ministério Público, que o *Parquet* não depende, para efeito de instauração da persecução penal em juízo, da preexistência de inquérito policial, eis que lhe assiste a faculdade de apoiar a formulação da *opinio delicti* em elementos de informação constantes de outras peças existentes 'aliunde'".

Cabe aguardar, assim, a retomada do julgamento, seja ou não em sede do denominado *Caso Remi Trinta*.

6.6 Reflexões sobre as investigações independentes

Tendo-se em vistas as considerações tecidas no presente capítulo, e sempre com o devido respeito à doutrina em sentido oposto, parece-nos forçoso reconhecer que, dentre as funções que se encontram abrangidas pelo conceito de "finalidade institucional" do Ministério Público,[120] conforme fixado pela Constituição Federal, encontra-se a possibilidade de realização de investigação criminal independente pelos membros da Instituição (promotores de justiça, procuradores de justiça e procuradores da república). A prática de infrações penais, e suas conseqüências fáticas, certamente representam um dos maiores exemplos de violação dos interesses sociais, pelos quais cumpre ao Ministério Público zelar.

O aumento da criminalidade organizada, neste caso, talvez constitua o maior fator justificativo da atuação do Ministério Público na instauração, condução e conclusão das investigações criminais. O crime organizado – conforme tivemos a oportunidade de registrar no presente trabalho – vem atuando de forma, cada dia, mais complexa, valendo-se de recursos tecnológicos e financeiros dos quais, muitas vezes, nem mesmo os organismos policiais podem dispor. Arthur Pinto de Lemos Júnior, ao tratar do tema,[121] observou que, no Estado de São Paulo, a polícia civil demorou muito para reconhecer a existência e a atuação do crime organizado (em 1995, o Delegado-Geral de Polícia do Estado ainda negava a existência destas organizações criminosas). O Autor ainda anotou que esta demora e o distanciamento do Ministério Público das investigações voltadas à identificação das organizações criminosas, somados, somente permitiram que estas melhorassem ainda mais sua estrutura. Assim, acerca da deficiência da atuação policial no combate ao crime organizado, tendo como conseqüência a efetiva necessidade de atuação do Ministério Público no combate a estas organizações, Lemos Júnior anotou, até mesmo,

---

120. "O Ministério Público é instituição permanente, essencial à função jurisdicional do Estado, *incumbindo-lhe a defesa da ordem jurídica, do regime democrático e dos interesses sociais e individuais indisponíveis*" (art. 127, *caput*, destacamos).
121. "A Investigação Criminal diante das Organizações Criminosas e o Posicionamento do Ministério Público", *Caderno Jurídico. Escola Superior do Ministério Público de São Paulo*, n. 3, pp. 67-68, out. 2001.

que: "Como se isso já não fosse o bastante, necessário ainda admitir que, de uma forma geral, a polícia civil não instrui inquéritos policiais voltados a identificar responsáveis por organizações criminosas. No Estado de São Paulo, mesmo através dos Departamentos Especializados da Polícia Civil, como o DENARC, DEPATRI, DHPP etc., ainda têm sido poucas as ações penais propostas contra delinqüentes responsáveis pelas organizações dos delitos e seus esquemas de atuação. Graves delitos são investigados e, muitas vezes, perigosos criminosos são surpreendidos e detidos. Contudo, a investigação policial, na maioria das vezes, não transcende da pessoa que está sendo surpreendida. E, assim, a organização criminosa atuante no crime acaba não sendo identificada".[122]

Assim, frente à realidade do crescimento da criminalidade organizada, o reconhecimento da possibilidade de realização de investigações independentes pelo Ministério Público é medida imperiosa. Não é à toa que em vários países da Europa o Ministério Público já atua de forma efetiva na fase investigatória. Trata-se de uma tendência mundial, não sendo demais lembrarmos que, na França, na Espanha, na Alemanha, na Bélgica e em Portugal, de maneira geral, é o promotor de justiça quem dirige os trabalhos da polícia judiciária, que àquele é subordinada.

A argumentação de existência, no ordenamento jurídico pátrio, de competência exclusiva para condução das atividades investigatórias pela polícia judiciária também nos afigura tese inconsistente. Somente uma *interpretação literal* dos textos legais (método de interpretação que, na maioria das vezes, é sempre o menos recomendável) pode conduzir a este raciocínio. De fato, vimos que são diversos os dispositivos inseridos na legislação pátria conferindo poderes investigatórios a autoridades não-policiais. Assim sendo, dentro de uma *interpretação sistemática* da legislação brasileira acerca do tema, poderemos aferir a real possibilidade jurídica de realização de investigações criminais independentes por parte do Ministério Público.

Destarte, face à possibilidade de realização de investigações independentes pelo Ministério Público, em vários Estados brasileiros a matéria vem sendo regulamentada por atos normativos e resoluções

122. Idem, ibidem, p. 68.

da Instituição, visando-se a adequar a forma procedimental a ser utilizada para realização das investigações criminais pelos seus membros. A propósito, e em rol exemplificativo, remetemos o leitor ao *Anexo* integrante do presente trabalho, que contém o texto integral destes atos e resoluções.

Portanto, podemos perceber que a Instituição vem criando os recursos necessários para a sua atuação de forma independente na investigação criminal, haja vista que a realidade criminal no país impõe tal medida. No Estado de São Paulo, *v.g.*, foram criados os cargos de "agentes de promotoria", aos quais competirá, segundo disposto no item I, do Edital de Concurso Público n. 02/2005, dentre outras funções: "Efetuar diligências para localização de pessoas; efetuar diligências e pesquisas para a obtenção de dados de interesse do Ministério Público; empreender medidas que propiciem conhecimentos sobre fatos e situações de interesse do Ministério Público; proteger informações sigilosas produzidas, recebidas ou armazenadas pelo Ministério Público; oferecer proteção a membros do Ministério Público, sem prejuízo, quando o caso, da atuação da Assessoria Militar do Procurador-Geral de Justiça; analisar informações provenientes das várias áreas de atuação do Ministério Público; desempenhar outras atividades correlatas com as referidas".[123]

Embora a criação de uma "polícia" do Ministério Público já tenha registrado críticas por parte da doutrina estrangeira, conforme anota José Manuel Damião da Cunha,[124] o fato é que a estruturação

---

123. A Comissão Especial de Seleção Pública do Ministério Público do Estado de São Paulo foi constituída pelo Ato n. 19/05-PGJ, publicado no *DOE* de 21.6.2005, mediante autorização do Procurador-Geral de Justiça exarada no Processo DG-MP n. 374/05, publicada no *DOE* de 17.6.2005. Os cargos foram criados pela Lei Estadual 7.000, de 27 de dezembro de 1990, competindo à Lei Complementar 969, de 6 de janeiro de 2005, atribuir ao Procurador-Geral de Justiça a prerrogativa de disciplinar as funções do cargo, com aprovação do Órgão Especial do Colégio de Procuradores de Justiça. A disciplina veio, então, no Ato Normativo 396, de 12 de abril de 2005, do Colégio de Procuradores de Justiça. Ali se vê que as funções do cargo são de investigação (diligências para localização de pessoas e coisas, análise de dados e informações, entre outras atividades).

124. O Autor refere-se aos *funcionários auxiliares do Ministério Público* existentes na Alemanha e aos *officiers de police judiciaire*, da França (*O Ministério Público e os Órgãos...*, cit., pp. 66-67). Pensamos, entretanto, que a crítica não se apli-

de corpo funcional condizente é preocupação existente no Ministério Público do Estado de São Paulo – como também é meta evidente em outros Estados e no Ministério Público Federal – que quer contar com instrumentos eficazes e efetivos de combate aos crimes de *colarinho-branco* e crimes cometidos por organizações criminosas, prioridades das investigações independentes hoje desenvolvidas no país. Os novos *agentes*, oriundos do primeiro concurso paulista, já estão trabalhando no combate efetivo às organizações criminosas e prometem, de tal modo, escrever um capítulo diferenciado na história da investigação independente, talvez incentivando a criação de cargo similar em outros Estados da Federação.

Portanto, as reflexões de agora nos levam a asseverar ser absolutamente possível a investigação independente realizada diretamente pelo Ministério Público em matéria criminal. Mais do que possível, aliás. Parece-nos que tal função, além de fixada pela legislação infraconstitucional, encontra-se inserida dentro do conceito de interesse social, sobre o qual compete ao Ministério Público velar.

A pesquisa realizada em diversos Estados da Federação sobre legislação interna acerca das investigações independentes revelou resultados bastante animadores. O texto integral de Atos e Resoluções – oriundos do Ministério Público Federal e dos Ministérios Públicos dos Estados de São Paulo, Espírito Santo, Maranhão, Rio Grande do Sul e Santa Catarina – compõe, como já dito, o *Anexo* do presente trabalho e está organizado de forma a facilitar a consulta direta. Extraímos, todavia, da leitura – que se recomenda –, textos ricos e detalhados, que não guardam, absolutamente, nada do ranço e da arbitrariedade que os opositores da tese vêm nas atividades desenvolvidas por promotores de justiça e procuradores da república que se lançam na investigação independente.

ca ao modelo que está sendo introduzido no Ministério Público do Estado de São Paulo porque, aqui, tratou-se de corrigir o principal problema havido nos exemplos da doutrina estrangeira. Os agentes de promotoria, ao contrário daqueles, são cargos criados dentro da própria estrutura orgânica da Instituição e, por isso, não guardam qualquer relação ou dependência, ainda que indireta, com a hierarquia dos serviços de polícia. Corrige-se, bem ao contrário, com a criação dos cargos, o modelo atual de São Paulo, onde os agentes são lotados na Assessoria Militar da Procuradoria-Geral de Justiça, guardando obediência hierárquica aos quadros da Polícia Militar.

De julho a outubro de 2006, honrados com a convocação, tivemos a ocasião de, juntamente com o Procurador da República José Ricardo Meirelles, trabalhar sob a coordenação da Conselheira Janice Ascari, na elaboração de uma regulamentação nacional das investigações independentes. A iniciativa acabou tendo a participação de diversos setores do Ministério Público e da própria sociedade civil, em sede de emendas supressivas ou aglutinativas e, o final do gratificante trabalho redundou na votação, aprovação e publicação da vigente Resolução n. 13, de 2 de outubro de 2006, do Conselho Nacional do Ministério Público (CNMP), preocupado com a disciplina institucional dos procedimentos investigatórios criminais levados a efeito por promotores de justiça e procuradores da república. O texto definitivo da Resolução, que logo de saída mereceu críticas infundadas dos detratores da tese (associações de delegados de polícia), e abre o *Anexo* do presente trabalho, está em vigor e tem o mérito de viabilizar o que antes não existia: a uniformização de regras gerais das investigações independentes nos diversos Estados da Federação (e também no âmbito do Ministério Público Federal), em benefício direto da Instituição, e, também, de advogados militantes e investigados que agora contam com normas padronizadas. Destacam-se, em especial, a regra geral da publicidade, o direito de certidões, o *controle externo* da investigação criminal etc.

Recomendamos, pois, a leitura do *Anexo*[125] e, de qualquer forma, porque as críticas ao trabalho nas investigações do Ministério Público são muito contundentes, acreditamos importante destacar aqui, de forma a propiciar estudo direto e mais criterioso, conclusão de que a disciplina traz limites à atuação do poder de investigar atribuído aos membros da Instituição. É preocupação comum, assim, a salvaguarda às garantias constitucionais do cidadão investigado. Ainda que seja obrigação de todos os promotores de justiça e procuradores da república, que se lançam na atividade da pesquisa penal direta, os textos dos estados do Maranhão, Rio Grande do Sul e Santa Catarina fazem

---

125. À época do encerramento da pesquisa – março de 2006 – estava em discussão, em procedimento próprio, a criação de uma legislação de caráter geral, a ser expedida pelo Conselho Nacional do Ministério Público, acerca do tema específico das investigações independentes. Acreditamos, assim, que antes do final do ano, haverá disciplina uniforme editada por aquele organismo de controle externo da Instituição.

referência expressa à obrigação do Brasil em fazer cumprir, em cooperação com as Nações Unidas, *o respeito universal aos direitos humanos e liberdades fundamentais e a observância desses direitos e liberdades.*

A propósito do tema, teremos ocasião de refletir (item 7) sobre a relevância de se assegurar ao investigado o direito ao silêncio, o de não produzir provas contra si mesmo e o direito ao acesso constante a advogado. Aliás, tais observações decorrem do próprio Estado Democrático de Direito.

Na disciplina direta, os membros do Ministério Público têm prazo certo para optar ou não pela abertura de investigação própria. Da mesma forma, têm prazo para concluí-la, quando instaurada. Suas manifestações, necessariamente motivadas, podem e devem sofrer o controle próprio do Poder Judiciário,[126] seja por meio da ação penal proposta, seja por promoção de arquivamento da pesquisa. Também existe preocupação com a fixação de prazos para realização e cumprimento das diligências[127] determinadas nos procedimentos.

Tópico absolutamente fundamental diz respeito à opção pela decretação de sigilo, freqüentemente criticada por advogados que em razão dela não têm acesso aos autos. A regra sobre o assunto é justamente a da publicidade, para harmonizar a pesquisa com o pensamento da Constituição da República. Somente em caráter excepcional, o sigilo deverá ser decretado, como garantia da própria elucidação do fato ou da preservação do interesse público. Seja qual for a opção, deverá ser fundamentada, inclusive para informar a discussão de sua

---

126. Única exceção que se relata está na disciplina do arquivamento de investigações independentes do Ministério Público Federal, que, ao contrário das demais, permite seja ele feito no âmbito da própria Instituição. O Ministério Público do Estado do Espírito Santo, que trazia dispositivo similar, tratou de alterar sua disciplina em 2005 e, assim, hoje as peças arquivadas por promotores de justiça daquele Estado o são perante o Poder Judiciário, que, desta forma, pode invocar o pronunciamento do Procurador-Geral de Justiça, quando discordar, aplicando por analogia o art. 28, do Código de Processo Penal. Trata-se, efetivamente, de medida mais adequada no trato das investigações independentes, segundo entendemos, porque permite salutar controle externo da atividade em um sistema de "pesos e contra-pesos".

127. As diligências devem ser espelhadas, para sua perfeita compreensão e adequado controle, em autos circunstanciados.

viabilidade em eventual medida judicial tomada pelo investigado ou seus advogados.

É bastante evidente a preocupação com a comunicação da instauração da investigação, para controle interno, ou à própria Procuradoria-Geral ou a outros organismos dos Ministérios Públicos.[128] O fato coloca por terra o argumento recorrente no sentido de que determinados membros da Instituição têm o hábito de investigar sem controle e de forma atabalhoada. Se assim procederem, em desconformidade com a disciplina interna, estarão sujeitos aos questionamentos correspondentes. Nada se extrai do arbítrio e do desrespeito a direitos e garantias individuais.

Há expressa[129] opção nas investigações independentes por *política de integração com as funções da polícia judiciária, em prol da persecução penal e do interesse público*. O Ministério Público, sempre que possível, deve mesmo se integrar aos demais organismos do Estado, para correta consecução de seus relevantes objetivos. A melhor reflexão é, segundo entendemos, a que dá à investigação direta caráter supletivo, reservado somente para aquelas hipóteses, realmente excepcionais, nas quais a polícia não pode ou não quer investigar por razões variadas que já foram aqui enfrentadas no curso do presente trabalho.

Regra relevante vem trazida na contribuição do Ministério Público Federal, a ser observada, sempre que possível, por todos quantos se lancem à pesquisa direta. Para a entrada de documentos, notícias de crimes e denúncias, ainda que anônimas, deve haver previsão de protocolo, autuação e distribuição (obviamente paritária e alternada), entre membros do Ministério Público, *observado o princípio da impessoalidade*.

Se a investigação é ditada pela necessária democracia, relata a disciplina trazida no *Anexo*, conforme por nós já mencionado, a oportunidade – faculdade, mesmo – de acesso do investigado aos dados do procedimento (com obtenção de certidões, cópias, abertura de vis-

---

128. No caso do Estado de São Paulo, por exemplo, é obrigatória a comunicação de instauração dos procedimentos administrativos criminais ao Centro de Apoio Operacional às Execuções e das Promotorias de Justiça Criminal (CAEXCRIM).
129. Novamente vale conferir a disciplina do Estado de São Paulo.

ta etc.), a quem se resguarda o direito de requerer diligências tidas por *convenientes e oportunas*. Então, o investigado não tem, ao contrário daquilo que se costuma dizer, um procedimento fechado, cercado de mistérios e inacessível. Tem preservado o seu direito de voz na investigação, se igualmente fosse outro o instrumento, como, *v.g.*, o inquérito policial, no qual, também, vez ou outra, se decreta sigilo.

Como não há qualquer necessidade de se atribuir ao Ministério Público a investigação sistemática de infrações penais ordinárias, é interessante observar a previsão de *priorização na investigação e no combate aos delitos que colocam em xeque a concretização dos objetivos fundamentais da República Federativa do Brasil, a exemplo da tortura, execuções sumárias, sonegação fiscal, lavagem de dinheiro, corrupção etc.*[130] ou, também, o cabimento de pesquisa subsidiária, em que tenha havido *omissão ou insuperável deficiência da autoridade responsável pela investigação*.[131]

O Estado do Maranhão, por sinal, contribuiu com previsão expressa de recurso ao Procurador-Geral de Justiça, assegurado à vítima ou interessado que tiver indeferida sua pretensão em ver as infrações penais investigadas pelo Ministério Público. Trata-se de avanço considerável – sem similar no processo penal brasileiro[132] – que, bem por isso, poderia servir de parâmetro para todos os promotores de justiça e procuradores da república, além, é claro, de enriquecer eventual legislação federal disciplinadora da matéria.

Recomenda-se, também, até por analogia à pesquisa própria das autoridades policiais, que o investigado seja ouvido em último lugar, desde que garantidas a prévia notificação e a expressa consignação ao direito de se fazer acompanhar por advogado.[133]

Enfim, é conclusão segura que, longe de abusiva, a pesquisa direta a cargo do Ministério Público – que observa a Constituição da República; a Lei 8.625, de 12.2.1993 (Lei Orgânica Nacional do Ministério Público); a Lei Complementar 75, de 20.5.1993 (Lei Orgâ-

---

130. Como garantido na disciplina do Estado do Maranhão.
131. Como garantido na disciplina do Estado de Santa Catarina.
132. A inspiração segue nitidamente o tratamento do arquivamento do inquérito civil.
133. É, novamente, contribuição do Estado do Maranhão.

nica do Ministério Público da União); o artigo 4º, parágrafo único, do Código de Processo Penal, além, é claro, da Lei 8.906, de 4.7.1994 (Estatuto da Advocacia) – é contribuição efetiva à democracia brasileira em busca da verdade real na solução dos conflitos penais. Bem por isso, reveste-se de especial relevância o seu estudo, sendo o nosso objetivo apresentá-la no *Anexo* como contribuição complementar ao presente trabalho.

As considerações derradeiras sobre as investigações independentes, por sua vez, serão tecidas em capítulo próprio, que finalizará nosso estudo.

Capítulo 7
INVESTIGAÇÕES CRIMINAIS INDEPENDENTES PRODUZIDAS PELO MINISTÉRIO PÚBLICO: EXPERIÊNCIA CONCRETA

A atuação efetiva do Ministério Público nas investigações por ele conduzidas é, antes de tudo – ao contrário de ofensa a monopólio constitucional inexistente das polícias –, um exercício seguro e sério de garantia dos próprios direitos constitucionais do cidadão investigado. Tratando-se de Instituição independente, com prerrogativas que lhe colocam ao largo de interferências hierárquicas comprometedoras, o *Parquet* investiga com mais isenção, autonomia e equilíbrio, os fenômenos do crime organizado e do *colarinho-branco*, do que certamente faria a própria polícia judiciária.

O resultado da investigação independente, ao reverso de comprometer, como injustamente sustenta parte da doutrina pesquisada no presente trabalho, traduz uma ação penal mais segura, eficiente e justa. A garantia da isenção, em última análise, reflete diretamente o resguardo dos interesses e direitos do próprio acusado.

Conforme salientado por Luís María Díez-Picazo, em doutrina buscada na orientação do direito comparado: "Es evidente que la acción penal es una arma formidable, pues implica la activación de un mecanismo que puede conducir a la restricción aflictiva de la libertad y la propiedad de las personas, por no mencionar el carácter infamante insito en la condena penal. Incluso cuando termina con la absolución, el proceso penal implica una dura prueba para el imputado, en términos psíquicos, económicos e, incluso, de estima social. No parece exagerado, en consecuencia, afirmar que el modo en que un ordenamiento regula la titularidad y el ejercicio de la acción penal posee una innegable relevancia constitucional; y ello en un doble sentido: primero, afecta a lo más profundo de las relaciones entre el Estado y los ciudadanos; segundo, entraña un problema de reparto de atribuciones y control del poder dentro del aparato estatal".[1]

E se é natural a extraordinária preocupação com os efeitos decorrentes da atuação penal sobre a vida do indivíduo, que, aliás, vemos refletida na Constituição Federal de 1988, o fortalecimento das investigações independentes pelo Ministério Público, Instituição igualmente prestigiada na Carta Constitucional, fortalece diretamente e na mesma medida a aplicação de direitos e garantias individuais dos próprios investigados. Não nos parece haver conclusão mais adequada, sobretudo se considerarmos – como é propósito do nosso trabalho –, que a investigação independente, ao contrário de arbitrária ou tendenciosa, encontra respaldo na lei federal, não tem óbice na Constituição e, hoje, no âmbito dos Estados e da União, está completamente disciplinada, inclusive para o exercício efetivo da atividade de defesa (no *Anexo* do presente trabalho trazemos, textualmente, avisos e resoluções dos Ministérios Públicos dos Estados e, também, do próprio Ministério Público Federal, sobre a investigação desenvolvida pelo *Parquet*[2]).

E porque a pesquisa direta pelo Ministério Público não nasceu pronta, tendo sido objeto de diversas modificações realizadas pela própria Instituição e, também, em sede de *habeas corpus*, pelo Poder Judiciário, procuramos tecer, no presente capítulo, considerações e reflexões que estão pautadas na nossa atuação em investigações independentes, na maioria desenvolvidas no âmbito dos Grupos de Atuação de Repressão ao Crime Organizado, a partir de concepção e implantação havidas em dezembro de 1995, dentro do Ministério Público do Estado de São Paulo, que hoje estão reproduzidas e melhoradas praticamente em todo o território nacional.

1. *El Poder de Acusar, Ministerio Fiscal y Constitucionalismo*, p. 11.
2. Observamos ser a consulta à disciplina direta de investigações independentes nos Estados e no Ministério Público Federal formidável auxílio ao investigado e seu defensor, pois dela se extrai conjunto de regras que circundam a atividade de investigação de promotores e procuradores, que, de certo, não podem agir arbitrariamente ao seu bel prazer, sem o controle imposto pela própria Instituição, inclusive no que se refere aos limites do objeto da pesquisa, prazos de duração do procedimento administrativo criminal e acesso aos autos por advogados, envolvidos e terceiros interessados.

Nos últimos cinco anos de experiência no trato com as investigações independentes, tivemos oportunidade de nos deparar, concretamente, com situações efetivas, que nos permitem, agora, segundo pensamos, considerar aspectos relevantes, então enfrentados, que vão desde a opção por decretação de sigilo em uma investigação, até a oportunidade de se ouvir, ou não, a pessoa que está sendo investigada, e o reflexo dessas atitudes decorrentes das escolhas no curso da investigação e, após, na própria ação penal, quando proposta.

Assim, entendemos importante colacionar a experiência do denominado *Caso Santo André*, cuja investigação independente do Ministério Público teve por base o homicídio do então prefeito municipal daquela cidade, Celso Augusto Daniel, fato ocorrido em janeiro de 2002.

Sobre assunto tão polêmico – morte do prefeito – nos interessam de perto no presente trabalho aquelas considerações de cunho exclusivamente técnico sobre o curso das investigações desenvolvidas. Sobre Celso Daniel convém registrar desde o início que a atividade de investigação direta da Promotoria de Justiça de Santo André foi opção tomada pelo próprio Ministério Público de São Paulo, na busca exclusiva da verdade real. Antes disso, obviamente, três promotores de justiça – e nós éramos um deles – foram designados para acompanhar as investigações de polícia judiciária, então sob responsabilidade do Departamento de Homicídios e de Proteção à Pessoa (DHPP) de São Paulo. No acompanhamento da polícia foram aproximadamente 40 dias de trabalho em que os promotores de justiça se deslocaram nas mais diversas atividades compreendidas desde a conferência de laudos periciais, a cargo da polícia técnica (Instituto de Criminalística), até a visitação de locais (onde o prefeito havia sido arrebatado pelos criminosos, onde tinha sido mantido em cativeiro, onde havia sido encontrado morto etc.) e, inclusive, na participação direta na colheita da prova oral (oitiva de testemunhas e suspeitos), em diligências que ocorriam na cidade de São Paulo.[3]

---

3. O empresário que acompanhava Celso Daniel no momento do arrebatamento do prefeito, se nos afigurou, desde o primeiro contato, como pessoa portadora de versão incompreensível e suspeita sobre a dinâmica dos acontecimentos, mormente em se considerando que sua narrativa não encontrava respaldo na prova técnica produzida no veículo que ele conduzia quando da abordagem realizada pelos criminosos. Pois foi

A investigação de Santo André, assim, é para nós precioso parâmetro de reflexões sobre a pesquisa direta produzida pelo Ministério Público. Quase ao final das investigações desenvolvidas pela polícia judiciária, que apontavam para crime comum contra o patrimônio, a Promotoria de Justiça de Santo André fez instaurar, dentro dos limites recomendados pela Procuradoria-Geral de Justiça, procedimento administrativo criminal de sua própria presidência e responsabilidade. No procedimento, no qual desde logo se decretou sigilo,[4] foram ouvidas testemunhas diversas e colhidas provas documentais em grande quantidade, que aclaravam ao final gigantesco esquema de corrupção instalado dentro da prefeitura comandada pelo prefeito morto.

O procedimento administrativo criminal da Promotoria de Justiça de Santo André[5] acabou fornecendo suporte para exercício da ação penal em face de diversas pessoas ali investigadas, com a imputação de crimes de concussão (art. 316, do Código Penal) e formação de quadrilha (art. 288, do Código Penal) em fato que, tornado público, ganhou extraordinária repercussão nos meios de imprensa, justamente porque a morte do prefeito coincidia com ano em que seria eleito presidente da República, o candidato oriundo do Partido dos Trabalhadores, sigla na qual atuava com bastante destaque e intensidade o alcaide morto. Abstraída a polarização de debate político que desde o início circundou a investigação de Santo André, do qual nós, promotores de justiça do caso, procurávamos nos manter afastados, sobrevieram, na ação penal correspondente, a abertura de prazo para defesa preliminar[6] e, após, o recebimento da denúncia, com o que se daria o início da produção de prova oral.

Foi justamente neste momento do processo que foi proferido no Tribunal de Justiça de São Paulo, acórdão da lavra do eminente Desembargador Walter de Almeida Guilherme que, em julgamento de *habeas corpus* impetrado em favor dos acusados,[7] concedeu parcial-

---

justamente ele que, tempos depois, em razão da pesquisa direta, acabou denunciado por nós como um dos mandantes do homicídio doloso do prefeito Celso Daniel.
    4. Como forma de se proteger principalmente as testemunhas, entre elas o próprio irmão do prefeito.
    5. De número 04/02.
    6. Por conta de envolvimento de funcionário público municipal.
    7. HC 394.322.3/0, da 3ª Câm. Crim. do Tribunal de Justiça de São Paulo, maioria de votos, j. 5.11.2002.

mente a ordem para anular a denúncia, ressalvado o eventual oferecimento de outra, desde que previamente fossem observadas as garantias constitucionais dos denunciados.

A decisão da 3ª Câmara Criminal do Tribunal de Justiça trazia importante reflexão para a condução daquela investigação independente e, também, das futuras a cargo do Ministério Público. A anulação havia decorrido do fato de não terem sido ouvidos, precedentemente, na investigação, os acusados denunciados, fato que, para a maioria dos Desembargadores, caracterizava nulidade insuperável. O acórdão explicitou quais seriam os direitos então desrespeitados na nossa investigação: assistência de advogado em todos os atos de que participe (sem direito de interferência, sabe-se); direito de se entrevistar pessoal e reservadamente com seu advogado; direito de não ser preso ilegalmente; direito ao silêncio; direito de não se declarar culpado ou de fornecer prova contra si próprio; direito à intangibilidade corpórea e à integridade física, bem como o direito à própria dignidade da pessoa humana; direito à nomeação de curador, se for menor de vinte e um anos.[8]

A anulação daquela ação penal, portanto, trouxe reflexão necessária sobre os motivos que determinaram a não oitiva dos denunciados. Sabíamos, desde o início, inclusive porque assim relatavam as testemunhas ouvidas, que a identificação da investigação aos acusados antes da propositura da ação penal poderia colocar em risco a segurança daquelas pessoas. Pensando que na ação penal haveria por certo o contraditório e a ampla defesa, tomamos a opção de manter a investigação em sigilo, inclusive sem a oitiva dos denunciados. Tempos depois, refletindo nos motivos que deram ensejo à anulação, compreendíamos que o alcance do sigilo da investigação deve mesmo encontrar os seus limites e que a opção pela não oitiva dos denunciados deve decorrer de hipóteses extraordinariamente graves e só na ocorrência delas, o que, de fato, não era o caso daquela investigação. Concluímos, assim, que o Tribunal de Justiça de São Paulo oferecia limite bastante útil ao encaminhamento das investigações desenvolvidas pelo Ministério Público, pautadas que deveriam ser – como as

---

8. O acórdão faz referência à analogia entre a investigação independente pelo Ministério Público e aquela, a cargo da autoridade policial, de ouvir o indiciado, constante do art. 6º, V, do Código de Processo Penal.

de cunho policial – na salvaguarda intransigente de direitos e garantias individuais.⁹

Ainda que consideremos que em determinas investigações a opção de oitiva dos investigados poderá comprometer de forma irrecuperável o encaminhamento da ação penal – para aquelas hipóteses de ameaças concretas às testemunhas ou, mesmo, à necessidade de preservação de lugares ou coisas – a regra geral da investigação independente deverá ter por base a oportunidade de comparecimento das pessoas em investigação, para que, com sua versão registrada possa mesmo ser avaliada a conduta e, eventualmente, seja tomado caminho diferente qual seja o próprio arquivamento daquilo que está sendo produzido, dentre as soluções normalmente encaminhadas.

Novamente é oportuna a meditação proposta por Luis María Díez-Picazo: "No cabe olvidar la inevitable existencia de márgenes de discrecionalidad en el ejercicio de la acción penal. Éste se halla siempre sometido a discrecionalidad técnica, ya que es necesario responder a interrogantes para los que la ley no proporciona una respuesta automática: ¿ son los hechos constitutivos de delito?; ¿ existen pruebas suficientes para sostener la acusación?; ¿ qué pena debe pedirse?, etc.".¹⁰

A oitiva direta do investigado traz, não é raro, resposta segura a estas preciosas indagações e, bem por isso, pode determinar ou o exercício definitivo da ação penal ou, pelo contrário, o requerimento de arquivamento do procedimento administrativo criminal se a justificativa apresentada vier de forma a desconstituir ou explicar suficientemente o fato delituoso que se suponha existir.

Pois não é por outro motivo, afinal, que a doutrina sempre oportuna de Ada Pellegrini Grinover assevera: "A dicotomia defesa so-

---

9. Nos meses que se seguiram ao acórdão aqui em estudo, tivemos a ocasião de levar à Promotoria de Justiça todos os investigados e explicitar a eles, individualmente, as garantias trazidas na decisão do Tribunal de Justiça. Exceção de um único, que manteve a opção do silêncio, na investigação da concussão os demais optaram por falar. De qualquer forma, sopesando as versões apresentadas, ganharam maior importância aquelas trazidas pelas testemunhas e, então, sobreveio novo oferecimento de denúncia em ação penal que atualmente tem curso na 1ª Vara Criminal de Santo André (a de n. 557/02).

10. Ob. cit., p. 173.

cial-direitos de liberdade assume freqüentemente conotações dramáticas no juízo penal; e a obrigação do Estado de sacrificar na medida menor possível os direitos de personalidade do acusado se transforma na pedra de toque de um sistema de liberdades públicas. As defesas postas pela Constituição aos direitos fundamentais, e que consistem no sistema de proteção organizado em prol da segurança da pessoa humana, da vida humana, da liberdade humana, assumem dimensão maior exatamente no processo penal".[11]

Daí o acerto do acórdão que ora comentamos.

Naquela mesma oportunidade, o Tribunal de Justiça de São Paulo teve ocasião de afirmar, também, a legitimidade da investigação independente produzida no caso da concussão em Santo André, anulada, assim, a denúncia, exclusivamente em razão da não oitiva prévia das pessoas denunciadas.[12] Convém registrar, porque oportuno, que naquele julgamento sobreveio voto vencido, do próprio relator originário, segundo o qual não somente a investigação independente era considerada legítima, como também não se vislumbrava, com a não oitiva dos denunciados, qualquer ofensa a direitos e garantias individuais.[13]

É igualmente relevante trazermos ao presente estudo uma outra vertente da investigação do *Caso Santo André*, no caso a denúncia de homicídio qualificado ofertada em face de um dos mandantes do crime e seus executores.[14]

A investigação promovida pelos promotores de justiça de Santo André, agora em outro procedimento administrativo criminal – diver-

---

11. *Liberdades Públicas e Processo Penal. As Interceptações Telefônicas*, p. 20.
12. Sobre o tema, o acórdão teve ocasião de destacar que, no Estado de São Paulo, o Procurador-Geral de Justiça e o Corregedor-Geral do Ministério Público, em conjunto, e com fundamento na Lei Orgânica do Ministério Público, editaram ato regulamentador da atividade de investigação em procedimento administrativo criminal, considerado pela 3ª Câmara Criminal como perfeitamente válido e em consonância com a legislação constitucional e infraconstitucional acerca do tema. O ato, entre outros, faz parte do Anexo que compõe o presente trabalho.
13. Voto vencido do eminente Desembargador Segurado Braz, integrante do julgamento mencionado.
14. A ação penal, integralmente acolhida pela Justiça Pública da 1ª Vara Criminal de Itapecerica da Serra, está em curso regular.

so daquele em que se apuraram os delitos de concussão e formação de quadrilha –, havia concluído pela existência de indícios seguros de crime de homicídio doloso (art. 121, do Código Penal) e apontado, também, para sua autoria, em contraposição completa àquilo que vinha sustentado pela polícia civil, que, na sua investigação, acreditava em crime contra o patrimônio. A questão a ser resolvida, assim, resumia-se a dois pontos diferentes: o Ministério Público, para exercitar a ação penal, estava autorizado a divergir completamente das conclusões da polícia judiciária, encartadas em autos de inquérito policial? Em caso positivo, esta dissonância poderia ter por base justamente a investigação independente do *Parquet*?

Pois bem, naquele caso concreto as respostas vieram traçadas em julgamentos havidos no Tribunal de Justiça de São Paulo e, após, no Superior Tribunal de Justiça.[15] Se é certo que a primeira não apresentava grande complexidade, posto que a lei dispensa a existência do inquérito, tido como peça meramente informativa, a segunda dizia respeito diretamente à legitimidade das investigações diretas do Ministério Público. Em 28 de janeiro de 2004, a 5ª Câmara Criminal de Férias do Tribunal de Justiça de São Paulo, debruçada sobre a questão, teve ocasião de afirmar, em acórdão da lavra do eminente Desembargador Celso Limongi,[16] que: "Com relação à falta de atribuição de investigar, a impetração não merece acolhida, bastando lembrar que uma denúncia pode ser oferecida sem estar instruída de inquérito policial. A simples documentação basta, muitas vezes, para formar a *opinio delicti* do Promotor e, assim, oferecer a denúncia. Na espécie, os Promotores buscaram trazer provas do envolvimento do paciente no crime de que resultou a morte de Celso Daniel, então prefeito do Município de Santo André. E, além disso, a polícia civil também produziu provas, como se verá. A interpretação dessas provas sob a ótica do Ministério Público é que foi diferente das conclusões da polícia civil. Formaram-se volumes de autos, tratando o Ministério Público de produzir a prova desse envolvimento. Agora, coletada a prova, não se pode desprezá-la, até porque se o Ministério Público pode requisitar diligências, também pode ele próprio executá-las. E efetivamente os Promo-

---

15. São pontos que ainda pendem de recursos interpostos perante o Supremo Tribunal Federal.
16. Atual Presidente do Tribunal de Justiça de São Paulo.

tores aditaram a denúncia, atribuindo ao paciente ter sido o mandante do crime, tendo ele participado, facilitando sua execução, mediante simulação de crime de seqüestro urbano".[17]

O Poder Judiciário de São Paulo pôde, desse modo, referendar as investigações que havíamos desenvolvido em Santo André e que, por sua gravidade – voltada à apuração de concussão, formação de quadrilha e homicídio – afetavam diretamente a vida nacional posto terem sido, do que não há dúvida, o embrião de denúncias[18] de uso de caixa-dois em campanhas eleitorais de partidos políticos e corrupção generalizada em prefeituras municipais.

O debate do caso teve curso perante o Colendo Superior Tribunal de Justiça. Com efeito, em sede de *habeas corpus* impetrado pelo Professor Rogério Lauria Tucci,[19] em favor de um dos réus do *Caso Santo André*,[20] a 5ª Turma daquela Corte, em acórdão da lavra do eminente Min. José Arnaldo da Fonseca teve ocasião de assentar que: "(...) a titularidade plena do Ministério Público ao exercício da ação penal, como preceitua o inciso I, do artigo 129, da Constituição Federal, necessariamente legitima a sua atuação concreta na atividade investigatória, bem assim, o material probatório dela decorrente. Por essa razão, a promoção investigatória do órgão acusatório, nos termos do comando constitucional, reveste-se de legalidade, sobretudo porque lhe é conferida, a partir dela, a indicação necessária à formação da opinião sobre o delito".[21]

Assim explicitada a investigação de Santo André, que, conforme já visto, nos havia imposto medição sobre erros e acertos, parece-nos muito relevante trazer à colação o voto do eminente Min. Felix Fischer naquele memorável julgamento do Superior Tribunal de Justiça: "Se o Ministério Público não presidiu o inquérito, não conduziu coercitivamente pessoas, não exorbitando de suas atribuições, ele promo-

17. *Habeas Corpus* 452.195-3/1, da Comarca de Itapecerica da Serra, 5ª Câm. de Férias do Tribunal de Justiça de São Paulo, v.u.
18. Mais tarde confirmadas inclusive por ocasião das CPI's dos Bingos e dos Correios, no Congresso Nacional, durante os anos de 2005 e 2006.
19. Cuja monografia *Ministério Público e Investigação Criminal* já tivemos ocasião de utilizar no presente trabalho.
20. Relativo à denúncia de concussão e formação de quadrilha.
21. *Habeas Corpus* 31.408-SP, v.u., j. 18.12.2003.

verá a ação penal, conforme a Constituição. O próprio Código permite que o Ministério Público possa oferecer a denúncia com base, por exemplo, no inquérito administrativo, em peças avulsas dispensando o inquérito policial que nem sempre é essencial; na ação penal privada, muitas vezes, também, o inquérito é dispensado por parte do querelante. Desde que o Ministério Público não cometa atos que sejam propriamente privativos da polícia, como a condução eventual ou o indiciamento, etc., não há exorbitância nenhuma. O c. Supremo Tribunal Federal ainda não analisou essa questão. Na prática, em todos os casos que envolvem pessoas pertencentes à classe privilegiada – salvo engano de minha parte – as investigações sempre têm colaboração estreita do Ministério Público. Não creio que tenha havido nenhuma exceção nos casos famosos que foram divulgados. É evidente que os excessos têm de ser corrigidos pelo Judiciário, por meio dos remédios jurídicos pertinentes. O Sr. Ministro-Relator informou que não se trata disso no *habeas corpus*".[22]

O Min. Felix Fischer abordava, desse modo, uma questão político-social indissociável do julgamento de casos desta natureza. Aquela – geralmente encarada com grande preconceito pela doutrina convencional – ligada às condutas praticadas pelos criminosos do *colarinho-branco*. É claro que não se pode abstrair a gravidade dos fatos a que eles dão ensejo, embora os tribunais exijam maior formalismo e melhor conteúdo no encaminhamento de tais julgamentos do que fazem, normalmente, nos casos ordinários que lhes são submetidos.

A propósito da abordagem, James William Coleman, sociólogo americano, escreveu que: "Muitos podem desconfiar das motivações que movem funcionários do governo e das grandes corporações, mas poucas pessoas encaram os executivos como criminosos violentos. Extremamente trabalhadores, competitivos e bem-sucedidos, esses homens e essas mulheres representam as aspirações e os ideais da classe média e parecem estar a anos-luz da violência e desordem das ruas das grandes cidades. No entanto, as diferenças entre os criminosos da alta sociedade e seus colegas do submundo são mais uma questão de forma do que de conteúdo. Um jovem assaltante que acidentalmente mata o caixa de uma loja mostra a mesma indiferença pela vida hu-

---

22. Declaração de voto no julgamento referido, STJ.

mana que o engenheiro que falsifica os resultados dos testes para abafar uma falha no sistema de freios de um automóvel que pode levar à morte. A distância entre o engenheiro e sua vítima permite que ele se dê ao luxo de fingir que ninguém será ferido em conseqüência de seus crimes quando, na verdade, os danos são bastante reais".[23]

O *Caso Santo André* ainda nos propiciou outro debate paralelo, porém igualmente importante acerca da questão da legitimidade do Ministério Público na condução das investigações independentes, qual seja a possibilidade de que o mesmo promotor de justiça que participou da investigação possa, depois, oferecer a ação penal dela decorrente.[24] É que, segundo a defesa de um dos réus, não haveria a compatibilidade dessa conjugação de tarefas, que, a seu ver, comprometeria a isenção necessária na etapa judicial. No entanto, a pretensão foi sumariamente rejeitada tanto no Tribunal de Justiça de São Paulo quanto no próprio Superior Tribunal de Justiça,[25] em Brasília, onde, novamente na 5ª Turma, sobreveio invocação de Súmula[26] daquela Corte que já pacificou a matéria no sentido de não ver, na atuação do *Parquet* em ambas as fases da persecução penal, qualquer incompatibilidade.

E, segundo entendemos, não poderia mesmo ser diferente porque, conforme é cediço, o promotor de justiça está absolutamente livre, em sua convicção pessoal, para até mesmo promover o arquivamento do inquérito policial em juízo, quando não encontrar na pesquisa da polícia ou na sua própria, elementos seguros de materialidade e indícios de autoria, requisitos mínimos para instauração da Instância Penal. Não fosse assim, aliás, o promotor que participa da investigação não poderia sequer postular seu arquivamento, devendo sujeitar a juízo de outro membro da Instituição as peças de informação ou inquérito, sob pena de abortar, com impedimento, uma ação penal devida.

---

23. *A Elite do Crime – Para entender o Crime do Colarinho Branco*, p. 118.
24. A questão foi tratada em autos de exceção de impedimento oposta em face do nosso trabalho à frente do caso.
25. *Habeas Corpus* 38.800-SP, rel. Min. José Arnaldo da Fonseca, v.u., 14.12. 2004.
26. A Súmula 234 assim se expressa: "A participação de membro do Ministério Público na fase investigatória criminal não acarreta o seu impedimento ou suspeição para o oferecimento da denúncia".

A toda evidência não há qualquer incompatibilidade na conjugação de esforços na persecução penal na investigação e na ação penal. Antes e pelo contrário, o exercício seguro da ação penal, a cargo do Ministério Público, pressupõe, com a mesma necessidade, forte convicção acerca dos fatos apurados.

De qualquer forma, a questão de Santo André, inclusive aquela referente ao nosso pretenso impedimento, veio recentemente submetida à apreciação do Supremo Tribunal Federal, de quem, então, se aguarda posicionamento acerca desse e de outros tópicos lá suscitados.

Assim, Santo André tem sido ao longo dos últimos quatro anos, um celeiro formidável de nosso aprendizado profissional, que nos permite um posicionamento objetivo acerca das investigações independentes e das questões que lhes são periféricas, enfrentadas, como vimos, em situações concretas por nós vivenciadas, acompanhadas de perto pelos tribunais, longe de postura exclusivamente acadêmica, distanciada da realidade ditada por fatos concretos.

Porém, existem outras investigações de que tomamos parte, igualmente dignas de registro.

No final de 2004, quando já integrávamos o Grupo de Atuação Especial de Repressão ao Crime Organizado em São Paulo, oriundos da Comarca de Santo André, tivemos oportunidade de impetrar mandado de segurança para garantir, em fato inusitado, o direito à realização de interceptação telefônica em face de integrantes de escritório de advocacia, que, segundo indícios colhidos, se dedicavam à prática de sonegação fiscal e lavagem de dinheiro. O direito líquido e certo então garantido ao Ministério Público foi o de justamente ter acesso à interceptação diante de indícios graves da prática das infrações penais, fato que retirava do magistrado a discricionariedade de pautar o cabimento ou não da medida cautelar, senão por ato absolutamente motivado e concreto, o que não havia ocorrido naquela investigação.

A impetração, inédita, tinha por base a doutrina de Luiz Flávio Gomes e Raúl Cervini[27] para quem, se presentes os requisitos da lei de interceptação, o juiz não poderia indeferi-la, sob pena de ofensa a direito líquido e certo da investigação.[28]

---

27. *Interceptação Telefônica*, pp. 196-198.
28. Preocupado com a questão do recurso cabível de tal decisão, já que a lei atual é omissa, o Anteprojeto de alteração da lei de interceptação telefônica, atual-

O entendimento, naquele caso concreto, foi objeto de deferimento da liminar postulada, para que as interceptações tivessem início.[29] Em dezembro de 2004 foi prolatado acórdão da 14ª Câmara do Tribunal de Alçada Criminal[30] que, confirmando a liminar, concedeu definitivamente a segurança e garantiu ao Ministério Público o direito à realização de interceptações telefônicas quando presentes os requisitos da Lei Federal 9.296/1996, que, então, não poderia ser interpretada discricionariamente pelo juiz, uma vez que as diligências postuladas, em fato grave, serviriam para prova em investigação criminal e instrução futuras a cargo do nosso Grupo de Combate ao Crime Organizado. O caso serviu a outra reflexão sobre as investigações independentes, agora sob a ótica da interpretação adequada que se deve dar aos instrumentos legais disponibilizados na luta contra o crime.

As interceptações foram então realizadas e a investigação, agora com provas pertinentes, acabou remetida à Justiça Federal, onde prosseguem, diante da somatória de indícios de crimes de sua exclusiva competência, entre eles fraudes seguidas perpetradas em detrimento do Instituto Nacional de Seguro Social e da própria Receita Federal.

Em outra oportunidade, em investigação voltada à prática de tráfico de entorpecentes na região de Itapecerica da Serra, o Grupo de Atuação teve ocasião de postular e obter deferimento judicial de *pedido de infiltração de agente policial em organização criminosa* em interessante caso em que estrangeiros, oriundos de Portugal, Colômbia e Espanha, estavam alugando imóvel comercial na zona rural, para, em disfarçada madeireira, realizar atos típicos de tráfico de cocaína.[31]

---

mente em debate, prevê para a hipótese o recurso em sentido estrito que, sem contemplar efeito suspensivo, ao contrário do similar agravo do processo civil, será, se aprovado, providência inútil.

29. A liminar foi concedida pelo então Juiz de Alçada, Eduardo Pereira, então Vice-Presidente do Tribunal de Alçada Criminal, que, na oportunidade, em outubro de 2004, encontrava-se na fase de transição e extinção imposta pela Emenda Constitucional 45 (que introduziu a chamada reforma do Judiciário).

30. MS 500.782/3, da Comarca de São Paulo, rel. Juiz San Juan França, v.u., j. 21.12.2004.

31. Tivemos ocasião de, em conjunto com a colega Vânia Tuglio, que à época integrava o GAECO, postular a medida cautelar perante a 3ª Vara Criminal de Itapecerica da Serra, onde, após deferida, o caso acabou encaminhado para arquivamento dado que os criminosos, desconfiados do monitoramento, abandonaram a empreitada criminosa e tomaram rumo ignorado, no exterior.

Em fevereiro de 2005, outro caso bastante interessante ocupou a pauta do Grupo de Atuação Especial de Repressão ao Crime Organizado de São Paulo. Baseados em evidências colhidas por um deputado estadual, tivemos ocasião de investigar detidamente, por encaminhamento do Procurador-Geral de Justiça, a parceria que um clube paulista havia realizado com um grupo estrangeiro de investimentos.[32] Ao cabo da investigação, o Ministério Público de São Paulo tinha interagido com diversos organismos, entre eles a Agência Brasileira de Informações (ABIN), Banco Central do Brasil (BACEN), Conselho de Controle de Atividades Financeiras (COAF), membro do serviço secreto russo e a própria INTERPOL, para compreender a complexa estrutura da organização estrangeira, escondida e disfarçada em *offshores* sediadas em paraísos fiscais, tendo como propósito, segundo indícios levantados, o de lavar, no futebol, dinheiro oriundo do território russo, onde seus mentores, igualmente identificados, tinham sido condenados por delitos diversos e eram por eles procurados.[33]

Aquela apuração serviu para nos demonstrar que o Ministério Público está bem aparelhado para as apurações sobre lavagem de dinheiro e, em razão de sua credibilidade institucional, é sempre bem recebido por outros organismos federais, estaduais e internacionais. A apuração conjunta, em razão do fato, é mecanismo a ser prestigiado na luta contra o crime organizado. Foi produzido extenso relatório final da investigação e, diante da conclusão segura da ocorrência de lavagem de dinheiro de competência da Justiça Federal, os autos foram encaminhados pelo Procurador-Geral de Justiça do Estado de São Paulo ao Ministério Público Federal, onde o caso permanece sendo investigado.[34]

---

32. O procedimento administrativo criminal, presidido em conjunto com o colega Roberto Porto, no GAECO, tomou o n. 10/05 do Grupo de Atuação.

33. A investigação faz menção expressa a magnata russo atualmente refugiado em Londres, onde recebe tratamento de *exilado político* e também a magnata georgiano, apontados na prova como idealizadores da parceria com clube brasileiro de futebol.

34. Uma das propostas da doutrina comparada para a hipótese específica de combate às operações de lavagem de dinheiro é justamente o incentivo à política de cooperação policial e judicial e a confluência de estudos que viabilizem a unificação de normas legais sobre a matéria. Sobre o tema, vale conferir as conclusões apontadas por Hans-Jörg Albrecht em seu *Criminalidad Transnacional, Comercio de Narcóticos y Lavado de Dinero*, p. 40.

Em abril de 2004, o Tribunal de Justiça de São Paulo teve oportunidade de analisar outra conhecida investigação do Grupo de Atuação Especial de Repressão ao Crime Organizado, no caso que ficou conhecido como *Máfia dos Fiscais*, de corrupção (concussão e formação de quadrilha) de fiscais municipais liderados, em criminosa arrecadação levada a cabo contra vendedores ambulantes, por deputado estadual.[35] Assim, em acórdão[36] da lavra do eminente Desembargador Sinésio de Sousa veio mais uma vez afirmada a legitimidade das investigações independentes dos promotores que haviam produzido a prova com colheita de depoimentos em seus gabinetes, bem como procedido à reunião de outros meios de prova (requisição de declarações de bens dos envolvidos e realização de perícia grafotécnica), tidas pela Corte como fundamentais na busca da verdade real.

Repetiu-se, destarte, aquilo que já se consignara em outra impetração[37] na qual havia ficado expressamente registrada a inexistência de óbice legal a impedir ou restringir a atuação investigatória do Ministério Público, que compreende inclusive, entre outras atividades, a colheita de depoimentos no gabinete do promotor de justiça, quando necessário e recomendável à boa elucidação do fato em investigação.

Os cientistas políticos Vera Chaia e Marco Antonio Teixeira, pesquisadores do Programa de Estudos Pós-Graduados de Ciências Sociais da PUC-SP, que já se detiveram, inclusive, no estudo da investigação aqui referida,[38] registraram, em artigo de sua responsabilidade, relevante opinião no sentido de que: "(...) a imprensa e o Ministério Público tiveram um papel fundamental na mobilização da opinião pública. Coube aos meios de comunicação e ao Ministério Público

---

35. O caso, desenvolvido no GAECO pelos Promotores de Justiça Roberto Porto e José Carlos Blat, redundou em condenação criminal dos envolvidos, exceção de uma das rés, em penas superiores a vinte anos de reclusão, que deverão ser cumpridas em regime fechado. Está atualmente em grau de recurso protocolizado pelos advogados dos condenados.
36. HC 456.039-3/0-00, da 4ª Câm. Crim. do Tribunal de Justiça, v.u., j. 27.4.2004.
37. A de n. 335.773.3/6-00, oriunda do mesmo caso denominado *Máfia dos Fiscais*.
38. V. Chaia e M. A. Teixeira, "Máfia dos Fiscais e as Estrelas da Cidadania", *Democracia e Escândalos Políticos*.

ocupar um espaço vazio entre a arena política e a sociedade. Com a repercussão dos fatos trazidos a público, tanto a imprensa como o Ministério Público acabaram se transformando, aos olhos da população, em entidades fiscalizadoras dos interesses da sociedade. Como os cidadãos pouco sabem sobre o que realmente ocorre nos centros decisórios do poder e cada vez mais desconfiam das boas intenções da classe política, a imprensa e o Ministério Público acabaram se tornando referências positivas justamente por andarem em tensão com o mundo político e revelarem não só as mazelas de senadores, como também as tramas que muitas vezes percorrem as entranhas do poder".[39]

Trazemos o registro porque é igualmente importante a menção ao resultado social das investigações que o Ministério Público realiza, alcançado em grande parte graças a uma boa e responsável interação com organismos de imprensa. O fato, aliás, não raramente proporciona uma interação tão ideal que viabiliza a procura pelos promotores de justiça por quem, por qualquer motivo, tem informações relevantes sobre as questões investigadas.

Poucos fatos escapam da atuação fiscalizadora e punitiva do Ministério Público, na maioria das vezes graças justamente à sua investigação independente. Ainda no final de 2005 tivemos ocasião de atuar no caso denominado *Máfia do Apito*. Repórteres de revista semanal haviam procurado o Grupo de Atuação Especial de Repressão ao Crime Organizado, trazendo indícios de organização criminosa atuante no mundo das apostas de futebol nos *sites* esportivos disponibilizados na rede mundial de computadores. Com o auxílio de interceptações telefônicas desenvolvidas em cooperação do Departamento de Polícia Federal, foi possível de se colher elementos de prova seguros que vinculavam a atividade de apostadores e, para perplexidade do mundo do futebol, a de dois árbitros de futebol, um deles pertencentes aos quadros da FIFA. As investigações da denominada *Máfia do Apito* prosseguem em apuração conjunta com a Polícia Federal e se encontram em fase de conclusão.[40]

---

39. Idem, ibidem.
40. Novamente em conjunto com o colega Roberto Porto, tivemos ocasião de instaurar procedimento administrativo criminal no GAECO que tramitou concomitantemente com inquérito policial federal sob a presidência do Delegado Protógenes Queiroz. Nos autos da investigação foi obtida interceptação telefônica das pessoas

Em maio de 2006 e dado o crescimento da violência praticada por integrantes da facção autodenominada *Primeiro Comando da Capital* instalou-se novo procedimento investigatório criminal no Grupo de Atuação Especial de Repressão ao Crime Organizado. São colhidos alguns frutos das primeiras investigações. Viabilizou-se a prisão preventiva de advogados que atuavam em colaboração com a facção, para comandar, de dentro e de fora dos muros dos presídios, ataques à população civil e, também, rebeliões seguidas dentro do sistema prisional. Os profissionais foram flagrados em *interceptações ambientais* autorizadas pelo Poder Judiciário e, por isso, respondem, presos, à acusação de formação de quadrilha, motim de presos, cárcere privado e dano qualificado ao patrimônio público. Os Promotores do GAECO e outras autoridades públicas que se debruçam sobre o grave problema têm priorizado o estudo e compreensão do fenômeno – antes negligenciado – com base na movimentação financeira das organizações criminosas, inclusive com a colaboração do Governo Federal, por intermédio do Departamento de Recuperação de Ativos do Ministério da Justiça.

A experiência concreta narrada no presente capítulo, toda ela extraída de nossas atuações no Ministério Público de São Paulo, é prova evidente da necessidade e adequação da investigação independente, sobretudo se analisarmos, como é o caso, que ela recai, na maioria das vezes, em temas nos quais a polícia judiciária, sem independência funcional, tem extrema dificuldade de atuação, a tal ponto de podermos afirmar, com absoluta segurança que não fosse a interferência direta do *Parquet*, quase sempre buscado pelos mais variados setores da sociedade, as condutas ficariam impunes.

Dela se extrai que o procedimento administrativo criminal, instrumento de investigação independente, deve se pautar na busca de elementos que possam dar ensejo à ação penal, sem olvidar dos direitos e garantias individuais do investigado. Não raro pode ser concluí-

envolvidas que são, além de bastante conhecidas em seu conteúdo, provas irrefutáveis do envolvimento dos árbitros nas fraudes do futebol, com alterações premeditadas dos resultados dentro dos campos, em conduta típica de estelionatos, crimes contra a economia popular e formação de quadrilha. Em março de 2006, foi recebida denúncia perante a 2ª Vara Criminal de Jacareí, incursos os réus nas penas de estelionato, formação de quadrilha e, ao menos um dos árbitros, em falsidade ideológica.

do com a convicção de que não há crime a ser punido ou que não se vislumbram indícios seguros da autoria, caso em que, naturalmente, o que será recomendado é o seu arquivamento em juízo. É, de qualquer forma, extraordinária contribuição do Ministério Público da atualidade à defesa dos bens e interesses públicos normalmente atingidos pelos graves crimes praticados por agentes contra quem a polícia normalmente não costuma agir.

Capítulo 8
CONCLUSÕES

A polêmica sobre as investigações independentes do Ministério Público, que traz, hoje, debate extraordinariamente acalorado na comunidade jurídica, teve crescimento considerável a partir de grandes investigações desenvolvidas por promotores de justiça e procuradores da república. Em sua maioria, as investigações acabaram por elucidar fraudes no seio da comunidade política, com destaque contínuo para a compreensão dos mecanismos de desvio de dinheiro público para contas privadas, algumas sediadas em paraísos fiscais no exterior. Não só, as investigações atingiram pessoas que, pertencentes à classe sócio-econômica brasileira privilegiada, eram ao longo de muitas décadas completamente intocáveis no direito penal, em história de centenária impunidade. Funcionários públicos, agentes políticos, ocupantes de cargos públicos, particulares em cooperação com a administração pública, enfim, uma enorme gama de pessoas normalmente referidas como *de colarinho-branco* têm enfrentado o direito penal justamente em decorrência da iniciativa do Ministério Público na busca da verdade sobre suas participações em graves investigações nacionais. Inverteu-se a segurança para punição das elites. Elas, que normalmente passavam ao largo do alcance do inquérito policial, até então o maior instrumento de investigação disponibilizado pelo processo penal brasileiro, se desnudaram em investigações seguidas do *Parquet*. No fundo, começou efetivo processo de inversão da história brasileira de impunidade.

Foi justamente neste cenário que ganhou força o debate sobre as investigações independentes. Assim, sem que pretendamos olvidar a força das argumentações, num ou noutro sentido, o presente trabalho chega à sua reflexão derradeira, segundo pensamos, sem abstrair o momento político e social em que instalada a polêmica. Muitas das conclusões adiante expostas são fruto direto da interpretação desse momento. O tempo futuro, que tem a responsabilidade de narrar dos nossos acertos e desacertos, é que irá contar, afinal, se conseguimos, a partir de debate hoje travado no Supremo Tribunal Federal, instalar avanço considerável no combate ao crime ou se, pelo contrário, retrocedemos e muito na tentativa de punir a elite brasileira que a ele se dedica.

Importante registrar, portanto, que:

A investigação policial, centrada no centenário modelo de inquérito disciplinado no Código de Processo Penal, é espécie de apuração e, não, gênero daquela atividade. Além dela, existem outras tantas formas de apuração da verdade, com as quais, aliás, todos sempre convivemos, sem qualquer questionamento jurídico acerca de sua validade. São exemplos, entre outros tantos, as comissões parlamentares de inquérito; as apurações desenvolvidas pelo próprio particular para embasar uma queixa-crime, na ação penal de iniciativa privada; as investigações administrativas desenvolvidas por organismos públicos ou privados, que, não raro, dão encaminhamento jurídico-penal (como por exemplo, o Banco Central, INSS, COAF, Receita Federal, Secretarias Estaduais da Fazenda Pública), os inquéritos civis que buscam a apuração de ilícitos praticados em detrimento dos direitos coletivos e servem de suporte ao ajuizamento da ação civil pública *etc*. A conclusão é absolutamente relevante porque dela se extrai que o inquérito policial (espécie) é de responsabilidade exclusiva da polícia judiciária. Não o são, entretanto, outras tantas formas de investigação (gênero), que incumbem, na seara de repartições de atribuições de outras autoridades, a quem a lei fixar e, inclusive, ao próprio particular.

Não são permitidos a outras autoridades os atos típicos e exclusivos da atividade de polícia judiciária (instauração de inquérito policial, sua presidência e indiciamento dos suspeitos). Não é defeso a elas, entretanto, a instauração de procedimentos administrativos criminais que, no âmbito de suas atribuições, tenham por objetivo a busca da verdade acerca das infrações penais e sua autoria. O resultado das investigações, da polícia ou de outros organismos, deverá ser submetido à apreciação do Poder Judiciário, que, de sua feita, detém o monopólio da Jurisdição e poderá dizer o direito, com imparcialidade e independência.

A própria disciplina da Constituição Federal não confere qualquer exclusividade à polícia judiciária na busca da verdade real. O que existe nela, e que se extrai da leitura do artigo 144, é a atribuição que o Estado brasileiro dá à polícia judiciária, para apuração de infrações penais. Tal atribuição, orgânica, não retira de outras autoridades administrativas a iniciativa das investigações, afirmação que, aliás, consta do próprio Código de Processo Penal (art. 4º, parágrafo único). O que pretendeu o constituinte de 1988 foi conferir exclusividade apenas à polícia judiciária federal para apuração de crimes que envolvam bens, serviços ou interesses da União e de suas entidades autárquicas ou empresas públicas e, ainda assim, o fez somente para excluir a mesma iniciativa da órbita de atividades das policias civis dos Estados (§ 1º, inc. IV, do art. 144 da Constituição da República).

Ao Ministério Público, a quem a Constituição Federal, reservou relevante papel de defesa da sociedade – inclusive garantindo a seus órgãos de execução proteção e iniciativa, no seu mister, contra o próprio Estado – estão assegurados instrumentos de atuação, expressos ou implícitos, que viabilizem a sua vocação, inclusive a investigação criminal independente como forma de busca da verdade real a sustentar o exercício da ação penal em juízo. Dentro da teoria dos poderes implícitos, estaria comprometida a atuação do Ministério Público se, para o exercício da ação penal, devesse se submeter a juízo de outrem (como, *v.g.*, o inquérito policial que não convença). Cabe-lhe, antes, independência para buscar a prova, analisá-la, convencer-se ou não da sua realidade, para só então, com ou sem o auxílio da polícia judiciária e de outros organismos, exercitar a ação penal ou, ao contrário, optar por postular o arquivamento do caso em juízo, atribuições que decorrem da titularidade do poder de acusar.

São válidas e oportunas as investigações independentes desenvolvidas pelo Ministério Público, cujo trato não passa, ao contrário do que sustentam alguns, por ofensa ao ordenamento constitucional. Elas prestam relevante contribuição à democracia brasileira, em fase de afirmação e devem se voltar, com prioridade, para a apuração de infrações penais normalmente não atingidas pelo braço policial, entre elas aquelas praticadas por funcionários públicos corruptos, políticos, particulares em colaboração com a administração, organizações criminosas infiltradas ou não no Estado etc. Tais investigações, hoje disciplinadas na lei e em atos da Instituição, devem priorizar sobremaneira os fatos que normalmente passam ao largo da iniciativa policial, observado o respeito incondicional às garantias constitucionais do investigado, entre elas o direito ao silêncio, o de não produzir prova contra si mesmo, a presunção de inocência, o de fazer-se acompanhar em qualquer fase por advogado, inclusive podendo entrevistar-se com ele a qualquer tempo e o de franquear-lhe o acesso, a qualquer tempo, aos autos do procedimento e às provas produzidas, ressalvada hipótese de sigilo legal ou decretado de forma fundamentada pelo promotor de justiça ou procurador da república.

As argumentações normalmente encontradas como justificativas para a não atuação do Ministério Público nas investigações têm caráter nitidamente preconceituoso. Dizem respeito, na sua maioria, ao comportamento nem sempre linear de alguns membros da Instituição, criticados pela divulgação antecipada de fatos na mídia e pela forma truculenta com que agem no tratamento com o investigado e seus advogados. Julga-se a Instituição pela análise individual de alguns de seus membros. Tais constatações não servem para descaracterizar a investigação independente, inclusive porque o abuso de caráter individual pode e deve ser punido também a este título: abuso de autoridade, excesso de poder etc. Vale dizer, a investigação do Ministério Público não pode ser descartada por conta de experiências negativas e episódicas. Pelo contrário, elas servem afinal para amadurecer o debate sobre o tema e, quando constatadas as situações, para encaminhar punição de quem se valer da investigação para tirar propósito escuso ou arbitrário. Inclusive por conta desse aspecto, o relacionamento do Ministério Público com a imprensa, ao exclusivo critério do promotor de justiça ou procurador da república, deve ser pautado por ética e responsabilidade.

Será preciso avanço na legislação brasileira, a iniciativa de se disciplinar de forma mais minuciosa a atividade decorrente da investigação independente que, ao contrário do que se afirma, não pretende diminuir ou excluir as atividades próprias de polícia judiciária, atinentes a delegados de carreira. Há no Congresso Nacional, hoje, projetos em sentidos diversos. Uns a proibir, outros a incentivar a investigação independente. São resultados de forças políticas diversas que atuam diretamente no ânimo de deputados federais e senadores. Nenhum deles, entretanto, vingará de forma útil à sociedade, se consagrar, ou a exclusividade da iniciativa em mãos da polícia, de efeitos deletérios, ou a circunscrição da investigação do Ministério Público a crimes específicos, em inútil rol taxativo. Contribuição efetiva para a democracia será, assim, a aprovação de lei disciplinadora que, sem atribuir exclusividade a quem quer que seja, apenas trate de explicitar na investigação do *Parquet* aquilo que já é de sua vocação constitucional: a busca da verdade em prol da sociedade em equilíbrio necessário e permanente com a proteção de direitos e garantias individuais.

É fato notório que a polícia civil, normalmente equivocada no embate que faz contra a investigação independente, guiada por associações de classe que, por sua vez, se movem com interesses não muito bem clareados, ganharia muito mais força se buscasse – ao contrário de enfrentar o Ministério Público – um perfil de independência do Poder Executivo, talvez garantindo a seus delegados, inclusive, a vitaliciedade e a inamovibilidade efetiva. Quando se preocupa exclusivamente com as prerrogativas da Instituição irmã (Ministério Público), esquece-se por completo de sanear a sua própria atividade, que passa, como é de conhecimento público, por graves problemas no trato com a corrupção. O resultado disso à polícia judiciária – com ou sem as investigações independentes pelo Ministério Público – será o enfraquecimento cada vez maior de si própria, com sua transformação paulatina e gradual em apêndice mal acabado perdido na estrutura do Poder Executivo. Cabe à polícia judiciária, pois, irmanada com o Ministério Público, a busca do seu aperfeiçoamento, que se dará com a instituição de garantias próprias de seus delegados de carreira, tal como já ocorre com os promotores e procuradores.

Os promotores de justiça e procuradores da república não pretendem o exercício de atividades típicas de polícia judiciária. Não é verdade que pretendam presidir inquéritos policiais. Não é verdade que busquem atuação idêntica à de delegados de polícia. Não querem amesquinhar a atividade das polícias; nem tampouco agigantar as suas próprias em detrimento daquelas. Pretendem, pelo contrário, o desenvolvimento de trabalho voltado à busca da verdade na persecução penal, com ou sem o auxílio da polícia, para que possam se desincumbir com seriedade, profissionalismo e senso de Justiça da tarefa relevante que lhes foi confiada pela Constituição da República, de cuidar do exercício da ação penal em juízo.

A busca da verdade real, grande alicerce do processo penal moderno rumo à aplicação da Justiça, não pode ser monopólio de qualquer instituição. Antes e pelo contrário, é dever que se impõe a todos, indistintamente, não se concebendo como possa o Estado brasileiro se sustentar em provas ou atos e diligências de investigação que não retratem, com segurança e independência, a verdade que precisa ser pacificada pelo Poder Judiciário por meio da ação penal. A conclusão, longe de interferir na órbita dos direitos e garantias individuais, é fundamento seguro de que eles serão respeitados. Bem por isso, são abomináveis as iniciativas de alteração do Código de Processo Penal ou de outras leis no sentido de pretender conferir exclusividade – hoje inexistente – à polícia judiciária na apuração de infrações penais. Tal perspectiva, se consolidada, será impressionante retrocesso na evolução do Estado Democrático de Direito.

A discussão que se trava em torno das investigações independentes pelo Ministério Público tem caráter nitidamente político. Antes de debate jurídico, aparece e ganha destaque no cenário nacional no exato momento em que promotores e procuradores, por meio de suas investigações, lançam-se no combate efetivo da corrupção e no enfrentamento real das organizações criminosas cujas raízes estão fincadas nas estruturas do próprio Estado. É por esse exclusivo motivo e não por qualquer outro, que o debate se acirrou e ganhou força até chegar ao plenário do Supremo Tribunal Federal. Virá, então, da pacificação do tema naquela Corte, a possibilidade de combate eficiente à impunidade ou o retrocesso na pesquisa da verdade real, único norte que se sustenta no processo penal.

O estudo do direito comparado (em especial as reflexões sobre o papel do Ministério Público, na colheita da prova, em países evoluídos, entre eles, Portugal, Alemanha, Bélgica, França, Inglaterra, Estados Unidos da América, Itália e Espanha), parece não deixar dúvida acerca da liberdade que se deve dar à Instituição para garantia de efetivação de Justiça na produção da investigação independente. Nenhum dos países citados se prende à proposta de reduzir o Ministério Público à tarefa exclusivamente acusatória, tratando, pelo contrário, de conferir-lhe prestígio na busca da verdade, fato que traduz garantia de efetivação do Estado Democrático de Direito. O Brasil tem um dos Ministérios Públicos mais avançados do mundo. Seria verdadeira temeridade garantir-lhe a estrutura hoje existente na Constituição da

República pós-1988 para depois, sem motivo certo, retirar-lhe, em evidente prejuízo da sociedade, as prerrogativas de exercício das funções que lhes são confiadas.

A busca da verdade continua, de fato, sendo o grande e único propósito da humanidade no encaminhamento de seus conflitos penais, cuja solução pertence só ao Poder Judiciário, motivo pelo qual se trata de pesquisa livre, que não pode ser circunscrita, por nenhum propósito, a pretenso monopólio de determinados organismos, já que, como é inerente à compreensão humana, *um juiz não pode ser escravo de ninguém nem de nada, nem mesmo da lei*.[1]

Terá sido cumprido o objetivo do presente trabalho se ele, assim, incentivar as reflexões sobre o polêmico tema da atualidade que recomenda, na investigação desenvolvida pelo Ministério Público, o respeito às garantias constitucionais do investigado, sem pretender, porém, conferir qualquer exclusividade à polícia na busca da verdade, que, se existente, transformaria o processo penal brasileiro em exemplo triste de impunidade das elites dominantes.

---

1. Dalmo de Abreu Dallari, *O Poder dos Juízes*, p. 80.

Anexo
RESOLUÇÕES E ATOS NORMATIVOS (AS INVESTIGAÇÕES INDEPENDENTES NO BRASIL)

Conselho Nacional do Ministério Público
Resolução n. 13, de 2.10.2006

Regulamenta o art. 8º da Lei Complementar 75/1993 e o art. 26 da Lei 8.625/ 1993, disciplinando, no âmbito do Ministério Público, a instauração e tramitação do Procedimento Investigatório Criminal, e dá outras providências.

O Conselho Nacional do Ministério Público, no exercício das atribuições que lhe são conferidas pelo art. 130-A, § 2º, inciso I, da Constituição Federal e com fulcro no art. 64-A de seu Regimento Interno,

Considerando o disposto no art. 127, *caput* e art. 129, incisos I, II, VIII e IX, da Constituição Federal;

Considerando o que dispõem o art. 8º da Lei Complementar 75/1993, o art. 26 da Lei 8.625/1993 e o art. 4º, parágrafo único, do Código de Processo Penal;

Considerando a necessidade de regulamentar no âmbito do Ministério Público, a instauração e tramitação do Procedimento Investigatório Criminal;

R E S O L V E:

Capítulo I – Da definição e finalidade

Art. 1º. O Procedimento Investigatório Criminal é instrumento de natureza administrativa e inquisitorial, instaurado e presidido pelo membro do Ministério Público com atribuição criminal, e terá como finalidade apurar a ocorrência de infrações penais de natureza pública, servindo como preparação e embasamento para o juízo de propositura, ou não, da respectiva ação penal.

Parágrafo único. O Procedimento Investigatório Criminal não é condição de procedibilidade ou pressuposto processual para o ajuizamento de ação penal e não exclui a possibilidade de formalização de investigação por outros órgãos legitimados da Administração Pública.

Capítulo II – Da instauração

Art. 2º. Em poder de quaisquer peças de informação, o membro do Ministério Público poderá:

I – promover a ação penal cabível;

II – instaurar Procedimento Investigatório Criminal;

III – encaminhar as peças para o Juizado Especial Criminal, caso a infração seja de menor potencial ofensivo;

IV – promover fundamentadamente o respectivo arquivamento;

V – requisitar a instauração de inquérito policial.

Art. 3º. O Procedimento Investigatório Criminal poderá ser instaurado de ofício, por membro do Ministério Público, no âmbito de suas atribuições criminais, ao tomar conhecimento de infração penal, por qualquer meio, ainda que informal, ou mediante provocação.

§ 1º. O procedimento deverá ser instaurado sempre que houver determinação do Procurador-Geral da República, do Procurador-Geral de Justiça ou do Procurador-Geral de Justiça Militar, diretamente ou por delegação, nos moldes da lei, em caso de discordância da promoção de arquivamento de peças de informação.

§ 2º. A designação a que se refere o § 1º deverá recair sobre membro do Ministério Público diverso daquele que promoveu o arquivamento.

§ 3º. A distribuição de peças de informação deverá observar as regras internas previstas no sistema de divisão de serviços.

§ 4º. No caso de instauração de ofício, o membro do Ministério Público poderá prosseguir na presidência do Procedimento Investigatório Criminal até a distribuição da denúncia ou promoção de arquivamento em juízo.

§ 5º. O membro do Ministério Público, no exercício de suas atribuições criminais, deverá dar andamento, no prazo de 30 (trinta) dias a contar de seu recebimento, às representações, requerimentos, petições e peças de informação que lhes sejam encaminhadas.

§ 6º. O Procedimento Investigatório Criminal poderá ser instaurado por grupo de atuação especial composto por membros do Ministério Público, cabendo sua presidência àquele que o ato de instauração designar.

Art. 4º. O Procedimento Investigatório Criminal será instaurado por portaria fundamentada, devidamente registrada e autuada, com a indicação dos fatos a serem investigados e deverá conter, sempre que possível, o nome e a qualificação do autor da representação e a determinação das diligências iniciais.

Parágrafo único. Se, durante a instrução do Procedimento Investigatório Criminal, for constatada a necessidade de investigação de outros fatos, o membro do

Ministério Público poderá aditar a portaria inicial ou determinar a extração de peças para instauração de outro procedimento.

Art. 5º. Da instauração do Procedimento Investigatório Criminal far-se-á comunicação imediata e escrita ao Procurador-Geral da República, Procurador-Geral de Justiça, Procurador-Geral de Justiça Militar ou ao órgão a quem incumbir por delegação, nos termos da lei.

Capítulo III – Da instrução

Art. 6º. Sem prejuízo de outras providências inerentes à sua atribuição funcional e legalmente previstas, o membro do Ministério Público, na condução das investigações, poderá:

I – fazer ou determinar vistorias, inspeções e quaisquer outras diligências;

II – requisitar informações, exames, perícias e documentos de autoridades, órgãos e entidades da Administração Pública direta e indireta, da União, dos Estados, do Distrito Federal e dos Municípios;

III – requisitar informações e documentos de entidades privadas, inclusive de natureza cadastral;

IV – notificar testemunhas e vítimas e requisitar sua condução coercitiva, nos casos de ausência injustificada, ressalvadas as prerrogativas legais;

V – acompanhar buscas e apreensões deferidas pela autoridade judiciária;

VI – acompanhar cumprimento de mandados de prisão preventiva ou temporária deferidas pela autoridade judiciária;

VII – expedir notificações e intimações necessárias;

VIII – realizar oitivas para colheita de informações e esclarecimentos;

IX – ter acesso incondicional a qualquer banco de dados de caráter público ou relativo a serviço de relevância pública;

X – requisitar auxílio de força policial.

§ 1º. Nenhuma autoridade pública ou agente de pessoa jurídica no exercício de função pública poderá opor ao Ministério Público, sob qualquer pretexto, a exceção de sigilo, sem prejuízo da subsistência do caráter sigiloso da informação, do registro, do dado ou do documento que lhe seja fornecido.

§ 2º. O prazo mínimo para resposta às requisições do Ministério Público será de 10 (dez) dias úteis, a contar do recebimento, salvo hipótese justificada de relevância e urgência e em casos de complementação de informações.

§ 3º. Ressalvadas as hipóteses de urgência, as notificações para comparecimento devem ser efetivadas com antecedência mínima de 48 (quarenta e oito) horas, respeitadas, em qualquer caso, as prerrogativas legais pertinentes.

§ 4º. A notificação deverá mencionar o fato investigado, salvo na hipótese de decretação de sigilo, e a faculdade do notificado de se fazer acompanhar por advogado.

§ 5º. As correspondências, notificações, requisições e intimações do Ministério Público quando tiverem como destinatário o Presidente da República, o Vice-Presidente da República, membro do Congresso Nacional, Ministro do Supremo Tribunal Federal, Ministro de Estado, Ministro de Tribunal Superior, Ministro do Tribunal de Contas da União ou chefe de missão diplomática de caráter permanente serão encaminhadas e levadas a efeito pelo Procurador-Geral da República ou outro órgão do Ministério Público a quem essa atribuição seja delegada.

§ 6º. As notificações e requisições previstas neste artigo, quando tiverem como destinatários o Governador do Estado, os membros do Poder Legislativo e os desembargadores, serão encaminhadas pelo Procurador-Geral de Justiça.

§ 7º. As autoridades referidas nos parágrafos 5º e 6º poderão fixar data, hora e local em que puderem ser ouvidas, se for o caso.

§ 8º. O membro do Ministério Público será responsável pelo uso indevido das informações e documentos que requisitar, inclusive nas hipóteses legais de sigilo.

Art. 7º. O autor do fato investigado será notificado a apresentar, querendo, as informações que considerar adequadas, facultado o acompanhamento por advogado.

Art. 8º. As diligências serão documentadas em auto circunstanciado.

Art. 9º. As declarações e depoimentos serão tomados por termo, podendo ser utilizados recursos áudio-visuais.

Art. 10. As diligências, que devam ser realizadas fora dos limites territoriais da unidade em que se realizar a investigação, serão deprecadas ao respectivo órgão do Ministério Público local, podendo o membro do Ministério Público deprecante acompanhar a(s) diligência(s), com a anuência do membro deprecado.

§ 1º. A deprecação poderá ser feita por qualquer meio hábil de comunicação, devendo ser formalizada nos autos.

§ 2º. O disposto neste artigo não obsta a requisição de informações, documentos, vistorias, perícias a órgãos sediados em localidade diversa daquela em que lotado o membro do Ministério Público.

Art. 11. A pedido da pessoa interessada será fornecida comprovação escrita de comparecimento.

Art. 12. O Procedimento Investigatório Criminal deverá ser concluído no prazo de 90 (noventa) dias, permitidas, por igual período, prorrogações sucessivas, por decisão fundamentada do membro do Ministério Público responsável pela sua condução.

§ 1º. Cada unidade do Ministério Público manterá, para conhecimento dos órgãos superiores, controle atualizado, preferencialmente por meio eletrônico, do andamento de seus procedimentos investigatórios criminais.

§ 2º. O controle referido no parágrafo anterior poderá ter nível de acesso restrito ao Procurador-Geral da República, Procurador-Geral de Justiça ou Procurador-Geral de Justiça Militar, mediante justificativa lançada nos autos.

Capítulo IV – Da publicidade

Art. 13. Os atos e peças do Procedimento Investigatório Criminal são públicos, nos termos desta Resolução, salvo disposição legal em contrário ou por razões de interesse público ou conveniência da investigação.

Parágrafo único. A publicidade consistirá:

I – na expedição de certidão, mediante requerimento do investigado, da vítima ou seu representante legal, do Poder Judiciário, do Ministério Público ou de terceiro diretamente interessado;

II – no deferimento de pedidos de vista ou de extração de cópias, desde que realizados de forma fundamentada pelas pessoas referidas no inciso I ou a seus advogados ou procuradores com poderes específicos, ressalvadas as hipóteses de sigilo;

III – na prestação de informações ao público em geral, a critério do presidente do Procedimento Investigatório Criminal, observados o princípio da presunção de inocência e as hipóteses legais de sigilo.

Art. 14. O presidente do Procedimento Investigatório Criminal poderá decretar o sigilo das investigações, no todo ou em parte, por decisão fundamentada, quando a elucidação do fato ou interesse público exigir: garantida ao investigado a obtenção, por cópia autenticada, de depoimento que tenha prestado e dos atos de que tenha, pessoalmente, participado.

Capítulo V – Da conclusão e do arquivamento

Art. 15. Se o membro do Ministério Público responsável pelo Procedimento Investigatório Criminal se convencer da inexistência de fundamento para a propositura de ação penal pública, promoverá o arquivamento dos autos ou das peças de informação, fazendo-o fundamentadamente.

Parágrafo único. A promoção de arquivamento será apresentada ao juízo competente, nos moldes do art. 28 do CPP, ou ao órgão superior interno responsável por sua apreciação, nos termos da legislação vigente.

Art. 16. Se houver notícia de outras provas novas, poderá o membro do Ministério Público requerer o desarquivamento dos autos, providenciando-se a comunicação a que se refere o art. 5º desta Resolução.

Capítulo VI – Das disposições finais e transitórias

Art. 17. No Procedimento Investigatório Criminal serão observados os direitos e garantias individuais consagrados na Constituição da República Federativa do Brasil, aplicando-se, no que couber, as normas do Código de Processo Penal e a legislação especial pertinente.

Art. 18. Os órgãos do Ministério Público deverão promover a adequação dos procedimentos de investigação em curso aos termos da presente Resolução, no prazo de 90 (noventa) dias a partir de sua entrada em vigor.

Art. 19. Esta Resolução entra em vigor na data de sua publicação.

Brasília, 2 de outubro de 2006.

Antonio Fernando Barros e Silva de Souza – Presidente

Ministério Público do Estado de São Paulo
Ato Normativo n. 314-PGJ/CPJ, de 27.6.2003

Regulamenta, na área criminal, o procedimento administrativo previsto no art. 26, I, da Lei Federal 8.625, de 12 de fevereiro de 1993, e no art. 104, I, da Lei Complementar Estadual 734, de 26 de novembro de 1993, e dá providências correlatas.

O Procurador-Geral de Justiça, no uso de suas atribuições legais, em especial da que lhe é conferida pelo art. 19, XII, "c", da Lei Complementar Estadual 734, de 26 de novembro de 1993, e o Colégio de Procuradores de Justiça, por meio de seu Órgão Especial,

Considerando que o art. 26, I, da Lei Federal 8.625, de 12 de fevereiro de 1993, e o art. 104, I, da Lei Complementar Estadual 734, de 26 de novembro de 1993, autorizam o membro do Ministério Público, no exercício de suas funções, a instaurar procedimentos administrativos pertinentes ao desempenho de suas atribuições constitucionais;

Considerando que o art. 26 do Ato Normativo n. 98-CPJ, de 30 de setembro de 1996, e o art. 22 do Ato Normativo n. 119-CPJ, de 13 de maio de 1997, prevêem a edição, pela Procuradoria-Geral de Justiça, de ato regulamentador, na área criminal, do procedimento administrativo acima referido, depois de regular oitiva do Colégio de Procuradores de Justiça;

Considerando que, nesse sentido, o Colégio de Procuradores de Justiça, por meio de seu Órgão Especial, em reunião ordinária realizada em 4 de junho de 2003, manifestou-se favoravelmente à proposta apresentada pela Procuradoria-Geral de Justiça;

RESOLVEM EXPEDIR O SEGUINTE ATO NORMATIVO:

Capítulo I – Disposição geral

Artigo 1º. Este ato normativo regulamenta, na área criminal, o procedimento administrativo previsto no art. 26, I, da Lei Federal 8.625, de 12 de fevereiro de 1993, e no art. 104, I, da Lei Complementar Estadual 734, de 26 de novembro de 1993.

Capítulo II – Da instauração e do processamento do procedimento administrativo criminal

Artigo 2º. O membro do Ministério Público, no exercício de suas funções na área criminal, poderá, de ofício ou em face de representação ou outra peça de informação, instaurar procedimento administrativo criminal quando, para a formação de seu convencimento, entender necessários maiores esclarecimentos sobre o caso ou o aprofundamento da investigação criminal produzida.

§ 1º. A decisão de instauração de procedimento administrativo criminal deverá, conforme o caso, levar em conta, dentre outros aspectos, especialmente os seguintes:

I – prevenção da criminalidade;

II – aperfeiçoamento, celeridade, finalidade e indisponibilidade da ação penal;

III – prevenção e correção de irregularidade, ilegalidade ou abuso de poder relacionado com a atividade de investigação;

IV – aperfeiçoamento da investigação, visando à preservação ou obtenção da prova, inclusive técnica, bem como a validação da prova produzida, para fins de persecução penal;

V – fiscalização da execução de pena e medida de segurança.

§ 2º. O membro do Ministério Público, no exercício de suas funções na área criminal, deverá dar andamento, no prazo improrrogável de 30 (trinta) dias a contar de seu recebimento, às representações, requerimentos, petições e peças de informação de qualquer natureza que lhes sejam encaminhadas, quer decida-se, quer não, pela instauração do procedimento administrativo criminal.

Artigo 3º. A decisão de instauração do procedimento administrativo criminal caberá ao membro do Ministério Público cujo cargo detiver atribuição para, no caso, oficiar em eventual ação penal que possa resultar da investigação.

§ 1º. Na hipótese em que mais de um cargo detiver atribuição para o caso, a decisão de instauração do procedimento administrativo criminal caberá ao membro do Ministério Público a quem a *notitia criminis* for distribuída, segundo as regras ordinárias previstas no sistema de divisão de serviços.

§ 2º. No caso do parágrafo anterior, se houver consenso dos membros do Ministério Público envolvidos, a decisão de instauração do procedimento administrativo criminal poderá caber a um deles ou, ainda, em conjunto a todos ou a alguns deles.

§ 3º. Em todo caso, ainda que instaurado em conjunto por todos ou alguns dos interessados, a presidência do procedimento administrativo criminal caberá a um único membro do Ministério Público.

§ 4º. No caso de afastamento, licença ou férias do presidente do procedimento administrativo criminal, a presidência será exercida por quem for designado pelo Procurador-Geral de Justiça para responder pelo cargo do membro do Ministério Público afastado, em licença ou em férias.

§ 5º. No caso de vacância do cargo cujo titular presidia o procedimento administrativo criminal, a presidência será exercida pelo membro do Ministério Público designado pelo Procurador-Geral de Justiça para responder pelo cargo vago.

Artigo 4º. O procedimento administrativo criminal será instaurado por termo de abertura, na forma do anexo I a este ato normativo, numerado em ordem crescente, renovada anualmente, e, depois de autuado, será registrado em livro próprio, segundo o modelo previsto no anexo II a este ato normativo.

[*V. Anexos no final dos atos normativos*]

Parágrafo único. O termo de abertura necessariamente conterá:

I – a descrição do fato objeto de investigação ou esclarecimentos e o meio ou a forma pelo qual dele se tomou conhecimento;

II – o nome e a qualificação do autor da representação, se for o caso;

III – a determinação das diligências iniciais.

Artigo 5º. Para secretariar os trabalhos, o presidente designará, nos próprios autos do procedimento administrativo criminal, funcionário ou servidor do Ministério Público, ou, na falta deste, pessoa idônea, mediante compromisso.

§ 1º. Caberá ao secretário designado zelar pela guarda dos autos do procedimento administrativo criminal, pela manutenção do sigilo eventualmente decretado e pelo cumprimento das determinações neles contidas.

§ 2º. Ao estagiário do Ministério Público incumbe, nos limites consignados no art. 86 da Lei Complementar Estadual 734, de 26 de novembro de 1993, auxiliar o presidente do procedimento administrativo criminal.

Artigo 6º. Ao determinar as diligências necessárias à instrução do procedimento administrativo criminal, o presidente deverá consignar nos autos o responsável por seu cumprimento, o prazo para sua consecução e as advertências e cautelas necessárias a sua realização.

Artigo 7º. Para instruir o procedimento administrativo criminal o presidente poderá:

I – expedir notificações para colher depoimento ou esclarecimento e, em caso de não comparecimento injustificado, requisitar condução coercitiva, inclusive pela Polícia Civil ou pela Polícia Militar, ressalvadas as prerrogativas previstas em lei;

II – requisitar informações, exames, perícias e documentos de autoridades federais, estaduais e municipais, bem como dos órgãos da administração direta, indireta ou fundacional, de qualquer dos Poderes da União, dos Estados, do Distrito Federal e dos Municípios;

III – requisitar informações e documentos a entidades privadas;

IV – promover inspeções e diligências investigatórias junto às autoridades, órgãos e entidades a que se refere o inciso II deste artigo.

Artigo 8º. Todas as diligências serão documentadas em auto circunstanciado, assinado pelo presidente e pelo secretário designado.

Parágrafo único. A diligência realizada por outro membro do Ministério Público, a pedido do presidente do procedimento administrativo criminal, será documentado em auto assinado por eles e pelo secretário designado.

Artigo 9º. As declarações e depoimentos serão sempre tomados por termo.

Artigo 10. A diligência que deva ser realizada em outra comarca deverá ser deprecada ao membro do Ministério Público local.

Parágrafo único. A deprecação poderá ser feita por qualquer meio hábil de comunicação, devendo, no entanto, ser formalizada nos autos.

Artigo 11. Sem prejuízo da colaboração prestada por órgãos conveniados ou entidades públicas ou privadas, o presidente do procedimento administrativo criminal poderá designar ou solicitar a designação de funcionário ou servidor do Ministério Público ou de pessoa habilitada para, mediante compromisso, praticar diligências ou atos necessários à instrução do feito.

Artigo 12. A pedido da interessada, o secretário designado fornecerá comprovação escrita do comparecimento da pessoa notificada ou requisitada ao gabinete do presidente do procedimento administrativo criminal.

Artigo 13. Quando a realização da diligência necessitar de ser precedida de autorização ou ordem judicial, o presidente providenciará que o pedido seja acompanhado de cópias integrais dos autos do procedimento administrativo criminal ou daquelas necessárias a sua instrução.

Parágrafo único. Cópia da autorização ou ordem judicial, bem como relatório da diligência realizada, serão juntadas aos autos do procedimento administrativo criminal.

Artigo 14. O secretário designado somente procederá à juntada aos autos do procedimento administrativo criminal de documentos, ofícios, comunicações ou correspondência e outras peças de informação, relativos à investigação, depois de submetê-los, incontinenti a seu recebimento, ao presidente.

§ 1º. Caso seja necessário o desentranhamento de algum documento, o secretário designado providenciará que cópia de seu inteiro teor, rubricada pelo presidente, seja, em substituição, juntada aos autos do procedimento administrativo criminal.

§ 2º. O disposto no § 1º deste artigo não se aplica ao desentranhamento, devidamente autorizado pelo presidente, do que, impertinente ao objeto da investigação, tiver sido indevidamente juntado aos autos do procedimento administrativo criminal.

Artigo 15. O presidente assegurará no procedimento administrativo criminal o sigilo necessário à elucidação do fato ou exigido pelo interesse da sociedade.

Parágrafo único. O secretário designado somente poderá permitir vista dos autos ou extração de cópias do procedimento administrativo criminal depois de expressamente autorizado pelo presidente ou, em sua ausência, de quem responder pelas atribuições de seu cargo.

Capítulo III – Da conclusão do procedimento administrativo criminal

Artigo 16. O procedimento administrativo criminal deverá ser concluído no prazo de 90 (noventa) dias, permitidas, se necessário, prorrogações por iguais períodos, mediante motivação consignada nos autos por seu presidente.

Artigo 17. Concluído o procedimento administrativo criminal, o presidente promoverá as medidas judiciais e extrajudiciais que entender necessárias ou adequadas ao caso.

§ 1º. Caso se convença da inexistência de fundamento que lhe autorize a promoção de qualquer medida judicial ou extrajudicial, o presidente promoverá o arquivamento do procedimento administrativo criminal.

§ 2º. A promoção de arquivamento será apresentada ao órgão jurisdicional competente sempre que o procedimento administrativo criminal tiver sido instaurado em razão de notícia de infração penal, ou esta tiver surgido no decorrer da investigação, aplicando-se, na hipótese, no que for compatível, o disposto no art. 28 do Código de Processo Penal.

Artigo 18. O arquivamento do procedimento administrativo criminal, ordenado por seu presidente ou pela autoridade judicial, será registrado em livro próprio do Ministério Público.

Parágrafo único. Os autos do procedimento administrativo criminal cujo arquivamento tiver sido ordenado por seu presidente serão depositados em arquivo permanente do Ministério Público.

Artigo 19. Depois de promovido o arquivamento do procedimento administrativo criminal, o membro do Ministério Público poderá proceder a novas diligências, se de novos elementos de convicção tiver notícia.

Capítulo IV – Disposições finais

Artigo 20. A instauração e a conclusão do procedimento administrativo criminal, bem como seu arquivamento e o eventual oferecimento de denúncia ou proposta de transação penal, deverão ser comunicados pelo presidente ao Centro de Apoio Operacional às Execuções e das Promotorias de Justiça Criminal – CAEx-Crim.

Artigo 21. O presidente do procedimento administrativo criminal zelará pela integração de suas funções com as da polícia judiciária e de outros órgãos colaboradores, em prol da persecução penal e do interesse público.

Artigo 22. Este ato normativo entrará em vigor 60 (sessenta) dias depois da data de sua publicação.

Parágrafo único. Nesse ínterim, os membros do Ministério Público deverão adequar os procedimentos administrativos em andamento às disposições deste ato normativo.

São Paulo, 27 de junho de 2003.

Luiz Antonio Guimarães Marrey

Ministério Público Federal –
Conselho Superior do Ministério Público Federal
Resolução n. 77, de 14.9.2004

Regulamenta o art. 8º da Lei Complementar 75, de 20 de maio de 1993, disciplinando, no âmbito do Ministério Público Federal, a instauração e tramitação do Procedimento Investigatório Criminal.

O Conselho Superior do Ministério Público Federal, no exercício da atribuição prevista no art. 57, inciso I, da Lei Complementar 75, de 20 de maio de 1993, resolve:

TÍTULO I
DO PROCEDIMENTO INVESTIGATÓRIO CRIMINAL PELO MINISTÉRIO PÚBLICO FEDERAL

Capítulo I – Conceito e Objeto

Art. 1º. O Procedimento Investigatório Criminal é instrumento de coleta de dados, instaurado pelo Ministério Público Federal, destinado a apurar a ocorrência de infrações penais de natureza pública, servindo como preparação e embasamento para o juízo de propositura, ou não, da ação penal respectiva.

Parágrafo único. O Procedimento Investigatório Criminal não é condição de procedibilidade para o ajuizamento de ações penais pelo Ministério Público Federal e não impede a atuação de outros órgãos ou instituições com poderes investigatórios criminais.

Capítulo II – Instauração

Art. 2º. O Procedimento Investigatório Criminal poderá ser instaurado de ofício, por membro do Ministério Público Federal no âmbito de suas atribuições criminais, ao tomar conhecimento da infração penal por qualquer meio, ainda que informal, ou em razão de provocação.

Parágrafo único. O procedimento deverá ser instaurado sempre que houver determinação da 2ª Câmara de Coordenação e Revisão do Ministério Público Federal, nos casos em que tenha discordado da manifestação de arquivamento de peças informativas, promovido por órgão da Instituição.

Art. 3º. A notícia-crime, sempre que possível, deverá conter a qualificação completa do noticiante e informações detalhadas sobre os fatos a serem investigados.

Art. 4º. O Procedimento Investigatório Criminal será protocolado, autuado e distribuído, observado o princípio da impessoalidade.

Art. 5º. De posse de peças informativas, o membro do Ministério Público Federal poderá:

I – promover a ação penal cabível;

II – encaminhar as peças para o Juizado Especial Criminal, caso a infração seja de menor potencial ofensivo;

III – instaurar Procedimento Investigatório Criminal para apuração do fato e suas circunstâncias;

IV – requisitar a instauração de inquérito policial;

V – promover, fundamentadamente, o respectivo arquivamento.

Art. 6º. O Procedimento Investigatório Criminal será instaurado por portaria fundamentada, devidamente registrada e autuada, que mencionará, de forma resumida e sem referência a nome de pessoas, o fato que o Ministério Público Federal pretende elucidar.

Parágrafo único. Se, durante a instrução do Procedimento Investigatório Criminal, for constatada a necessidade da investigação de outros fatos, o membro do Ministério Público Federal poderá aditar a portaria inicial ou determinar a extração de peças para instauração de outro procedimento.

Art. 7º. Da instauração do Procedimento Investigatório Criminal far-se-á comunicação imediata e escrita à 2ª Câmara de Coordenação e Revisão do Ministério Público Federal.

Capítulo III – Instrução

Art. 8º. Na condução das investigações, o órgão do Ministério Público Federal poderá, sem prejuízo de outras providências inerentes às suas atribuições funcionais previstas em lei:

I – notificar testemunhas e requisitar sua condução coercitiva, nos casos de ausência injustificada (LC 75/1993, art. 8º, I);

II – requisitar informações, exames, perícias e documentos de autoridade da administração pública direta ou indireta (LC 75/1993, art. 8º, II), observado o disposto no art. 8º, § 4º, da LC 75/1993;

III – requisitar informações e documentos a entidades privadas (LC 75, art. 8º, IV);

IV – realizar inspeções e diligências investigatórias (LC 75/1993, art. 8º, V);

V – expedir notificações e intimações (LC 75/1993, art. 8º, VII).

§ 1º. O prazo fixado para resposta às requisições do Ministério Público Federal será de 10 (dez) dias úteis, a contar do recebimento, salvo em caso de relevância e urgência ou em casos de complementação de informações.

§ 2º. Ressalvadas as hipóteses de urgência, as notificações para comparecimento devem ser efetivadas com antecedência mínima de 48 horas, respeitadas, em qualquer caso, as prerrogativas legais ou processuais pertinentes.

§ 3º. A notificação deverá mencionar o fato investigado e a faculdade do notificado de se fazer acompanhar por advogado.

§ 4º. No exercício de suas funções, ou para assegurar o cumprimento de suas determinações, o membro do Ministério Público Federal poderá requisitar o auxílio de força policial (LC 75/1993, art. 8º, IX).

Art. 9º. Determinada a autoria do fato investigado, o membro do Ministério Público Federal responsável pelo Procedimento Investigatório Criminal proferirá despacho que deverá conter a identificação do autor e os motivos que conduziram a essa conclusão.

Parágrafo único. Sempre que possível, o autor do fato investigado será convidado a apresentar as informações que considerar adequadas, oportunidade em que poderá requerer diligências, cabendo ao órgão do Ministério Público Federal apreciar, em despacho fundamentado, a conveniência e oportunidade da sua realização.

Art. 10. As diligências que devam ser realizadas fora dos limites territoriais da Unidade em que se realizar a investigação serão deprecadas ao respectivo órgão do Ministério Público Federal, que terá prazo de 20 (vinte) dias para o seu cumprimento, ressalvadas as situações motivadas de urgência.

Art. 11. Para fins de instrução do Procedimento Investigatório Criminal ou ajuizamento de ação penal dele decorrente, as cópias de documentos originais poderão ser autenticadas pelo órgão do Ministério Público Federal ou servidor designado.

Capítulo IV – Encerramento

Art. 12. O Procedimento Investigatório Criminal deverá ser encerrado no prazo de 30 (trinta) dias, contado de sua instauração, prorrogável por decisão fundamentada do membro do Ministério Público Federal responsável pela sua condução, à vista da imprescindibilidade da realização ou conclusão de diligências.

Parágrafo único. Dar-se-á ciência da prorrogação, imediatamente e por escrito, à 2ª Câmara de Coordenação e Revisão do Ministério Público Federal.

Capítulo V – Da Publicidade

Art. 13. Os atos e peças do Procedimento Investigatório Criminal são públicos, nos termos desta Resolução, salvo disposição legal em contrário ou por razões de interesse público.

§ 1º. A publicidade consistirá:

I – na expedição de certidão, a pedido do investigado, seu advogado ou procurador, da vítima ou seu representante legal, do Poder Judiciário, de outro órgão do Ministério Público ou de terceiro diretamente interessado;

II – na concessão de vistas dos autos, mediante requerimento fundamentado e por deferimento do órgão encarregado do Procedimento Investigatório Criminal às pessoas referidas no inciso I, ressalvadas as hipóteses de sigilo legal ou judicialmente decretado;

III – na extração de cópias, mediante requerimento fundamentado e por deferimento do órgão encarregado do Procedimento Investigatório Criminal, às expensas do requerente e somente às pessoas referidas no inciso I, ressalvadas as hipóteses de sigilo legal e judicialmente decretado.

§ 2º. É prerrogativa do membro do Ministério Público Federal responsável pela condução do Procedimento Investigatório Criminal, quando o caso exigir e mediante decisão fundamentada, decretar o sigilo das investigações, garantido ao investigado a obtenção, por cópia autenticada, de depoimento que tenha prestado e dos atos de que tenha, pessoalmente, participado.

Capítulo VI – Arquivamento e Recursos

Art. 14. Se o órgão do Ministério Público Federal, esgotadas todas as diligências, se convencer da inexistência de fundamento para a propositura da ação penal pública, promoverá o arquivamento dos autos do Procedimento Investigatório Criminal ou das peças informativas, fazendo-o fundamentadamente.

§ 1º. Nos casos em que a abertura do Procedimento Investigatório Criminal se der por representação, o interessado será cientificado formalmente da promoção de arquivamento e da faculdade de apresentar razões e documentos que serão juntados aos autos para nova apreciação do Ministério Público Federal.

§ 2º. Os autos do Procedimento Investigatório Criminal ou das peças informativas arquivadas serão remetidos, no prazo de 5 (cinco) dias, à 2ª Câmara de Coordenação e Revisão do Ministério Público Federal.

Art. 15. Poderá o órgão do Ministério Público Federal, no caso de conhecimento superveniente de nova prova que altere os motivos do arquivamento, determinar a reabertura da investigação, de ofício e por decisão fundamentada, sem prejuízo da comunicação prevista no art. 7º.

TÍTULO II
DAS DISPOSIÇÕES FINAIS E TRANSITÓRIAS

Art. 16. Na instrução do Procedimento Investigatório Criminal, aplicam-se, subsidiariamente, as normas do Código de Processo Penal e a legislação especial pertinente.

Art. 17. Cada Unidade do Ministério Público Federal, por seu setor criminal, manterá controle atualizado do andamento de seus procedimentos investigatórios criminais, sem prejuízo do controle efetuado pela 2ª Câmara de Coordenação e Revisão.

Art. 18. Esta Resolução entra em vigor na data de sua publicação.

Claudio Lemos Fonteles, Presidente, Antonio Fernando Delzacurvello, Vencida, Roberto Gurgel, Wagner Mathias, Helenita Acioli, Eitel Santiago de Brito Pereira, Sandra Cureau, Maria Caetana Cintra Santos, Alcides Martins.

Ministério Público do Estado do Espírito Santo
Ato Normativo n. 001/2004[1]

Regulamenta os incisos I, II, VI, VIII e IX, do art. 129 da Constituição da República, o art. 26, inciso I, da Lei Federal 8.625, de 12 de fevereiro de 1993 e o art. 27, § 2º, inciso I, da Lei Complementar Estadual 95, de 28 de janeiro de 1997, disciplinando, no âmbito do Ministério Público do Estado do Espírito Santo, a instauração e tramitação do Procedimento Administrativo Criminal.

Considerando, que é inquestionável a legitimidade do Ministério Público para instaurar procedimentos investigatórios em matéria criminal, conforme previsão constitucional (art. 129, incisos I, II, VI, VIII e IX);

Considerando, que o Procedimento Administrativo Criminal se traduz em instrumento indispensável à execução das atividades do Ministério Público, de perfil intervencionista, constitucionalmente arquitetado à defesa intransigente do regime democrático e dos direitos fundamentais;

Considerando, que o art. 26, inciso I, da Lei Federal 8.625, de 12 de fevereiro de 1993, e o art. 27, § 2º, da Lei Complementar Estadual 95, de 28 de janeiro de 1997, autorizam o membro do Ministério Público, no exercício de suas funções, a instaurar procedimentos administrativos pertinentes ao desempenho de suas atribuições constitucionais;

Considerando, que há necessidade de padronização dos procedimentos administrativos criminais a serem instaurados pelos membros do Ministério Público, em vista da inexistência de regulamentação clara de como se desenvolverá o procedimento presidido pelos respectivos órgãos de execução;

Considerando, que a normatização facilitará o desenvolvimento dos trabalhos constitucionalmente atribuídos aos membros da Instituição, proporcionando maior transparência na atuação do Ministério Público na área criminal, evitando, outrossim, condutas abusivas;

Considerando, que as Promotorias de Justiça, gradativamente, estão sendo estruturadas,

O *Procurador-Geral de Justiça*, nos termos do art. 10, inciso XLVI, da Lei Complementar Estadual 95, de 28 de janeiro de 1997, no uso de suas atribuições legais,

R E S O L V E:

nesta oportunidade, baixar o *Ato Normativo sob n. 001/2004*, o qual entrará em vigor em *1º de setembro do ano em curso*, nos moldes seguintes.

1. Publicado no *DOU* de 1º.9.2004.

TÍTULO I
DO PROCEDIMENTO ADMINISTRATIVO CRIMINAL PELO MINISTÉRIO PÚBLICO

Capítulo I – Conceito e Objeto

Art. 1º. O Procedimento Administrativo Criminal é instrumento de investigação de cunho administrativo, instaurado e presidido pelo Ministério Público, destinado a apurar a ocorrência de infrações penais de ação penal pública, servindo como preparação para o exercício da ação penal respectiva, nos casos onde repute necessário.

Parágrafo único. O Procedimento Administrativo Criminal não é pressuposto processual para o ajuizamento das ações penais pelo Ministério Público e não impede a atuação de outros órgãos ou Instituições com poderes investigatórios criminais.

Capítulo II – Da Instauração

Art. 2º. O Procedimento Administrativo Criminal poderá ser iniciado:

I – de ofício, pelo Promotor de Justiça com atribuições criminais;

II – em face de notícia-crime de qualquer pessoa ou representação da vítima ou seu representante legal (nos casos de infração penal cuja ação penal seja pública condicionada);

III – por determinação do Procurador-Geral de Justiça, nos casos em que tenha discordado da promoção de arquivamento de peças informativas, promovido por órgão da Instituição;

IV – por comunicação de outro órgão do Ministério Público, de autoridade judiciária, policial ou qualquer outra autoridade.

§ 1º. A decisão de instauração de Procedimento Administrativo Criminal deverá, conforme o caso, levar em conta, dentre outros aspectos, especialmente os seguintes:

I – prevenção da criminalidade;

II – aperfeiçoamento, celeridade, finalidade e indisponibilidade da ação penal;

III – prevenção e correção de irregularidade, ilegalidade ou abuso de poder relacionado com a atividade de investigação;

IV – aperfeiçoamento da investigação, visando à preservação ou obtenção da prova, inclusive técnica, bem como a validação da prova produzida, para fins de persecução penal;

V – fiscalização da execução de pena e medida de segurança.

§ 2º. A instauração de Procedimento Administrativo Criminal de ofício compreende qualquer meio, ainda que informal, pelo qual o órgão do Ministério Público venha a tomar conhecimento dos fatos.

§ 3º. O membro do Ministério Público, no exercício de suas funções na área criminal, deverá dar andamento, no prazo improrrogável de 30 (trinta) dias a contar de seu recebimento, às representações, requerimentos, petições e peças de informação de qualquer natureza que lhes sejam encaminhadas, quer decida-se, quer não, pela instauração do Procedimento Administrativo Criminal.

Art. 3º. As notícias-crime ou representações para instauração do Procedimento Administrativo Criminal, dirigidas ao órgão do Ministério Público com atribuições criminais, sempre que possível, deverão:

I – ser formuladas por pessoa natural ou jurídica, devidamente identificada e qualificada, com indicação de seu endereço;

II – conter a descrição dos fatos a serem investigados e a indicação do seu autor, quando conhecido, apresentando as informações necessárias para esclarecimento dos fatos, bem como indicar meios para obtenção da prova e documentos pertinentes.

Parágrafo único. Em relação à representação da vítima ou seu representante legal não se exige qualquer formalismo, bastando restar externado, por qualquer meio, o desejo em ver investigado o fato e responsabilizado seu autor.

Art. 4º. De posse de peças informativas, o membro do Ministério Público poderá tomar, dentre outras previstas em lei, as seguintes providências:

I – promover a ação penal cabível;

II – instaurar Procedimento Administrativo Criminal para apuração do fato e suas circunstâncias;

III – declinar da atribuição encaminhando as peças para o órgão respectivo, sendo o caso;

IV – promover o respectivo arquivamento;

V – requisitar a instauração de inquérito policial.

Art. 5º. O Procedimento Administrativo Criminal será instaurado por portaria, na forma do anexo I a este ato normativo, numerando em ordem crescente, renovada anualmente, e, depois de autuado, será registrado em livro próprio, segundo modelo previsto no anexo II a este ato normativo.

[*V. anexos no final dos atos normativos*]

Parágrafo único. O termo de abertura necessariamente conterá:

I – a descrição do fato objeto de investigação ou esclarecimentos e o meio ou a forma pelo qual dele se tomou conhecimento;

II – o nome e a qualificação do autor da representação, se for o caso;

III – a determinação das diligências iniciais.

Art. 6º. Para secretariar os trabalhos, o presidente designará, nos próprios autos do Procedimento Administrativo Criminal, funcionário ou servidor do Ministério Público, ou, na falta deste, pessoa idônea, mediante compromisso.

§ 1º. Caberá ao secretário designado zelar pela guarda dos autos do procedimento administrativo criminal, pela manutenção do sigilo eventualmente decretado e pelo cumprimento das determinações neles contidas.

§ 2º. Ao estagiário do Ministério Público incumbe, nos limites da Lei Complementar Estadual n. 95, de 28 de janeiro de 1997, auxiliar o presidente do procedimento administrativo criminal.

Art. 7º. Ao determinar as diligências necessárias à instrução do Procedimento Administrativo Criminal, o presidente deverá consignar nos autos o responsável por seu cumprimento, o prazo para sua consecução e as advertências e cautelas necessárias a sua realização.

Capítulo III – Da Atribuição para a Instauração

Art. 8º. A decisão de instauração do Procedimento Administrativo Criminal caberá ao membro do Ministério Público cujo cargo tiver atribuição para, no caso, oficiar em eventual ação penal que possa resultar da investigação.

§ 1º. Na hipótese em que mais de um cargo detiver atribuição para o caso, a decisão de instauração do Procedimento Administrativo Criminal caberá ao membro do Ministério Público a quem a *notitia criminis* for distribuída, segundo as regras ordinárias previstas no sistema de divisão de serviços da respectiva Promotoria de Justiça.

§ 2º. Eventual conflito de atribuições será dirimido pelo Procurador-Geral de Justiça, nos termos da Lei Orgânica Estadual.

§ 3º. É admitida a atuação simultânea de mais de um órgão do Ministério Público ou entre órgãos do Ministério Público da União e do Estado e também do Distrito Federal.

§ 4º. Ainda que instaurado em conjunto por todos ou por alguns dos interessados, a presidência do Procedimento Administrativo Criminal caberá a um único membro do Ministério Público.

§ 5º. No caso de afastamento, licença ou férias do presidente do Procedimento Administrativo Criminal, a presidência será exercida por quem designado pelo Procurador-Geral de Justiça para responder pelo cargo do membro do Ministério Público afastado, em licença ou em férias.

§ 6º. No caso de vacância do cargo cujo titular presidia o Procedimento Administrativo Criminal, a presidência será exercida pelo membro do Ministério Público designado pelo Procurador-Geral de Justiça para responder pelo cargo vago.

Art. 9º. Incumbe ao Procurador-Geral de Justiça:

I – Instaurar e presidir o Procedimento Administrativo Criminal, pessoalmente ou mediante delegação, quando a autoridade noticiada ou investigada gozar de prerrogativa de foro em razão da função, conforme disciplinado na Constituição da República e nas Constituições Estaduais;

II – Expedir e fazer encaminhar as requisições e notificações, quando tiverem como destinatários chefes do Ministério Público da União e dos Estados, membros do Ministério Público com atribuições em 2º grau, chefes dos Poderes federais ou estaduais, membros do Poder Legislativo federal ou estadual ou membros de Tribunais, inclusive o de Contas.

Capítulo IV – Da Instrução

Art. 10. Na condução das investigações, o órgão do Ministério Público, sem prejuízo de outras providências inerentes à sua atribuição funcional previstas em lei, poderá:

I – expedir notificações para colher depoimento ou esclarecimento e, em caso de não comparecimento injustificado, requisitar condução coercitiva, inclusive pela Polícia Civil ou pela Polícia Militar, ressalvadas as prerrogativas previstas em lei;

II – requisitar informações, exames, perícias e documentos de autoridades federais, estaduais e municipais, bem como dos órgãos da administração direta, indireta ou fundacional, de qualquer dos Poderes da União, dos Estados, do Distrito Federal e dos Municípios;

III – requisitar informações e documentos a entidades privadas;

IV – promover inspeções e diligências investigatórias junto às autoridades, órgãos e entidades a que se refere o inciso II deste artigo;

V – acompanhar cumprimento de mandados de prisão provisória, de interceptação telefônica e buscas e apreensões deferidas pela autoridade judiciária.

§ 1º. O prazo fixado para resposta às requisições do Ministério Público será de 10 dias úteis, a contar do recebimento, salvo em caso de relevância e urgência ou em casos de complementação de informações.

§ 2º. Ressalvadas as hipóteses de urgência, as notificações para comparecimento devem ser efetivadas com antecedência mínima de 48 horas, respeitadas, em qualquer caso, as prerrogativas legais pertinentes, devendo constar, na notificação, a que se destina a oitiva da pessoa, facultando-lhe o acompanhamento por advogado.

§ 3º. No exercício de suas funções, ou para assegurar o cumprimento de suas determinações, o membro do Ministério Público poderá requisitar os serviços policiais.

Art. 11. Na condução do Procedimento Administrativo Criminal, o presidente ouvirá, ao final, o(s) investigado(s), facultando-lhe o acompanhamento por advogado.

§ 1º. Não se aplica o disposto no *caput*, deste artigo, nas hipóteses seguintes:

I – quando haja dificuldade justificada em fazê-lo;

II – quando das situações justificadas de urgência e,

III – quando, de qualquer modo, possa refletir prejuízo à eficácia dos provimentos jurisdicionais;

§ 2º. O momento da(s) ouvida(s) do(s) investigado(s), a critério do presidente do Procedimento Administrativo Criminal, poderá ser antecipado.

§ 3º. No caso do investigado ou seu advogado requerer diligências, o presidente apreciará a conveniência e a oportunidade da sua realização, arcando o(s) investigado(s) com eventuais despesas.

§ 4º. É facultado ao investigado, no curso do Procedimento Administrativo Criminal, requerer, pessoalmente ou por seu advogado, a juntada de documentos aos autos do procedimento, cujo deferimento pelo presidente dependerá da pertinência com o fato investigado.

Art. 12. As declarações e depoimentos serão sempre tomados por termo.

Parágrafo único. A pedido da interessada, o secretário designado fornecerá comprovação escrita do comparecimento da pessoa notificada ou requisitada ao gabinete do presidente do Procedimento Administrativo Criminal.

Art. 13. Quando a realização da diligência necessitar de ser precedida de autorização judicial, o presidente providenciará que o pedido seja acompanhado de cópias integrais dos autos do Procedimento Administrativo Criminal ou daquelas necessárias à sua instrução.

Parágrafo único. Cópia da autorização ou ordem judicial, bem como relatório da diligência realizada, serão juntadas aos autos do Procedimento Administrativo Criminal.

Art. 14. As diligências que devam ser realizadas em outra comarca serão deprecadas ao respectivo órgão do Ministério Público, ao qual será fixado o prazo de 20 a 60 dias para seu cumprimento, ressalvadas as situações motivadas de urgência, sendo facultado ao órgão deprecante o acompanhamento da(s) diligência(s).

Art. 15. Para fins de instrução do Procedimento Administrativo Criminal ou ajuizamento de ação penal dele decorrente, as cópias de documentos originais poderão ser autenticadas pelo órgão do Ministério Público.

Capítulo V – Do Encerramento

Art. 16. O Procedimento Administrativo Criminal deve ser encerrado no prazo de 90 (noventa) dias, permitidas, se necessário, prorrogações por iguais períodos, por decisão fundamentada de seu presidente, à vista da imprescindibilidade da realização ou conclusão de diligências.

§ 1º. Em caso de investigado preso, observar-se-ão os mesmos prazos do Código de Processo Penal e leis processuais penais extravagantes.

§ 2º. Dar-se-á publicidade da prorrogação, cientificando-se o Centro de Apoio Operacional Criminal.

Capítulo VI – Da Publicidade

Art. 17. Os atos e peças do Procedimento Administrativo Criminal são públicos, nos termos desta Regulamentação, salvo disposição legal em contrário ou por interesse público.

§ 1º. A publicidade consistirá:

I – Na expedição de certidão explicativa, mediante requerimento escrito de qualquer interessado;

II – Na prestação de informações ao público em geral, a critério do presidente do Procedimento Administrativo Investigatório Criminal;

III – Na concessão de vistas dos autos ao interessado na Promotoria (ou Procuradoria) ou, a terceiros, mediante requerimento fundamentado;

IV – Na extração de cópias, ao interessado ou a terceiros, mediante requerimento fundamentado;

§ 2º. É prerrogativa do presidente do Procedimento Administrativo Criminal, mediante decisão fundamentada, decretar, por prazo determinado, o sigilo das investigações, no todo ou em parte, inclusive para o investigado, fazendo-o, sem prejuízo de outras hipóteses, nos casos de conveniência da instrução, garantia do sigilo das informações, assim como para preservar a imagem e dignidade das pessoas.

Capítulo VII – Do Arquivamento

Art. 18. Se o órgão do Ministério Público, esgotadas todas as diligências, se convencer da inexistência de fundamento para a propositura da ação penal pública, promoverá o arquivamento dos autos do Procedimento Administrativo Investigatório Criminal ou das peças informativas, fazendo-o fundamentadamente.

§ 1º. São hipóteses que autorizam a promoção de arquivamento do Procedimento Administrativo Criminal, dentre outras, as seguintes:

I – quando o fato evidentemente não constituir infração penal;

II – ausência de punibilidade concreta decorrente de causa extintiva prevista em lei;

III – ausência de legitimidade ativa para propor a ação penal (ação penal privada) ou quando houver retratação da representação da vítima ou seu representante legal antes do oferecimento da denúncia (ação penal pública condicionada à representação);

IV – ausência de justa causa, aqui compreendida como um lastro probatório mínimo capaz de apontar indícios suficientes de autoria e materialidade da infração penal;

§ 2º. O arquivamento do Procedimento Administrativo Criminal e de peças informativas será submetido, no prazo de 5 dias, a exame e deliberação do Conselho Superior do Ministério Público, na forma de seu regimento interno (redação dada pelo art. 1º do Ato n. 391 de 14.4.2005, publicado no *DO* de 15.4.2005).[2]

§ 3º. Deixando o Conselho Superior do Ministério Público de homologar a promoção de arquivamento, comunicará, desde logo, ao Procurador-Geral de Justiça para designação de outro órgão do Ministério Público para ajuizamento da ação ou pros-

---

2. Redação anterior do § 2º: "Os autos do Procedimento Administrativo Criminal ou das peças informativas arquivadas serão remetidos, no prazo 5 dias, ao Juiz competente, para análise e controle administrativo do princípio da obrigatoriedade da ação penal, na forma do artigo 28 do Código de Processo Penal".

seguimento das investigações (redação dada pelo art. 2º do Ato n. 391 de 14.4.2005, publicado no *DO* de 15.4.2005).³

§ 4º. A hipótese de não confirmação do arquivamento proposto pelo Procurador-Geral de Justiça, nos casos de ações penais originárias, os autos serão remetidos ao seu substituto legal" (redação dada pelo art. 3º do Ato n. 391 de 14.4.2005, publicado no *DO* de 15.4.2005).

Art. 19. Depois de promovido o arquivamento do Procedimento Administrativo Criminal, no caso de conhecimento superveniente de prova que altere os motivos do arquivamento, o membro do Ministério Público poderá proceder a novas diligências, bem como determinar a reabertura da investigação, de ofício e por decisão fundamentada.

TÍTULO II
DAS DISPOSIÇÕES FINAIS E TRANSITÓRIAS

Art. 20. Na instrução do Procedimento Administrativo Criminal, aplicam-se, subsidiariamente, as normas do Código de Processo Penal e a legislação especial pertinente.

Art. 21. Cada Promotoria de Justiça manterá controle atualizado do andamento de seus Procedimentos Administrativos Criminais e ações penais públicas ajuizadas, inclusive das fases recursais, remetendo, anualmente, ao Centro de Apoio Operacional Criminal, para fins estatísticos e de conhecimento.

Parágrafo único. O Promotor de Justiça receberá, de seu antecessor, relatório atualizado do andamento dos Procedimentos Administrativos Investigatórios Criminais e das ações penais públicas ajuizadas pela Promotoria de Justiça.

Art. 22. A Corregedoria-Geral do Ministério Público será responsável pelo controle estatístico dos Procedimentos Administrativos Criminais e das ações penas públicas ajuizadas pelas Promotorias de Justiça e pela Procuradoria-Geral de Justiça (redação dada pelo art. 4º do Ato n. 391 de 14.4.2005, publicado no *DO* de 15.4.2005).⁴

3. Redação anterior do § 3º: "Homologada a promoção de arquivamento do Procedimento Administrativo Criminal, os autos do procedimento serão depositados em arquivo permanente do Ministério Público, devendo ser registrado em livro próprio da Promotoria de Justiça ou da Procuradoria".

4. Redação anterior do art. 22: "Art. 22. O Centro de Apoio Operacional Criminal será responsável pelo controle estatístico dos Procedimentos Administrativos Criminais e das ações penais propostas pelos órgãos de execução. Parágrafo único. Para fins do disposto no *caput* do presente artigo a instauração e a condução do Procedimento Administrativo Criminal, bem como seu arquivamento e o eventual oferecimento de denúncia ou proposta de transação penal, deverão ser comunicados pelo presidente ao Centro de Apoio Operacional Criminal, até o dia 5 de cada mês".

Art. 23. Este ato normativo entra em vigor na data da sua publicação.

Parágrafo único. Os membros do Ministério Público deverão promover, se for o caso, a conversão das peças informativas, hoje em trâmite, em Procedimento Administrativo Criminal, adequando-as às disposições do presente Regulamento, no prazo de 90 (noventa) dias.

Vitória, 1º de setembro de 2004

José Paulo Calmon Nogueira da Gama

Procurador-Geral de Justiça

Ministério Público do Estado do Maranhão
Resolução n. 09/2004-CPMP/MA

Regulamenta o art. 26, da Lei 8.625/1993 e o art. 8º, da Lei Complementar 75/ 1993, disciplinando, no âmbito do Ministério Público Maranhense, a instauração e tramitação do Procedimento Investigatório Criminal – PIC, e dá outras providências.

O Procurador-Geral de Justiça do Estado de Maranhão, ouvido o Colégio de Procuradores e no uso de suas atribuições legais,

Considerando que o exercício da ação penal não depende exclusivamente de prévio inquérito policial;

Considerando o que dispõem o art. 26, da Lei 8.625/93, o art. 8º, da Lei Complementar 75/1993, o art. 67, da Lei Complementar 34/1994 e o art. 4º, parágrafo único, do Código de Processo Penal;

Considerando que o Brasil, enquanto Estado-parte de Convenções Internacionais de Direitos Humanos e outros instrumentos internacionais, se comprometeu a promover, em cooperação com as Nações Unidas, o respeito universal aos direitos humanos e liberdades fundamentais e a observância desses direitos e liberdades;

Considerando que os estados-membros do Brasil devem, na defesa dos direitos humanos, priorizar a investigação e o combate aos delitos que colocam em xeque a concretização dos objetivos fundamentais da República Federativa do Brasil, a exemplo da tortura, execuções sumárias, sonegação fiscal, lavagem de dinheiro, corrupção etc.;

Considerando a necessidade de disciplinar, no âmbito do Ministério Público brasileiro, a instauração e tramitação do Procedimento Investigatório Criminal;

Considerando a orientação expedida pelo Conselho Nacional de Procuradores-Gerais, no sentido de uniformizar os procedimentos investigatórios criminais conduzidos pelo Ministério Público;

Considerando a necessidade de efetivar o combate à criminalidade, primando pelo resguardo do poder punitivo estatal.

R E S O L V E:

Capítulo I – Da definição e finalidade

Art. 1º. O Procedimento Investigatório Criminal – PIC é instrumento de natureza administrativa e inquisitória, instaurado e presidido pelo Ministério Público e terá por fim a obtenção dos esclarecimentos necessários à apuração de infrações penais de ação penal pública.

Parágrafo único. O Procedimento Investigatório Criminal:

I – não exclui a possibilidade de formalização de investigação por outros órgãos da Administração Pública;

II – não constitui pressuposto processual para o ajuizamento de ação penal.

Capítulo II – Da instauração

Art. 2º. O Procedimento Investigatório Criminal poderá ser instaurado:

I – de ofício, pelo membro do Ministério Público com atribuições criminais, ao tomar conhecimento de infração penal, por qualquer meio, entre os quais:

a) comunicação originada de outro membro do Ministério Público, de autoridade judicial ou policial ou ainda de qualquer outra autoridade;

b) requerimento de qualquer pessoa do povo;

c) representação da vítima ou de seu representante legal quando a lei a exigir;

II – pelo membro do Ministério Público designado pelo Procurador-Geral, em caso de discordância da promoção de arquivamento de peças informativas ou do indeferimento do pedido de instauração.

§ 1º. Da decisão que indefere o requerimento de instauração de Procedimento Investigatório Criminal, caberá recurso para o Procurador-Geral de Justiça, no prazo de 10 (dez) dias.

§ 2º. A designação a que se refere o inciso II deverá recair sobre membro do Ministério Público diverso daquele que promoveu o arquivamento.

Art. 3º. O Procedimento Investigatório Criminal será instaurado por portaria, devidamente registrada e autuada, com a indicação do objeto a ser investigado e deverá conter:

I – a descrição do fato objeto de investigação ou esclarecimentos e o meio ou a forma pelo qual dele se tomou conhecimento;

II – o nome e a qualificação do autor da representação, se for o caso;

III – a determinação das diligências iniciais.

Parágrafo único. Se, durante a instrução do Procedimento Investigatório Criminal, for constatada a necessidade de investigação de outros fatos, o membro do Ministério Público poderá aditar a portaria inicial ou determinar a extração de peças para instauração de outro Procedimento Investigatório Criminal.

Art. 4º. Em poder das peças informativas, o membro do Ministério Público poderá:

I – promover a ação penal cabível;

II – instaurar Procedimento Investigatório Criminal;

III – encaminhar as peças para o Juizado Especial Criminal, caso a infração seja de menor potencial ofensivo;

IV – promover fundamentadamente o respectivo arquivamento;

V – requisitar a instauração de inquérito policial.

Capítulo III – Da instrução

Art. 5º. Sem prejuízo de outras providências inerentes à sua atribuição funcional e legalmente previstas, o membro do Ministério Público, na condução das investigações, poderá:

I – fazer ou determinar vistorias e inspeções;

II – requisitar informações, exames, perícias e documentos de autoridades, órgãos e entidades da Administração Pública direta e indireta, da União, do Estado e dos Municípios;

III – requisitar informações e documentos a entidades privadas;

IV – notificar testemunhas e requisitar sua condução coercitiva, nos casos de ausência injustificada, ressalvadas as prerrogativas legais;

V – acompanhar buscas e apreensões deferidas pela autoridade judiciária;

VI – acompanhar cumprimento de mandados de prisão preventiva ou temporária deferidas pela autoridade judiciária.

§ 1º. O prazo fixado para resposta às requisições do Ministério Público será de 10 (dez) dias úteis, a contar do recebimento, salvo em caso de relevância e urgência ou em casos de complementação de informações.

§ 2º. Ressalvadas as hipóteses de urgência, as notificações para comparecimento devem ser efetivadas com antecedência mínima de 48 horas, respeitadas, em qualquer caso, as prerrogativas legais pertinentes.

§ 3º. A notificação deverá mencionar o fato investigado e a faculdade do notificado de se fazer acompanhar por advogado.

§ 4º. No exercício de suas funções, ou para assegurar o cumprimento de suas determinações, o membro do Ministério Público poderá requisitar o auxílio de força policial.

Art. 6º. O Ministério Público, na condução do Procedimento Investigatório Criminal, ouvirá o(s) investigado(s), salvo:

I – quando haja dificuldade justificada em fazê-lo;

II – em situações justificadas de urgência;

III – quando, de qualquer modo, possa acarretar prejuízo à eficácia dos provimentos jurisdicionais cautelares.

§ 1º. A oitiva do investigado será realizada, preferencialmente, ao final do Procedimento Investigatório Criminal.

§ 2º. Na notificação, o investigado será cientificado desta condição e da faculdade de se fazer acompanhar por advogado.

§ 3º. O investigado poderá, no curso do Procedimento Investigatório Criminal, requerer a juntada de documentos e outras diligências.

Art. 7º. As diligências serão documentadas em auto circunstanciado.

Art. 8º. As declarações e depoimentos serão tomados por termo.

Art. 9º. Quando necessária, a diligência poderá ser deprecada ao membro do Ministério Público local, assinalando-se prazo razoável para cumprimento, sendo facultado ao membro do Ministério Público deprecante o acompanhamento da(s) diligência(s).

Parágrafo único. A deprecação poderá ser feita por qualquer meio hábil de comunicação, devendo ser formalizada nos autos.

Art. 10. Para fins de instrução do Procedimento Investigatório Criminal ou ajuizamento de ação penal dele decorrente, as cópias de documentos originais poderão ser autenticadas pelo membro do Ministério Público ou servidor designado.

Art. 11. A pedido da pessoa interessada será fornecida comprovação escrita de comparecimento.

Art. 12. O Procedimento Investigatório Criminal deverá ser concluído no prazo de 180 (cento e oitenta) dias, prorrogável, se necessário, mediante motivação, com comunicação ao Procurador-Geral de Justiça.

Capítulo IV – Da publicidade

Art. 13. Os atos e peças do Procedimento Investigatório Criminal são públicos, nos termos desta Resolução, salvo disposição legal em contrário ou por razões de interesse público.

Parágrafo único. A publicidade consistirá:

I – na expedição de certidão, mediante requerimento da parte diretamente interessada, do Poder Judiciário, do Ministério Público e de outros órgãos públicos;

II – na concessão de vistas dos autos, nos termos do inciso I deste artigo;

III – na extração de cópias, nos termos do inciso I deste artigo;

IV – na prestação de informações ao público em geral, a critério do presidente do Procedimento Investigatório Criminal, observados o princípio da não culpabilidade e as hipóteses legais de sigilo.

Art. 14. O sigilo das investigações poderá ser decretado pelo presidente do Procedimento Investigatório Criminal, por decisão fundamentada, quando a elucidação do fato exigir, observadas as garantias legais do investigado e de seu advogado.

Parágrafo único. O sigilo em relação ao investigado ou seu advogado deverá ser decretado judicialmente.

Capítulo V – Da conclusão e do arquivamento

Art. 15. A conclusão do Procedimento Investigatório Criminal será comunicada ao Procurador-Geral de Justiça e, se for o caso, a denúncia será oferecida no prazo legal contado desta data.

Art. 16. Se o Presidente do Procedimento Investigatório Criminal se convencer da inexistência de fundamento para a propositura da ação penal pública, deverá promover o arquivamento dos autos ou das peças de informação, fazendo-o fundamentadamente.

Parágrafo único. A promoção de arquivamento será apresentada ao juízo competente na forma do art. 28, do Código de Processo Penal.

Art. 17. Se houver notícia de outras provas relevantes, poderá o membro do Ministério Público requerer o desarquivamento dos autos.

Capítulo VI – Das disposições especiais

Art. 18. Ressalvadas as substituições decorrentes de faltas e impedimentos legais, caberá ao membro do Ministério Público que detenha a respectiva atribuição:

I – receber, após protocolo e distribuição, as representações, notícia-crime e peças informativas;

II – instaurar e presidir o Procedimento Investigatório Criminal.

§ 1º. O conflito de atribuições será dirimido pelo Procurador-Geral, nos termos da Lei Orgânica respectiva.

§ 2º. É admitida a atuação simultânea no mesmo Procedimento Investigatório:

I – de mais de um membro do Ministério Público;

II – entre membros do Ministério Público da União e dos Estados.

§ 3º. Incumbe ao Procurador-Geral:

I – instaurar e presidir o Procedimento Administrativo Investigatório, pessoalmente ou mediante delegação, quando a autoridade noticiada ou investigada gozar de prerrogativa de foro em razão da função, conforme disciplinado na Constituição da República e nas Constituições Estaduais;

II – expedir e encaminhar as requisições e notificações, quando tiverem como destinatários:

a) Chefe do Poder Executivo da União ou dos Estados;

b) Ministros de Estado ou Secretários Estaduais;

c) membros do Congresso Nacional ou das Assembléias Legislativas;

d) membros dos Tribunais de Contas da União e dos Estados;

e) membros do Supremo Tribunal Federal ou dos Tribunais Superiores, ou ainda dos órgãos do Poder Judiciário em segundo grau de jurisdição;

f) membros do Ministério Público no último grau da carreira ou que atuem perante o Poder Judiciário em segundo grau de jurisdição;

Capítulo VII - Das disposições finais e transitórias

Art. 19. Na instrução do Procedimento Investigatório Criminal aplicam-se, no que couber, as normas do Código de Processo Penal e a legislação especial pertinente, asseguradas as prerrogativas previstas na Lei 8.906/1994.

Art. 20. A qualquer momento da investigação, diante de abuso ou omissão do membro do Ministério Público, apurado em procedimento próprio, mediante decisão fundamentada e aprovada previamente pelo Conselho Superior do Ministério Público, poderá o Procurador-Geral de Justiça designar outro membro do Ministério Público para o Procedimento Investigatório Criminal.

Art. 21. Cada Promotoria de Justiça ou Procuradoria da Justiça manterá controle atualizado do andamento de seus Procedimentos Investigatórios Criminais, remetendo, anualmente, ao Centro de Apoio Operacional Criminal, para fins estatísticos e de conhecimento.

Art. 22. Os membros do Ministério Público deverão promover, no prazo de 6 (seis) meses, se for o caso, a conversão, em Procedimento Investigatório Criminal, das peças informativas em trâmite.

Art. 23. Esta Resolução entra em vigor na data de sua publicação, revogando-se as disposições em contrário.

Publique-se, registre-se.

São Luís (MA), 15 de setembro de 2004.

Raimundo Nonato de Carvalho Filho

Procurador-Geral de Justiça

Ministério Público do Estado do Rio Grande do Sul
Resolução n. 03/2004-OECPMP

Regulamenta o art. 26 da Lei 8.625/1993, disciplinando, no âmbito do Ministério Público, a instauração e tramitação do Procedimento Investigatório Criminal, e dá outras providências.

O Procurador-Geral de Justiça do Estado do Rio Grande do Sul, no uso de suas atribuições legais, e

Considerando que o exercício da ação penal não depende exclusivamente de prévio inquérito policial;

Considerando o que dispõem o art. 26 da Lei n. 8.625/1993, o art. 8º da Lei Complementar 75/1993 e o art. 4º, parágrafo único, do Código de Processo Penal;

Considerando que o Brasil, enquanto Estado-parte de Convenções Internacionais de Direitos Humanos e outros instrumentos internacionais, comprometeu-se a promover, em cooperação com as Nações Unidas, o respeito universal aos direitos humanos e liberdades fundamentais e a observância desses direitos e liberdades;

Considerando que os Estados-membros da República Federativa do Brasil devem, na defesa dos direitos fundamentais, priorizar a investigação e o combate aos delitos que os violem;

Considerando a necessidade de disciplinar, no âmbito do Ministério Público, a instauração e tramitação do Procedimento Investigatório Criminal;

Considerando a orientação expedida pelo Conselho Nacional de Procuradores-Gerais, no sentido de uniformizar os Procedimentos Investigatórios Criminais conduzidos pelo Ministério Público;

Considerando a necessidade de efetivar o combate à criminalidade, primando pelo resguardo do poder punitivo estatal;

Considerando decisão do Egrégio Órgão Especial do Colégio de Procuradores de Justiça, na sessão de 21 de setembro de 2004;

R E S O L V E:

Capítulo I – Da definição e finalidade

Art. 1º. O Procedimento Investigatório Criminal é instrumento de natureza administrativa e inquisitorial, instaurado e presidido pelo Ministério Público e terá por fim a obtenção dos esclarecimentos necessários à apuração de infrações penais de ação penal pública.

Parágrafo único. O Procedimento Investigatório Criminal:

I – não exclui a possibilidade de formalização de investigação por outros órgãos da Administração Pública;

II – não constitui pressuposto processual para o ajuizamento de ação penal.

Capítulo II – Da instauração

Art. 2º. O Procedimento Investigatório Criminal poderá ser instaurado:

I – de ofício, pelo membro do Ministério Público, dentro de suas atribuições legais, ao tomar conhecimento de infração penal, por qualquer meio, entre os quais:

a) comunicação originada de outro membro do Ministério Público, de autoridade judicial ou policial ou ainda de qualquer outra autoridade;

b) requerimento de qualquer pessoa;

c) representação da vítima ou de seu representante legal quando a lei a exigir.

II – pelo membro do Ministério Público designado pelo Procurador-Geral de Justiça, em caso de discordância da promoção de arquivamento de peças informativas ou do indeferimento do pedido de instauração.

§ 1º. A decisão que indefere o requerimento ou a representação de instauração de Procedimento Investigatório Criminal, caberá recurso para o Procurador-Geral de Justiça, no prazo de 10 (dez) dias, contados da cientificação do interessado.

§ 2º. A designação a que se refere o inciso II deverá recair sobre membro do Ministério Público diverso daquele que promoveu o arquivamento.

Art. 3º. O Procedimento Investigatório Criminal será instaurado por portaria, devidamente registrada e autuada, com a indicação do objeto a ser investigado e deverá conter:

I – a descrição do fato objeto de investigação ou esclarecimentos e o meio ou a forma pelo qual dele se tomou conhecimento;

II – o nome e a qualificação do autor da representação, se for o caso;

III – a determinação das diligências iniciais.

Parágrafo único. Se, durante a instrução do Procedimento Investigatório Criminal, for constatada a necessidade de investigação de outros fatos, o membro do Ministério Público poderá aditar a portaria inicial ou determinar a extração de peças para instauração de outro Procedimento Investigatório Criminal.

Art. 4º. Em poder das peças informativas, o membro do Ministério Público poderá:

I – promover a ação penal cabível;

II – instaurar Procedimento Investigatório Criminal;

III – encaminhar as peças para o Juizado Especial Criminal, caso a infração seja de menor potencial ofensivo;

IV – promover fundamentadamente o respectivo arquivamento;

V – requisitar a instauração de inquérito policial.

Capítulo III – Da instrução

Art. 5º. Sem prejuízo de outras providências inerentes à sua atribuição funcional e legalmente previstas, o membro do Ministério Público, na condução das investigações, poderá:

I – fazer ou determinar vistorias e inspeções;

II – requisitar informações, exames, perícias e documentos de autoridades, órgãos e entidades da Administração Pública direta e indireta, da União, dos Estados, do Distrito Federal e dos Municípios;

III – requisitar informações e documentos de entidades privadas;

IV – notificar testemunhas e requisitar sua condução coercitiva, nos casos de ausência injustificada, ressalvadas as prerrogativas legais;

V – acompanhar buscas e apreensões deferidas pela autoridade judiciária;

VI – acompanhar cumprimento de mandados de prisão preventiva ou temporária deferidas pela autoridade judiciária.

§ 1º. O prazo fixado para resposta às requisições do Ministério Público será de 10 (dez) dias úteis, a contar do recebimento, salvo em caso de relevância e urgência ou em casos de complementação de informações.

§ 2º. Ressalvadas as hipóteses de urgência, as notificações para comparecimento devem ser efetivadas com antecedência mínima de 48 horas, respeitadas, em qualquer caso, as prerrogativas legais pertinentes.

§ 3º. A notificação deverá mencionar o fato investigado e a faculdade do notificado de se fazer acompanhar por advogado.

§ 4º. No exercício de suas funções, ou para assegurar o cumprimento de suas determinações, o membro do Ministério Público poderá requisitar o auxílio de força policial.

Art. 6º. O Ministério Público, na condução do Procedimento Investigatório Criminal, deverá ouvir o(s) investigado(s), salvo:

I – quando haja dificuldade justificada em fazê-lo;

II – em situações justificadas de urgência;

III – quando, de qualquer modo, possa acarretar prejuízo à eficácia dos provimentos jurisdicionais cautelares.

Parágrafo único. O investigado poderá, no curso do Procedimento Investigatório Criminal, requerer a juntada de documentos e outras diligências, cujo exame ficará a juízo do presidente da investigação.

Art. 7º. As diligências serão documentadas em auto circunstanciado.

Art. 8º. As declarações e depoimentos serão tomados por termo.

Art. 9º. Quando necessária, a diligência poderá ser deprecada ao membro do Ministério Público local, no prazo de 30 dias, para cumprimento, sendo facultado ao membro do Ministério Público deprecante, mediante autorização do Procurador-Geral de Justiça, o acompanhamento da(s) diligência(s).

Parágrafo único. A deprecação poderá ser feita por qualquer meio hábil de comunicação, devendo ser formalizada nos autos.

Art. 10. A pedido da pessoa interessada será fornecida comprovação escrita de comparecimento.

Art. 11. O Procedimento Investigatório Criminal deverá ser concluído no prazo de 30 (trinta) dias, permitidas, se necessário, prorrogações sucessivas, mediante motivação, com comunicação por escrito ao Procurador-Geral de Justiça.

Capítulo IV – Da publicidade

Art. 12. Os atos e peças do Procedimento Investigatório Criminal são públicos, nos termos desta Resolução, salvo disposição legal em contrário ou por razões de interesse público.

Parágrafo único. A publicidade consistirá:

I – na expedição de certidão, mediante requerimento da parte diretamente interessada, do Poder Judiciário, do Ministério Público e de outros órgãos públicos;

II – na concessão de vista dos autos;

III – na extração de cópias;

IV – na prestação de informações ao público em geral, a critério do presidente do Procedimento Investigatório Criminal, observados o princípio da não culpabilidade e as hipóteses legais de sigilo.

Art. 13. O sigilo das investigações poderá ser decretado pelo presidente do Procedimento Investigatório Criminal, por decisão fundamentada, quando a elucidação do fato exigir, observadas as garantias legais do investigado e de seu advogado.

Capítulo V – Da conclusão e do arquivamento

Art. 14. A conclusão do Procedimento Investigatório Criminal será comunicada ao Procurador-Geral de Justiça e, se for o caso, a denúncia será oferecida no prazo legal contado desta data.

Art. 15. Se o presidente do Procedimento Investigatório Criminal se convencer da inexistência de fundamento para a propositura de ação penal pública, deverá promover o arquivamento dos autos ou das peças de informação, fazendo-o motivadamente.

Parágrafo único. A promoção de arquivamento será apresentada ao juízo competente na forma do art. 28 do Código de Processo Penal.

Art. 16. Se houver notícia de outras provas relevantes, poderá o membro do Ministério Público requerer o desarquivamento dos autos.

Capítulo VI – Das disposições especiais

Art. 17. Ressalvadas as substituições decorrentes de faltas e impedimentos legais, caberá ao membro do Ministério Público que detenha a respectiva atribuição:

I – receber, após protocolo, autuação e distribuição por sorteio, quando houver mais de um membro, respeitado o princípio da impessoalidade, as representações, notícia-crime e peças informativas;

II – instaurar e presidir o Procedimento Investigatório Criminal, mediante comunicação ao Procurador-Geral de Justiça.

§ 1º. O conflito de atribuições será dirimido pelo Procurador-Geral de Justiça.

§ 2º. É admitida a atuação simultânea no mesmo Procedimento Investigatório Criminal:

I – de mais de um membro do Ministério Público;

II – entre membros do Ministério Público da União e dos Estados.

§ 3º. Incumbe ao Procurador-Geral de Justiça:

I – instaurar e presidir o Procedimento Investigatório Criminal, pessoalmente ou mediante delegação, quando a autoridade noticiada ou investigada gozar de prerrogativa de foro em razão da função, conforme disciplinado na Constituição da República e nas Constituições Estaduais;

II – cientificar o interessado do indeferimento do recurso de que trata o art. 2º, parágrafo 1º;

III – expedir e encaminhar as requisições e notificações, quando tiverem como destinatários:

a) chefe do Poder Executivo da União ou dos Estados;

b) Ministros de Estado ou Secretários Estaduais;

c) membros do Congresso Nacional ou das Assembléias Legislativas;

d) membros dos Tribunais de Contas da União e dos Estados;

e) membros do Supremo Tribunal Federal, dos Tribunais Superiores, ou dos Órgãos do Poder Judiciário de segundo grau de jurisdição;

f) membros do Ministério Público.

Capítulo VII – Das disposições finais e transitórias

Art. 18. Na instrução do Procedimento Investigatório Criminal aplicam-se, no que couber, as normas do Código de Processo Penal e a legislação especial pertinente, asseguradas as prerrogativas previstas na Lei n. 8.906/1994.

Art. 19. A qualquer momento da investigação, diante de abuso ou omissão do membro do Ministério Público, mediante decisão fundamentada e aprovada previamente pelo Conselho Superior do Ministério Público, poderá o Procurador-Geral de Justiça designar outro membro do Ministério Público para presidir o Procedimento Investigatório Criminal.

Art. 20. Cada Promotoria de Justiça ou Procuradoria da Justiça manterá controle atualizado do andamento de seus Procedimentos Investigatórios Criminais, remetendo relatório anual à Corregedoria-Geral do Ministério Público.

Art. 21. Os membros do Ministério Público deverão promover, no prazo de 180 (cento e oitenta) dias, a conversão, se for o caso, em Procedimento Investigatório Criminal, das peças informativas em trâmite.

Art. 22. Esta Resolução entra em vigor na data de sua publicação, revogando-se as disposições em contrário.

Porto Alegre, 23 de setembro de 2004.

Roberto Bandeira Pereira, Procurador-Geral de Justiça e Presidente do Órgão Especial do Colégio de Procuradores.

Registre-se e publique-se.

Sônia Eliana Radin, Promotora-Assessora.

DOE 24.9.2004

Ministério Púbico do Estado de Santa Catarina
Ato Conjunto n. 001/2004-PGJ/CGMP

O Procurador-Geral de Justiça do Estado de Santa Catarina, no uso da atribuição que lhe é conferida pelo art. 18, X, da Lei Complementar Estadual n. 197/2000, em conjunto com o Corregedor-Geral do Ministério Público de Santa Catarina, no uso da atribuição que lhe é conferida no art. 40, VII, da Lei Complementar Estadual antes referida, e com anuência, por unanimidade, do Colégio de Procuradores de Justiça, conforme deliberação ocorrida na sessão do dia 29 de setembro de 2004;

Considerando que o exercício da ação penal não depende exclusivamente de prévio inquérito policial;

Considerando o que dispõem o art. 26 da Lei no 8.625, de 12 de fevereiro de 1993, Lei Orgânica Nacional do Ministério Público, o art. 8º da Lei Complementar n. 75, de 20 de maio de 1993, Lei Orgânica do Ministério Público da União, o art. 83, I e XVII, "d", da Lei Complementar Estadual n. 197/2000, Lei Orgânica do Ministério Público de Santa Catarina, e o art. 4º, parágrafo único, do Código de Processo Penal;

Considerando que o Brasil, como Estado-parte de Convenções Internacionais de Direitos Humanos e de outros instrumentos internacionais, comprometeu-se a promover, em cooperação com as Nações Unidas, o respeito universal aos direitos humanos e às liberdades fundamentais;

Considerando que os Estados-membros do Brasil devem, na defesa dos direitos humanos, priorizar a investigação e o combate aos delitos que ameacem ou impeçam a concretização dos objetivos fundamentais da República Federativa do Brasil, a exemplo de tortura, execuções sumárias, sonegação fiscal, lavagem de dinheiro, corrupção etc.;

Considerando que a atual realidade social está cada vez mais a exigir que o Ministério Público se posicione à frente das investigações criminais, sobretudo aquelas que apresentem um maior grau de complexidade ou de sofisticação no seu processo de execução ou em relação às quais tenha havido omissão ou insuperável deficiência da autoridade responsável pela investigação;

Considerando a necessidade de disciplinar, no âmbito do Ministério Público de Santa Catarina, a instauração e tramitação do Procedimento Investigatório Criminal – PIC;

Considerando a orientação expedida pelo Conselho Nacional de Procuradores-Gerais de Justiça no sentido de se uniformizar os procedimentos investigatórios criminais conduzidos pelo Ministério Público; e

Considerando a necessidade de efetivar-se o combate à criminalidade, primando pelo resguardo do poder punitivo estatal.

RESOLVEM:

Capítulo I – Da definição e finalidade

Art. 1º. O Procedimento Investigatório Criminal – PIC – é instrumento de natureza administrativa e inquisitória, instaurado e presidido pelo Ministério Público, tendo por fim a obtenção dos esclarecimentos necessários à apuração de infrações penais de ação penal pública.

Parágrafo único. O Procedimento Investigatório Criminal não exclui a possibilidade de formalização de investigação por outros órgãos da Administração Pública e não constitui pressuposto processual para o ajuizamento de ação penal.

Capítulo II – Da instauração

Art. 2º. O Procedimento Investigatório Criminal poderá ser instaurado:

I – de ofício, pelo membro do Ministério Público com atribuições criminais, ao tomar conhecimento de infração penal, por qualquer meio, entre os quais:

a) comunicação originada de outro membro do Ministério Público, de autoridade judicial ou policial ou ainda de qualquer outra autoridade;

b) requerimento de qualquer pessoa; e

c) representação da vítima ou de seu representante legal quando a lei a exigir;

II – pelo Procurador-Geral de Justiça ou pelo membro do Ministério Público por ele designado, em caso de discordância da promoção de arquivamento de peças informativas ou do indeferimento do pedido de instauração.

§ 1º. Da decisão que indefere o requerimento de instauração de Procedimento Investigatório Criminal, caberá recurso ao Procurador-Geral de Justiça, no prazo de 10 (dez) dias.

§ 2º. A designação a que se refere o inciso II deverá recair sobre membro do Ministério Público diverso daquele que promoveu o arquivamento.

Art. 3º. O Procedimento Investigatório Criminal será instaurado por portaria, devidamente autuada e registrada em livro próprio, a qual deverá conter:

I – a descrição do fato objeto de investigação e o meio ou a forma pelo qual dele se tomou conhecimento;

II – o nome e a qualificação do autor da representação, se for o caso;

III – a determinação das diligências iniciais; e

IV – o servidor ou estagiário que funcionará como secretário.

§ 1º. Se, durante a instrução do Procedimento Investigatório Criminal, for constatada a necessidade de investigação de outros fatos, o membro do Ministério Público poderá aditar a portaria inicial ou determinar a extração de peças para quaisquer das providências mencionadas no art. 4º deste Ato.

§ 2º. O membro do Ministério Público que instaurar o Procedimento Investigatório Criminal ou que aditar a portaria inicial deverá comunicar à Corregedoria-Geral do Ministério Público e ao Centro de Apoio Operacional com atuação na área a que pertence a matéria investigada a instauração e o aditamento.

Art. 4º. Em poder das peças informativas, o membro do Ministério Público poderá:

I – promover a ação penal cabível;

II – instaurar Procedimento Investigatório Criminal;

III – requerer, perante o Juizado Especial Criminal, a designação da audiência preliminar de que trata o art. 72 da Lei n. 9.099, de 26 de setembro de 1995, caso a infração seja de menor potencial ofensivo;

IV – promover fundamentadamente o respectivo arquivamento;

V – requisitar a instauração de inquérito policial; ou

VI – remetê-las ao órgão competente.

Art. 5º. Ressalvadas as substituições decorrentes de faltas e impedimentos legais, caberá ao membro do Ministério Público que detenha a respectiva atribuição:

I – receber, após protocolo e distribuição, as representações, notícias-crime e peças informativas; e

II – instaurar e presidir o Procedimento Investigatório Criminal.

§ 1º. O conflito de atribuições será dirimido pelo Procurador-Geral de Justiça, nos termos do art. 92 da Lei Complementar Estadual n. 197/2000.

§ 2º. É admitida a atuação simultânea no mesmo Procedimento Investigatório Criminal:

I – de mais de um membro do Ministério Público; e

II – entre membros do Ministério Público da União e dos Estados.

§ 3º. Incumbe ao Procurador-Geral de Justiça instaurar e presidir o Procedimento Investigatório Criminal, pessoalmente ou mediante delegação, quando a autoridade noticiada ou investigada gozar de prerrogativa de foro em razão da função, conforme disciplinado na Constituição da República e na Constituição do Estado.

Capítulo III – Da instrução

Art. 6º. Sem prejuízo de outras providências inerentes à sua atribuição funcional e legalmente previstas, o membro do Ministério Público, ao presidir as investigações, poderá:

I – fazer ou determinar a execução de vistorias e inspeções;

II – nomear peritos e tomar deles o respectivo compromisso;

III – requisitar informações, exames, perícias e documentos de autoridades, órgãos e entidades da Administração Pública direta e indireta, da União, do Estado e dos Municípios, acompanhando as diligências, quando necessário;

IV – requisitar informações e documentos a entidades privadas;

V – notificar testemunhas e requisitar sua condução coercitiva, nos casos de ausência injustificada, ressalvadas as prerrogativas legais;

VI – acompanhar buscas e apreensões deferidas pela autoridade judiciária;

VII – acompanhar o cumprimento de mandados de prisão preventiva ou temporária expedidos pela autoridade judiciária.

§ 1º. O prazo fixado para resposta às requisições do Ministério Público será de 10 (dez) dias úteis, a contar do recebimento, salvo em caso de relevância e urgência ou em casos de complementação de informações.

§ 2º. Ressalvadas as hipóteses de urgência, as notificações para comparecimento devem ser efetivadas com antecedência mínima de 48 (quarenta e oito) horas, respeitadas, em qualquer caso, as prerrogativas legais pertinentes.

§ 3º. A notificação deverá mencionar o fato investigado e a faculdade do notificado de fazer-se acompanhar por advogado.

§ 4º. No exercício de suas funções, ou para assegurar o cumprimento de suas determinações, o membro do Ministério Público poderá requisitar o auxílio de força policial.

§ 5º. Sem prejuízo da colaboração prestada por órgãos conveniados ou por outros organismos públicos ou privados, o presidente do Procedimento Investigatório Criminal poderá solicitar à autoridade responsável a designação de servidor do Ministério Público ou de pessoa habilitada para a prática de diligências ou atos necessários à apuração dos fatos, mediante compromisso.

Art. 7º. Incumbe ao Procurador-Geral de Justiça encaminhar as requisições e notificações, em procedimentos investigatórios criminais instaurados por outros órgãos do Ministério Público, quando tiverem como destinatários:

a) Chefe do Poder Executivo da União ou dos Estados;

b) Ministros de Estado;

c) membros do Congresso Nacional ou das Assembléias Legislativas;

d) membros dos Tribunais de Contas da União e dos Estados;

e) membros do Supremo Tribunal Federal ou dos Tribunais Superiores, ou ainda dos órgãos do Poder Judiciário em segundo grau de jurisdição; ou

f) membros do Ministério Público no último grau da carreira ou que atuem perante o Poder Judiciário em segundo grau de jurisdição.

Parágrafo único. O presidente do Procedimento Investigatório Criminal, ao expedir requisições ou notificações em relação a quaisquer das autoridades mencionadas no *caput* deste artigo, deverá encaminhá-las ao Procurador-Geral de Justiça, com antecedência de 10 (dez) dias, quando tratar-se de notificação, salvo os casos de justificada urgência.

Art. 8º. O investigado será ouvido, salvo:

I – se houver dificuldade justificada em fazê-lo;

II – em situações justificadas de urgência; e

III – se, de algum modo, venha a acarretar prejuízo à eficácia dos provimentos jurisdicionais cautelares.

§ 1º. A oitiva do investigado será realizada preferencialmente ao final do Procedimento Investigatório Criminal, podendo ser convertida em pedido de explicações, por escrito, em prazo a ser fixado pelo presidente do Procedimento Investigatório Criminal.

§ 2º. Na notificação, o investigado será cientificado dessa condição e da faculdade de se fazer acompanhar por advogado.

§ 3º. O investigado poderá, no curso do Procedimento Investigatório Criminal, requerer a juntada de documentos e outras diligências, cujo deferimento, na segunda hipótese, ficará a critério do presidente do procedimento.

Art. 9º. As diligências serão documentadas em auto circunstanciado.

Art. 10. As declarações e os depoimentos serão tomados por termo.

Art. 11. Quando necessária, a diligência poderá ser deprecada ao membro do Ministério Público local, assinalando-se prazo razoável para cumprimento, sendo facultado ao membro do Ministério Público deprecante o acompanhamento da(s) diligência(s).

Parágrafo único. A deprecação poderá ser feita por qualquer meio hábil de comunicação, devendo ser formalizada nos autos.

Art. 12. Para fins exclusivos de instrução do Procedimento Investigatório Criminal ou do ajuizamento de ação penal dele decorrente, as cópias de documentos originais poderão ser conferidas com os originais, lançando o membro do Ministério Público ou o servidor designado, nos autos, a respectiva certidão.

Art. 13. A pedido da pessoa interessada, será fornecida comprovação escrita de comparecimento ao ato praticado no curso do Procedimento Investigatório Criminal.

Art. 14. O Procedimento Investigatório Criminal deverá ser concluído no prazo de 90 (noventa) dias, contados de sua instauração, prorrogável por decisão fundamentada do membro do Ministério Público responsável pela investigação, à vista da imprescindibilidade da realização ou conclusão de diligências, com comunicação à Corregedoria-Geral do Ministério Público e ao respectivo Centro de Apoio Operacional.

Parágrafo único. Se o investigado estiver preso, o prazo de conclusão será de 10 (dez) dias a contar da prisão, nos termos do art. 10 do Código de Processo Penal.

Capítulo IV – Da publicidade

Art. 15. Os atos e as peças do Procedimento Investigatório Criminal são públicos, nos termos deste Ato, salvo disposição legal em contrário ou por razões de interesse público.

Parágrafo único. A publicidade consistirá:

I – na expedição de certidão, mediante requerimento da parte diretamente interessada, do Poder Judiciário, do Ministério Público e de outros órgãos públicos;

II – na concessão de vista dos autos, nos termos do inciso I deste artigo;

III – na extração de cópias, nos termos do inciso I deste artigo; e

IV – na prestação de informações ao público em geral, a critério do presidente do Procedimento Investigatório Criminal, observados o princípio da não-culpabilidade e as hipóteses legais de sigilo.

Art. 16. O sigilo das investigações, sem prejuízo do disposto na Lei no 8.906, de 4 de julho de 1994, poderá ser decretado pelo presidente do Procedimento Investigatório Criminal, por decisão fundamentada, quando a elucidação do fato o exigir.

Capítulo V – Da conclusão e do arquivamento

Art. 17. A conclusão do Procedimento Investigatório Criminal será comunicada ao Procurador-Geral de Justiça, e, se for o caso, a denúncia será oferecida no prazo legal contado desta data.

Art. 18. Se o presidente do Procedimento Investigatório Criminal convencer-se da inexistência de fundamento para a propositura da ação penal pública, deverá promover o arquivamento dos autos ou das peças de informação, fazendo-o fundamentadamente.

Parágrafo único. A promoção de arquivamento será apresentada ao Juízo competente, aplicando-se a regra do art. 28 do Código de Processo Penal.

Art. 19. Se houver notícia de outras provas relevantes, poderá o membro do Ministério Público requerer ao respectivo juízo o desarquivamento dos autos.

Capítulo VI – Das disposições finais e transitórias

Art. 20. Na instrução do Procedimento Investigatório Criminal aplicam-se, no que couber, as normas do Código de Processo Penal e a legislação especial pertinente, asseguradas as prerrogativas previstas na Lei n. 8.906, de 4 de julho de 1994, Estatuto da Ordem dos Advogados do Brasil.

Art. 21. A qualquer momento da investigação, diante de abuso ou omissão do membro do Ministério Público, mediante decisão fundamentada e aprovada previamente pelo Conselho Superior do Ministério Público, poderá o Procurador-Geral de Justiça designar outro membro do Ministério Público para atuar no Procedimento Investigatório Criminal.

Art. 22. A Procuradoria-Geral de Justiça e as Promotorias de Justiça manterão livros próprios para o registro dos procedimentos investigatórios criminais, que deverão conter:

I – a identificação do Órgão que procedeu à instauração;

II – o número do Procedimento Investigatório Criminal;

III – a data da instauração;
IV – o nome da conduta típica investigada;
V – nome do noticiante ou do representante, se for o caso;
VI – o nome da vítima;
VII – o nome do investigado;
VIII – a data da conclusão; e
IX – o extrato do conteúdo da conclusão.

Parágrafo único. A Procuradoria-Geral de Justiça e as Promotorias de Justiça remeterão, até o dia 31 de dezembro de cada ano, ao Centro de Apoio Operacional Criminal informações relativas ao número de procedimentos investigatórios criminais instaurados, em andamento e concluídos, classificando-os conforme o nome das condutas típicas investigadas e o conteúdo da conclusão, para fins estatísticos e de conhecimento.

Art. 23. Os membros do Ministério Público deverão promover, no prazo de 90 (noventa) dias, se for o caso, a conversão, em Procedimento Investigatório Criminal, das peças informativas em trâmite.

Art. 24. Este Ato entra em vigor na data de sua publicação, revogando-se as disposições em contrário.

Florianópolis, 5 de outubro de 2004.

Pedro Sérgio Steil, Procurador-Geral de Justiça

José Eduardo Orofino da Luz Fontes, Corregedor-Geral do Ministério Público

ANEXO I

Portaria de instauração de procedimento administrativo criminal

PROMOTORIA DE JUSTIÇA DE_____

O Promotor de Justiça de_____, usando das atribuições que lhe são conferidas pelo art. 129, incisos I, II, VI, VIII e IX, da Constituição Federal, art. 26, incisos I e V, da Lei n. 8.625/93, e art. 27, § 2º, inciso I, da Lei Complementar Estadual n. 95/97, e nos termos do Ato Normativo n. __/04-PGJ, *INSTAURA* o presente *PROCEDIMENTO ADMINISTRATIVO CRIMINAL*, com o fim precípuo de esclarecer os fatos aqui resumidos:

_____.

NOMEIA, sob compromisso, para secretariar os trabalhos, o(a) servidor(a) do Ministério Público Sr.(a.) _____, e *RESOLVE*, visando à adequada apuração dos fatos, promover as diligências a seguir enumeradas:

1._____

2._____

etc.

_____, __ de _____ de 20__.

PROMOTOR DE JUSTIÇA

ANEXO II

Termo de abertura

Livro n. ___

Registro de procedimentos administrativos criminais

Nos termos do Ato Normativo n. _____/04-PGJ, e em face do que disposto no art. 129, I, II, VI, VIII e IX, da Constituição da República, art. 26 da Lei Federal n. 8.625/93, e art. 27, § 2º, inc. I, da Lei Complementar Estadual n. 95/97, promovo a abertura do presente *LIVRO DE REGISTRO DE PROCEDIMENTOS ADMINISTRATIVOS CRIMINAIS*, cujas folhas serão por mim numeradas e rubricadas, e que conterá as portarias de instauração de procedimentos administrativos, com os seguintes dados:

a) número de data de instauração;

b) nome e qualificação do interessado, se houver;

c) breve relato acerca do objeto do procedimento administrativo;

d) determinação de diligências investigatórias iniciais;

e) desfecho do procedimento administrativo criminal.

_____, __ de _____ de 20__.

_____
PROMOTOR DE JUSTIÇA

BIBLIOGRAFIA

ABADE, Denise Neves. *Garantias do Processo Penal Acusatório – O Novo Papel do Ministério Público no Processo Penal de Partes*. São Paulo, Renovar, 2005.

ALBRECHT, Hans-Jörg. *Criminalidad Transnacional, Comercio de Narcóticos y Lavado de Dinero*. Trad. de Oscar Julián Guerrero Peralta. Colección de Estudios n. 19. Bogotá, Universidad Externado de Colômbia, 2004.

ALMEIDA JÚNIOR, João Mendes. *O Processo Criminal Brasileiro*, vol. I. Rio de Janeiro/São Paulo, Freitas Bastos, 1959.

AMBOS, Kai e CHOUKR, Fauzi Hassan. *A Reforma do Processo Penal no Brasil e na América Latina*. São Paulo, Método, 2001.

ASSOCIAÇÃO DOS DELEGADOS DE POLÍCIA FEDERAL. In www.adpf.org.br. Acesso em: 31.1.2006.

ATIENZA, Manuel. *El sentido del Derecho*. 2ª ed., Barcelona, Ariel, 2004.

AYARRAGARAY, Carlos A. *El Ministerio Público*. Buenos Aires, J. Lajouane, 1928.

BALUTA, José Jairo e CUNHA, J. S. Fagundes. *O Processo Penal à Luz do Pacto de São José da Costa Rica*. Curitiba, Juruá, 2002.

BARROS, Marco Antônio de. *A Busca da Verdade no Processo Penal*. São Paulo, Ed. RT, 2002.

BECCARIA, Cesare Bonesana. Marquês de. *Dos Delitos e das Penas*. Trad. José Cretella Júnior e Agnes Cretella. 2ª ed., São Paulo, Ed. RT, 1999.

BETHENCOURT, Francisco. *História das Inquisições, Portugal, Espanha e Itália, Séculos XI-XIX*. São Paulo, Companhia das Letras, 2004.

BOBBIO, Norberto. *A Era dos Direitos*. Trad. Carlos Nelson Coutinho. Rio de Janeiro, Elsevier, 2004.

_____. *Teoria Geral da Política – A filosofia Política e as Lições dos Clássicos*. Org. Michelangelo Bovero; trad. Daniela Beccaccia Versiane. Rio de Janeiro, Campus, 2000.

_____. *El Futuro de la Democracia*. Trad. José F. Fernández Santillán. México, Fondo de Cultura Económica, 1986.

CÂMARA DOS DEPUTADOS. *Módulo de Tramitação de Proposições*. In http://camara.gov.br. Acesso em: 17.3.2006.

CANOTILHO, José Joaquim Gomes. *Direito Constitucional e Teoria da Constituição*. 6ª ed., Coimbra, Almedina, 2002.

CAPEZ, Fernando. *Curso de Processo Penal*. 13ª ed., São Paulo, Saraiva, 2006.

_____. *Tutela dos Interesses Difusos e Coletivos*. 6ª ed., São Paulo, Paloma, 2000.

CAPITANIO, Paolo. *A Lógica das Provas em Matéria Criminal*. 3ª ed., Campinas, Bookseller, 1996.

CARRARA, Francesco. *Programa do Curso de Direito Criminal: Parte Geral*, vol. II. Trad. Ricardo Rodrigues Gama. Campinas, LZN, 2002.

CERVINI, Raúl e GOMES, Luiz Flávio. *Interceptação Telefônica*. São Paulo, Ed. RT, 1997.

CHAIA, Vera e TEIXEIRA, Antônio. "Máfia dos Fiscais e as Estrelas da Cidadania". *Democracia e Escândalos Políticos*. São Paulo em Perspectiva, 15 (04) 2001.

CHIMENTI, Ricardo Cunha. *Apontamentos de Direito Constitucional*. 3ª ed., São Paulo, Damásio de Jesus, 2003.

CHOUKR, Fauzi Hassan. *Garantias Constitucionais na Investigação Criminal*. 2ª ed., Rio de Janeiro, Lumen Juris, 2001.

_____ e AMBOS, Kai. *A Reforma do Processo Penal no Brasil e na América Latina*. São Paulo, Método, 2001.

COELHO, Fábio Ulhoa. *Manual de Direito Comercial*. 13ª ed., São Paulo, Saraiva, 2002.

COLEMAN, James William. *A Elite do Crime – Para Entender o Crime do Colarinho Branco*. 5ª ed., São Paulo, Manole, 2005.

CORRAL, José Luís. *Historia de la Pena de Muerte*. Buenos Aires, Aguilar, 2005.

COSTA FILHO, Aroldo. *O Ministério Público e a Investigação Criminal*. Monografia apresentada à Banca Examinadora da Pontifícia Universidade Católica, sob orientação do Professor Doutor Oswaldo Henrique Duek Marques. São Paulo, 2002.

CUNHA, José Damião da. *O Ministério Público e os Órgãos de Polícia Criminal no Novo Código de Processo Penal: Estudos e Monografias*. Editora Porto, 1993.

CUNHA, J. S. Fagundes e BALUTA, José Jairo. *O Processo Penal à Luz do Pacto de São José da Costa Rica*. Curitiba, Juruá, 2002.

DALLARI, Dalmo de Abreu. *O Poder dos Juízes*. São Paulo, Saraiva, 1996.

DAVIN, João. *A Criminalidade Organizada Transnacional: a Cooperação Judiciária e Policial na EU*. Coimbra, Almedina, 2004.

DELMAS-MARTY, Mireille. *Procesos Penales de Europa (Alemania, Inglaterra y País de Gales, Bélgica, Francia, Italia)*. Association de Recherches Pénales Européennes (ARPE). Trad. de Pablo Morenilla Allard. Zaragoza, EDIJUS, 2000.

DEMERCIAN, Pedro Henrique e MALULY, Jorge Assaf. *Curso de Processo Penal*. 2ª ed., São Paulo, Atlas, 2001.

DÍEZ-PICAZO, Luís María. *El poder de Acusar, Ministerio Fiscal y Constitucionalismo*. Barcelona, Ariel S.A., 2000.

FARIA, Cássio Juvenal. *Comissões Parlamentares de Inquérito*. 2ª ed., São Paulo, Paloma, 2002.

FAZZIO JÚNIOR, Waldo. *Corrupção no Poder Público: Peculato, Concussão, Corrupção Passiva e Prevaricação*. São Paulo, Atlas, 2002.

FELDENS, Luciano e STRECK Lenio Luiz. *Crime e Constituição. A Legitimidade da Função Investigatória do Ministério Público*. Rio de Janeiro, Forense, 2003.

FERNANDES, Antônio Scarance. *Teoria Geral do Procedimento e o Procedimento no Processo Penal*. São Paulo, Ed. RT, 2005.

_____. *Processo Penal Constitucional*. 3ª ed., São Paulo, Ed. RT, 2003.

FERRAJOLI, Luigi. *Derecho y Razón – Teoría del Garantismo Penal*. 2ª ed., Madrid, Trotta, 1997.

FERRAZ, Antonio Augusto Mello de Camargo. *Ministério Público e Afirmação da Cidadania*. São Paulo, edição pelo autor, 1997.

FERREIRA, Pinto. *Código Eleitoral Comentado*. 2ª ed., São Paulo, Saraiva, 1990

_____. *Comentários à Constituição Brasileira*, vol. II. São Paulo, Saraiva, 1989.

FERRON, Fabiana e CAMILLO, Carlos Eduardo Nicoletti. *Monografia Jurídica. Uma Abordagem Didática*. Belo Horizonte, Del Rey, 2001.

FOUCAULT, Michel. *A Verdade e as Formas Jurídicas*. Rio de Janeiro, Nau Editora, 2005.

FREITAS, Salvador Francisco de Souza. *O Ministério Público e a Investigação Criminal*. Monografia apresentada à Banca Examinadora da Pontifícia Universidade Católica, sob orientação do Professor Doutor Hermínio Alberto Marques Porto. São Paulo, 2002.

GONÇALVES, Manuel Lopes Maia. *Código de Processo Penal Português Anotado*. 10ª ed., Coimbra, Almedina, 1999.

GONÇALVES, Victor Eduardo Rios e REIS, Alexandre Cebrian Araújo. *Processo Penal. Parte Geral*. 3ª ed., São Paulo, Saraiva, 2000.

GRINOVER, Ada Pellegrini. *Liberdades Públicas e Processo Penal. As Interceptações Telefônicas*. São Paulo, Ed. RT, 1982.

GUARIGLIA, Fabricio O. "Facultades Discrecionales del Ministerio Público e Investigación Preparatoria: el Principio de Oportunidad", *El Ministerio Público en el Proceso Penal*. Compilador Julio B. J. Maier. Buenos Aires, Ad-Hoc S.R.L., 2000.

HAMILTON, Sérgio Demoro. *Temas de Processo Penal*. 2ª ed., Rio de Janeiro, Lumen Juris, 2000.

JESUS, Damásio de. "O Fracasso da Delação Premiada", *Boletim do Instituto Brasileiro de Ciências Criminais*. São Paulo, IBCCrim, vol. 2, n. 21, set. 1994.

KAC, Marcos. *O Ministério Público na Investigação Penal Preliminar*. Rio de Janeiro, Lumen Juris, 2004.

LARA, Silvia Hunould (Org.). *Ordenações Filipinas*, Livro V. São Paulo, Companhia das Letras, 1999.

LAVORENTI, Wilson e SILVA, José Geraldo da. *Crime Organizado na Atualidade*. Campinas, Bookseller, 2000.

LEMOS JÚNIOR, Arthur Pinto de. *A Responsabilidade Criminal do "Homem de Trás" das Organizações Criminosas*. Apresentado originariamente no mestrado da Faculdade de Direito de Coimbra e publicado, com atualização, na *Revista Jurídica da Escola Superior do Ministério Público do Estado de São Paulo*, n. 3, Ano III, jan./jun. 2004.

_____. "O Papel do Ministério Público, dentro do Processo Penal, à vista dos Princípios Constitucionais: uma Visão fundada no Direito Processual Penal Português", Separata da *Revista do Ministério Público*, n. 93, 2003.

_____. "A Investigação Criminal diante das Organizações Criminosas e o Posicionamento do Ministério Público", *Caderno Jurídico. Escola Superior do Ministério Público de São Paulo*, n. 3, ano I, out. 2001.

LIPINSKI, Antonio Carlos. *Crime Organizado & a Prova Penal*, vol. I. Curitiba, Juruá, 2003.

LOPES JÚNIOR, Aury. *Sistemas de Investigação Preliminar no Processo Penal*. 2ª ed., Rio de Janeiro, Lumen Juris, 2003.

LYRA, Roberto. *Teoria e Prática da Promotoria Pública*. 2ª ed., Porto Alegre, Sérgio Antonio Fabris Editor e Escola Superior do Ministério Público do Rio Grande do Sul, 1989.

MACHADO, Antônio Cláudio da Costa. *A Intervenção do Ministério Público no Processo Civil Brasileiro*. 2ª ed., São Paulo, Saraiva, 1998.

MAIA, Rodolfo Tigre. *O Estado Desorganizado contra o Crime Organizado*. Rio de Janeiro, Lumen Juris, 1997.

MALATESTA, Nicola Framarino dei. *A Lógica das Provas em Matéria Criminal*. 3ª ed., Campinas, Bookseller, 1996.

MALULY, Jorge Assaf e DEMERCIAN, Pedro Henrique. *Curso de Processo Penal*. 2ª ed., São Paulo, Atlas, 2001.

MARQUES, José Frederico. *Elementos de Direito Processual Penal*, vol. I. 2ª ed., rev. e atual., Campinas, Millennium, 2000.

_____. *Elementos de Direito Processual Penal*, vol. I. Campinas, Bookseller, 1997.

MAZZILLI, Hugo Nigro. *Tutela dos Interesses Difusos e Coletivos*. 3ª ed., São Paulo, Damásio de Jesus, 2003.

_____. *Introdução ao Ministério Público*. 2ª ed., São Paulo, Saraiva, 1998.

_____. *O Ministério Público na Constituição de 1988*. São Paulo, Saraiva, 1989.

MAXIMILIANO, Carlos. *Comentários à Constituição Brasileira*. Rio de Janeiro, Freitas Bastos, 1954.

MELLO, Celso Antônio Bandeira de. *Curso de Direito Administrativo*. 22ª ed., São Paulo, Malheiros Editores, 2007.

MENDRONI, Marcelo Batlouni. *Crime Organizado. Aspectos Gerais e Mecanismos Legais*. São Paulo, Juarez de Oliveira, 2002.

_____. *Curso de Investigação Criminal*. São Paulo, Juarez de Oliveira, 2002.

MIRABETE, Julio Fabbrini. *Processo Penal*. 8ª ed., São Paulo, Atlas, 1998.

MORAES, Alexandre de. *Direito Constitucional*. 15ª ed., São Paulo, Atlas, 2004.

_____. *Constituição do Brasil Interpretada e Legislação Constitucional*. São Paulo, Atlas, 2002.

MOREIRA, José Carlos Barbosa. "Processo Civil e Processo Penal: Mão e Contramão?", *Revista do Ministério Público do Estado do Rio de Janeiro*, vol. 4, n. 8.

NOGUEIRA, Carlos Frederico Coelho. *Comentários ao Código de Processo Penal*, vol. I. São Paulo, Edipro, 2002.

NORONHA, E. Magalhães. *Curso de Direito Processual Penal*. 10ª ed., São Paulo, Saraiva, 1978.

NUCCI, Guilherme de Souza. *Manual de Direito Penal: Parte Geral: Parte Especial*. São Paulo, Ed. RT, 2005.

_____. *Manual de Processo e Execução Penal*. São Paulo, Ed. RT, 2005.

_____. *Código de Processo Penal Comentado.* 2ª ed., São Paulo, Ed. RT, 2003.

NUNES, Rizzatto. *Manual da Monografia Jurídica.* 4ª ed., São Paulo, Saraiva, 2002.

ORTEGA, Ricardo Rivero. *La Corrupción en un Mundo Globalizado: Análisis Interdisciplinario.* Coord. de Nicolás Rodríguez García e Eduardo A. Fabián Caparrós. Salamanca, *Ratio Legis* Librería Jurídica, 2004.

PAES, José Eduardo Sabo. *O Ministério Público na Construção do Estado Democrático de Direito.* Brasília, Brasília Jurídica, 2003.

PEDROSO, Fernando de Almeida. *Processo Penal. O Direito de Defesa: Repercussão, Amplitude e Limites.* Rio de Janeiro, Forense, 1996.

PIERANGELI, José Henrique. *Códigos Penais do Brasil. Evolução Histórica.* 2ª ed., São Paulo, Ed. RT, 2001.

PINHO, Rodrigo César Rebello. *Da Organização do Estado, dos Poderes e Histórico das Constituições.* São Paulo, Saraiva, 2000.

PITOMBO, Sérgio Marcos de Moraes. "Procedimento Administrativo Criminal, realizado pelo Ministério Público", *Boletim do Instituto Manoel Pedro Pimentel,* n. 22, jun.-ago. 2003.

PORTO, Hermínio Alberto Marques. "Ministério Público como Fiscal da Polícia Judiciária", *Justitia: Ministério Público como Fiscal da Polícia Judiciária,* Anais, 1971.

RANGEL, Paulo. *Investigação Criminal Direta pelo Ministério Público: Visão Crítica.* 2ª ed., Rio de Janeiro, Lumen Juris, 2005.

_____. *Investigação Criminal Direta pelo Ministério Público: Visão Crítica.* Rio de Janeiro, Lumen Juris, 2003.

REIS, Alexandre Cebrian Araújo e GONÇALVES, Victor Eduardo Rios. *Processo Penal. Parte Geral.* 3ª ed., São Paulo, Saraiva, 2000.

RIBEIRO, Diaulas Costa. *Ministério Público, Dimensão Constitucional e Repercussão no Processo Penal.* São Paulo, Saraiva, 2003.

ROCHA, Luiz Carlos. *Manual do Delegado de Polícia. Procedimentos Policiais Civil e Federal.* São Paulo, Edipro, 2002.

RODRIGUES, Anabela Miranda. In *Revista Brasileira de Ciências Criminais.* São Paulo, Ed. RT, ano 10, n. 39, julho/setembro de 2002.

RODRÍGUEZ, Nicolas Cabezudo. *El Ministerio Público y la Justicia Negociada en los Estados Unidos de Norteamérica.* Granada, Editorial Comares, 1996.

ROSA, Marcio Fernando Elias. *Direito Administrativo.* 3ª ed., São Paulo, Saraiva, 2002.

ROUSSEAU, Jean-Jacques. *Os Grandes Filósofos do Direito*. Org. Clarence Morris, trad. Reinaldo Guarany. São Paulo, Martins Fontes, 2002.

ROXIN, Claus. "Posición Jurídica y Tareas Futuras del Ministerio Público", *El Ministerio Público en el Proceso Penal*. Compilador Julio B. J. Maier. Buenos Aires, Ad-Hoc, 2000.

SANTIN, Valter Foleto. *O Ministério Público na Investigação Criminal*. São Paulo, Edipro, 2001.

SANTOS, Célio Jacinto dos. "Justiça Insegura: Temas sobre o Poder Investigatório do MP", *Revista Eletrônica Consultor Jurídico*, in www.adpf.org.br. Acesso em: 12.1.2006.

SEGURA, Eder. *Investigação Criminal Constitucional Brasileira. Ausência de Exclusividade*. Monografia apresentada à Banca Examinadora da Pontifícia Universidade Católica, sob orientação do Professor Doutor Marco Antônio Marques da Silva. São Paulo, 2003.

SILVA, Eduardo Araújo da. *Crime Organizado. Procedimento Probatório*. São Paulo, Atlas, 2003.

SILVA, José Afonso da. *Curso de Direito Constitucional Positivo*. 28ª ed., São Paulo, Malheiros Editores, 2007.

SILVA, José Geraldo da e LAVORENTI, Wilson. *Crime Organizado na Atualidade*. Campinas, Bookseller, 2000.

SILVA, Marco Antônio Marques da. *Processo Penal e Garantias Constitucionais*. Coord. de Marco Antonio Marques da Silva. São Paulo, Quartier Latin, 2006.

_____. *Tratado Temático de Processo Penal*. São Paulo, Juarez de Oliveira, 2002.

SOUZA, Luiz Roberto Salles. *Da Atuação do Ministério Público Brasileiro na Fase Pré-Processual Penal: uma Análise Crítica*. Monografia apresentada à Banca Examinadora da Faculdade de Direito da Universidade de São Paulo, 2002.

SUANNES, Adauto. *Os Fundamentos Éticos do Devido Processo Legal*. 2ª ed., São Paulo, Ed. RT, 2004.

TEIXEIRA, Antônio e CHAIA, Vera. "Máfia dos Fiscais e as Estrelas da Cidadania". *Democracia e Escândalos Políticos*. São Paulo em Perspectiva, 15 (04) 2001.

TONINI, Paolo. *A Prova no Processo Penal Italiano*. Trad. Alexandra Martins e Daniela Mróz. São Paulo, Ed. RT, 2002.

TORNAGHI, Hélio. *Instituições de Processo Penal*, vol. II. São Paulo, Saraiva, 1977.

TOURINHO FILHO, Fernando da Costa. *Processo Penal*, vol. I. 11ª ed., São Paulo, Saraiva, 1989.

TUCCI, Rogério Lauria. *Ministério Público e Investigação Criminal*. São Paulo, Ed. RT, 2004.

VENOSA, Silvio de Salvo. *Introdução ao Estudo do Direito: Primeiras Linhas*. São Paulo, Atlas, 2004.

VIEIRA, Antônio. "Sermão do Bom Ladrão". *Escritos Históricos e Políticos*. 2ª ed., São Paulo, Martins Fontes, 2002.

GRÁFICA PAYM
Tel. (011) 4392-3344
paym@terra.com.br